Unity e inteligencia artificial

Programación, multijugador y aprendizaje automático desde cero

Unity e inteligencia artificial

Programación, multijugador y aprendizaje automático desde cero

Asier Ruiz de Alegría

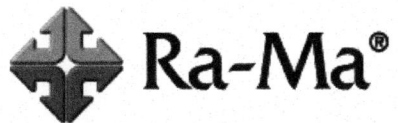

La ley prohíbe
fotocopiar este libro

Unity e inteligencia artificial. Programación, multijugador y aprendizaje automático desde cero
Thema: UGN – Gráficos por ordenador y multimedia digital
Bisac: COM012040 – Computers / Graphics & Design / Game Design
© Asier Ruiz de Alegría
© De la edición: Ra-Ma 2025

Editado por:
RA-MA Editorial
Calle Jarama, 3A, Polígono Industrial Igarsa
28860 PARACUELLOS DE JARAMA, Madrid
Teléfono: 91 658 42 80
Fax: 91 662 81 39
Correo electrónico: *info@grupoeditorialrama.com*
Internet: *www.ra-ma.es* y *www.ra-ma.com*
ISBN impreso: 979-13-8776-464-7
ISBN ePub: 979-13-87764-65-4
Depósito legal: M-14479-2025
Maquetación: Antonio García Tomé
Diseño de portada: Antonio García Tomé
Filmación e impresión: Safekat
Impreso en España en junio de 2025

Al equipo directivo e increíble equipo docente
que me ha acompañado durante el curso,
cuyo buen humor en la sala de profesores y
apoyo constante convirtieron cada día
en una experiencia inspiradora.
Sin ese entorno laboral excepcional,
lleno de complicidad y alegría,
este libro no habría cobrado vida.

ÍNDICE

ACERCA DEL AUTOR

Asier Ruiz de Alegría es Ingeniero Informático y profesor de secundaria. La experiencia como profesor del módulo de PRIA en el Curso de Especialización en Desarrollo de Videojuegos y Realidad Virtual es la que impulsa la creación de este libro, proporcionando a los lectores herramientas prácticas para avanzar en el desarrollo de videojuegos modernos.

PREFACIO

Si estás aquí, es porque te apasionan los videojuegos y quieres avanzar en tus conocimientos. No importa si el *C#* no es tu lenguaje de programación habitual o si los términos *Redes* o *Inteligencia Artificial* te suenan a desafío. Aquí no hay puertas cerradas, solo caminos por descubrir, sin dar conocimientos por sentados. *Unity*, como motor versátil y accesible, será tu aliado para construir sistemas multijugador, diseñar *NPCs* con comportamiento autónomo y entender cómo las máquinas aprenden a tomar decisiones. Todo ello, partiendo desde bases sólidas y escalando hacia proyectos tangibles.

A través de ejemplos prácticos, explicaciones claras y fragmentos de código que podrás modificar y adaptar, verás cómo conceptos complejos se transforman en herramientas a tu alcance.

Al final de estas páginas, no solo habrás conquistado habilidades técnicas, sino que habrás descubierto apartados en el desarrollo de videojuegos que suelen esconder las recompensas más gratificantes.

1

INTRODUCCIÓN A UNITY Y C#

1.1 EMPEZANDO

El objetivo principal de este libro no es aprender todos los detalles del motor de juegos Unity o fundamentos de programación o el lenguaje de programación C# en toda su profundidad. Por necesidad, cubriremos estos temas a un nivel básico al comienzo de nuestro viaje, y con más detalle en las unidades sucesivas. Sin embargo, estos temas proporcionan una forma accesible para que aprendamos el lenguaje de programación C#.

C# es un lenguaje de programación desarrollado por Microsoft en el año 2000, como parte de su plataforma .NET. Se creó con el propósito de ser un lenguaje moderno, simple y orientado a objetos, diseñado para competir con Java y C++. Su sintaxis está influenciada por C y C++, pero con características más avanzadas para mejorar la productividad de los desarrolladores y evitar algunos de los errores comunes en lenguajes más antiguos.

Algunas de estas características avanzadas de C# son:

En C++, la gestión manual de la memoria puede conducir a fugas de memoria o uso indebido de punteros. C# incluye un *recolector de basura* que gestiona automáticamente la memoria, liberando espacio ocupado por objetos no utilizados.

LINQ (Language Integrated Query): **LINQ** permite realizar consultas sobre colecciones de datos de forma concisa y legible, similar a SQL, pero directamente en el lenguaje de programación.

Propiedades automáticas (auto-properties): C# permite declarar propiedades con una sintaxis simplificada, eliminando la necesidad de escribir código repetitivo para *getters* y *setters*. Esto mejora la claridad del código y reduce errores.

Inferencia de tipos con **var**: C# permite la inferencia de tipos, donde el compilador deduce el tipo de una variable en función del valor que se le asigna. Esto reduce el código boilerplate sin perder la seguridad de tipos, mejorando la legibilidad y manteniendo el control estricto de tipos en tiempo de compilación.

En 2005, Unity comenzó a utilizar C# como uno de los lenguajes principales para el scripting en su motor de desarrollo de videojuegos. La adopción de C# permitió a Unity aprovechar el ecosistema .NET, su amplia base de programadores, acceso a sus herramientas y bibliotecas. Además, el lenguaje facilitó la creación de scripts mantenibles más fácilmente, en comparación con *UnityScript* (basado en JavaScript) y *Boo* (un lenguaje menos popular que soportaba "Python-like scripting"), que también estaban disponibles en las primeras versiones de Unity.

Con el tiempo, C# se consolidó como el lenguaje principal para el desarrollo en Unity, *eliminando el soporte para UnityScript y Boo en 2017.*

Unity es un motor de juegos multiplataforma desarrollado por una empresa fundada en 2004 en Dinamarca. Los impulsores detrás de Unity fueron Joachim Ante, Nicholas Francis y David Helgason…

De izquierda a derecha: Joachim Ante, Nicholas Francis y David Helgason

…compartían la visión de crear herramientas accesibles para desarrolladores de juegos de todos los niveles. Originalmente, la compañía se llamó ***Over the Edge Entertainment*** (OTEE), pero *en 2007 cambió su nombre a Unity Technologies*.

Con el objetivo de democratizar el desarrollo de juegos, permitiendo que tanto desarrolladores independientes como grandes estudios pudieran crear experiencias interactivas en 2D y 3D. A lo largo de los años, Unity ha evolucionado, ampliando su soporte desde Mac OS X solamente a múltiples plataformas, incluyendo Windows, Linux, iOS, Android y consolas como PlayStation, Xbox y Nintendo Switch. Su facilidad de uso, junto con una comunidad activa y recursos abundantes, ha convertido a Unity en una de las herramientas más populares en la industria del desarrollo de videojuegos. Algunas características:

▼ *Comunidad y ecosistema*: se ha creado una extensa comunidad de desarrolladores y un ecosistema rico en recursos, incluyendo el Asset Store, donde se pueden encontrar assets, herramientas y extensiones creadas por otros usuarios.

▼ Tecnologías avanzadas: Unity ha incorporado tecnologías como realidad aumentada (AR), realidad virtual (*VR*) y herramientas para simulaciones y visualización en sectores como arquitectura, ingeniería y cine.

Unity ha atraído la atención de importantes *inversores* a lo largo de su historia:

▼ Sequoia Capital: en 2009, esta firma de capital de riesgo invirtió en Unity, lo que ayudó a impulsar su crecimiento inicial.

▼ Silver Lake Partners: en 2017, Unity recibió una inversión de $400 millones, valorando la compañía en aproximadamente $2.600 millones.

▼ IPO en 2020: Unity Technologies salió a bolsa en septiembre de 2020, cotizando en la Bolsa de Nueva York bajo el símbolo "U". Esta oferta pública inicial reflejó la confianza del mercado en la empresa y su posición en la industria.

La sucesión de CEOs ha sido: David Helgason (CEO hasta 2014), John Riccitiello (2014-2023), ex-CEO de Electronic Art y marcada por decisiones controvertidas como la introducción del Runtime Fee, Matt Bromberg (2023), que ha eliminado el ***Runtime Fee***.

Juegos famosos desarrollados en Unity:

Hearthstone (Blizzard Entertainment)
Un popular juego de cartas en línea basado en el universo de Warcraft.

Cuphead (Studio MDHR)
Un juego de acción y plataformas con un estilo artístico inspirado
en los dibujos animados de los años 30.

Among Us (InnerSloth)
Un juego multijugador en línea que ganó gran popularidad entre el público
más joven por su divertida dinámica de deducción social.

Cities: Skylines (Colossal Order)
Un simulador de construcción de ciudades famoso por su profundidad y flexibilidad.

Monument Valley (Ustwo Games)
Un juego de rompecabezas conocido por su diseño artístico y arquitectura imposible.

Subnautica (Unknown Worlds Entertainment)
Un juego de exploración y supervivencia submarina en un mundo alienígena.

1.1.1 Instalación

Visita el sitio web de Unity: dirígete a *https://unity.com/download.*

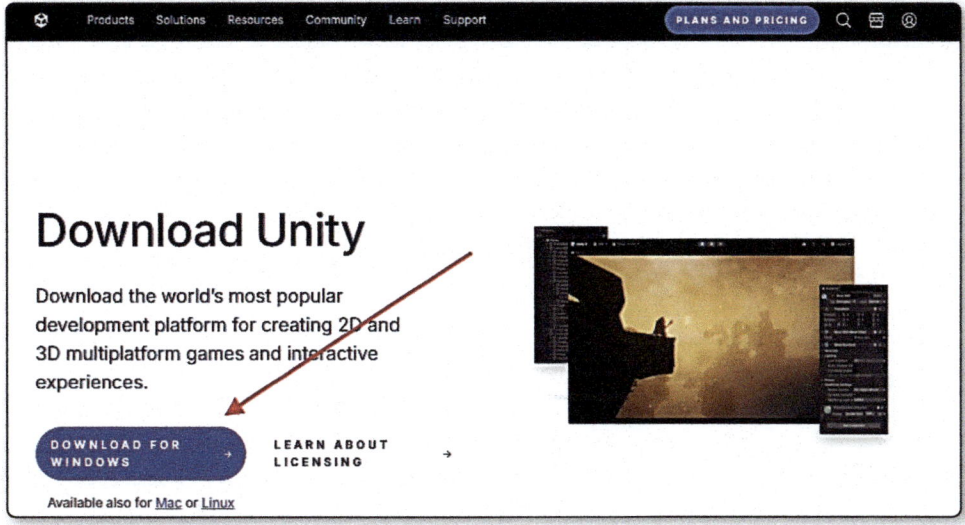

Descarga Unity Hub

Instala Unity Hub: una vez descargado, abre el instalador y sigue las instrucciones para instalar Unity Hub en tu sistema.

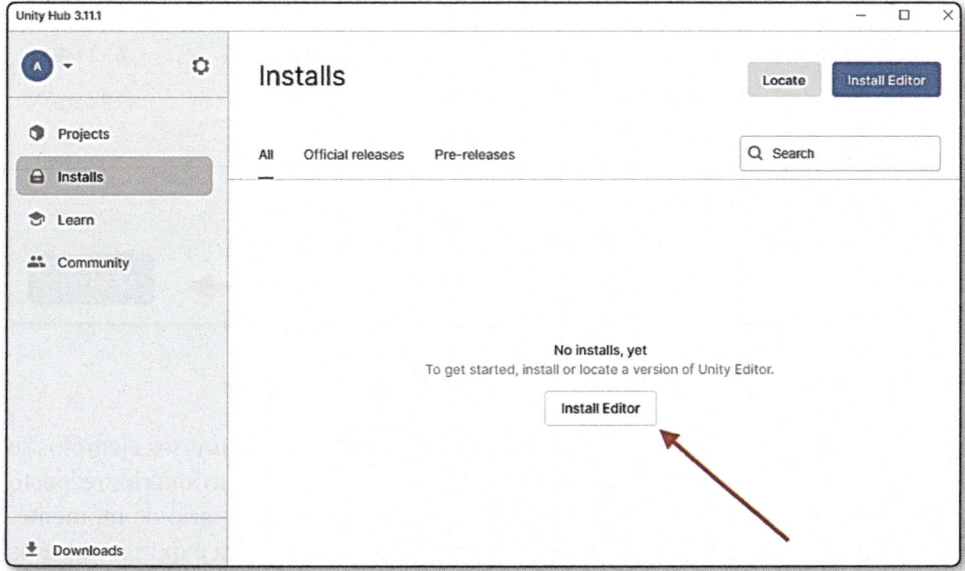

Instala Unity Editor

Abre Unity Hub y ve a la pestaña "Installs". Haz clic en ***Install Editor*** para instalar el editor de Unity.

> **ⓘ Sugerencia**
>
> Es completamente habitual tener varias versiones del editor de Unity instaladas en el sistema. La versión en la que haremos los ejemplos es ***2021.3.29f1***. *Es altamente recomendable no cambiar versiones una vez iniciado un proyecto*. Unity es un editor en constante evolución, lo que significa que de una versión a otra puede haber cambios que hagan que nuestro proyecto "se rompa" por lo que lo razonable es permanecer en la versión en la que se han hecho los ejemplos por seguridad.

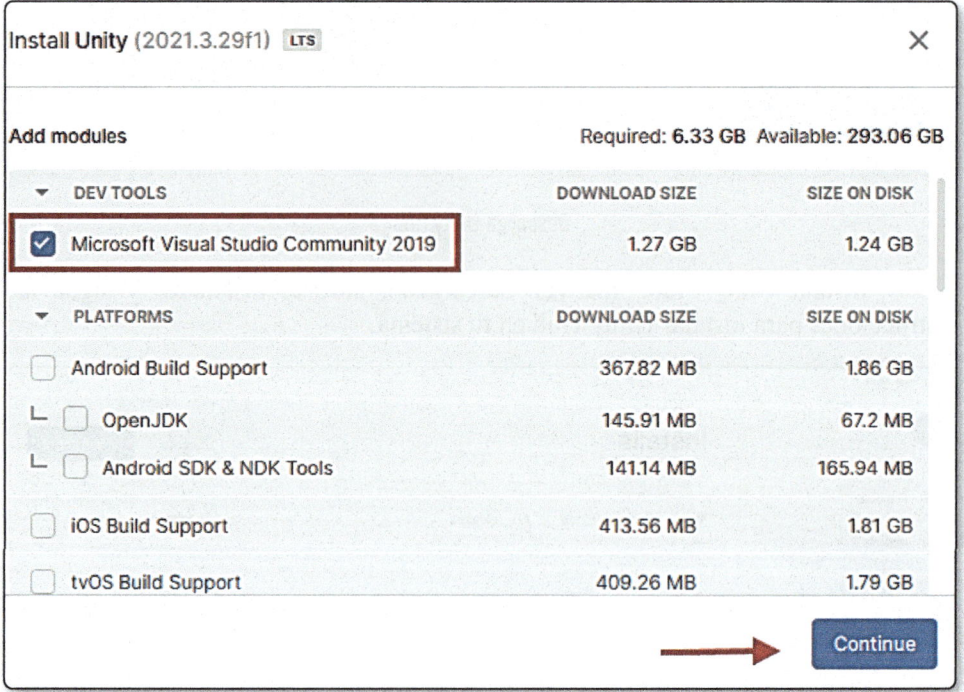

Instalando Unity Editor & Visual Studio

Cuando te de la opción de instalar ***Visual Studio Community***, los ejemplos se han hecho en su versión 2019, misma recomendación que en el caso anterior respecto a permanecer en la misma versión. Ningún otro paquete es necesario de momento. En los últimos capítulos instalaremos los paquetes necesarios para exportar nuestros proyectos a Android, pero de momento, con marcar Visual Studio es suficiente.

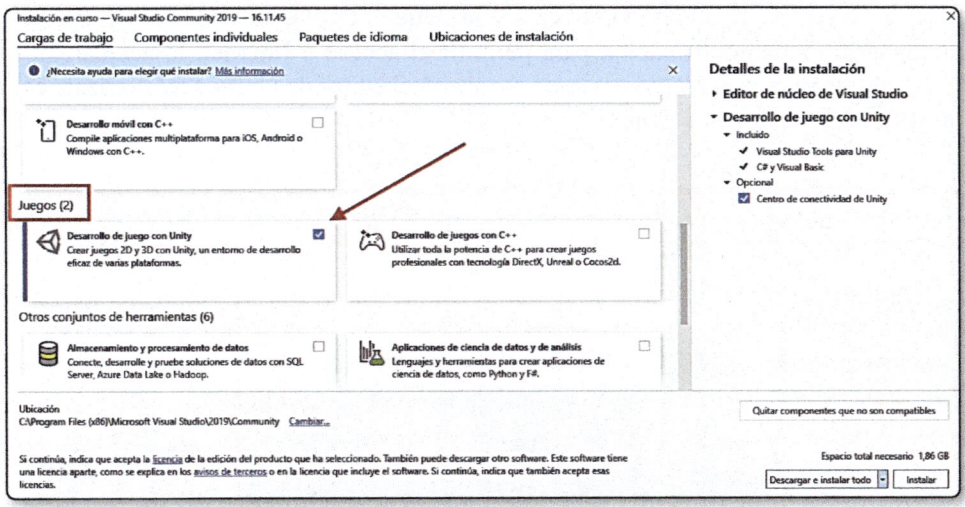

Visual Studio con Unity

Marca cuando se te pregunte la sección de instalación de Visual Studio *Desarrollo de juego con Unity*

1.1.2 Crea un nuevo proyecto

En Unity Hub, ve a la pestaña "Projects" y haz clic en "NEW". Selecciona la plantilla "3D", asigna un nombre a tu proyecto (por ejemplo, "pria-chapter1") y elige la ubicación donde se guardará (por ejemplo, crea la carpeta "c:\uproy").

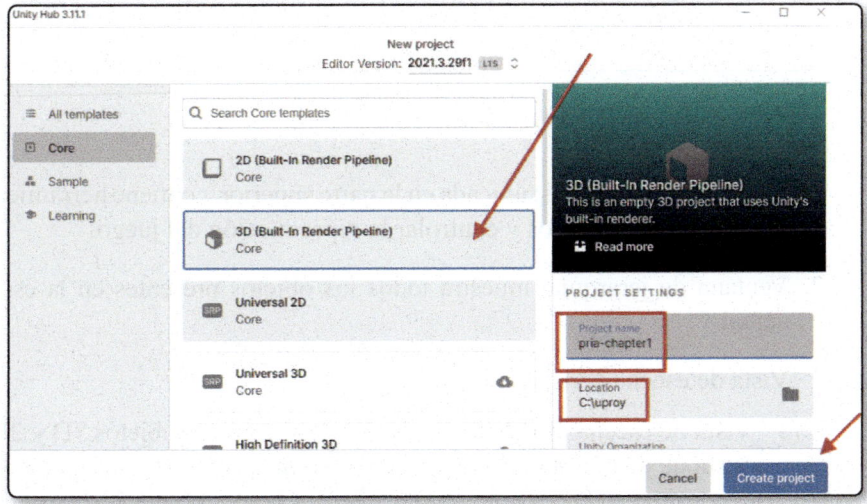

Creando nuestro primer proyecto

Es posible que la primera vez que arranquemos el editor de Unity el firewall de Windows pida confirmación para permitir el acceso a Internet, lo aceptaremos. Una vez que se crea el nuevo proyecto, se abrirá el editor de Unity. Familiarízate con las diferentes ventanas y paneles:

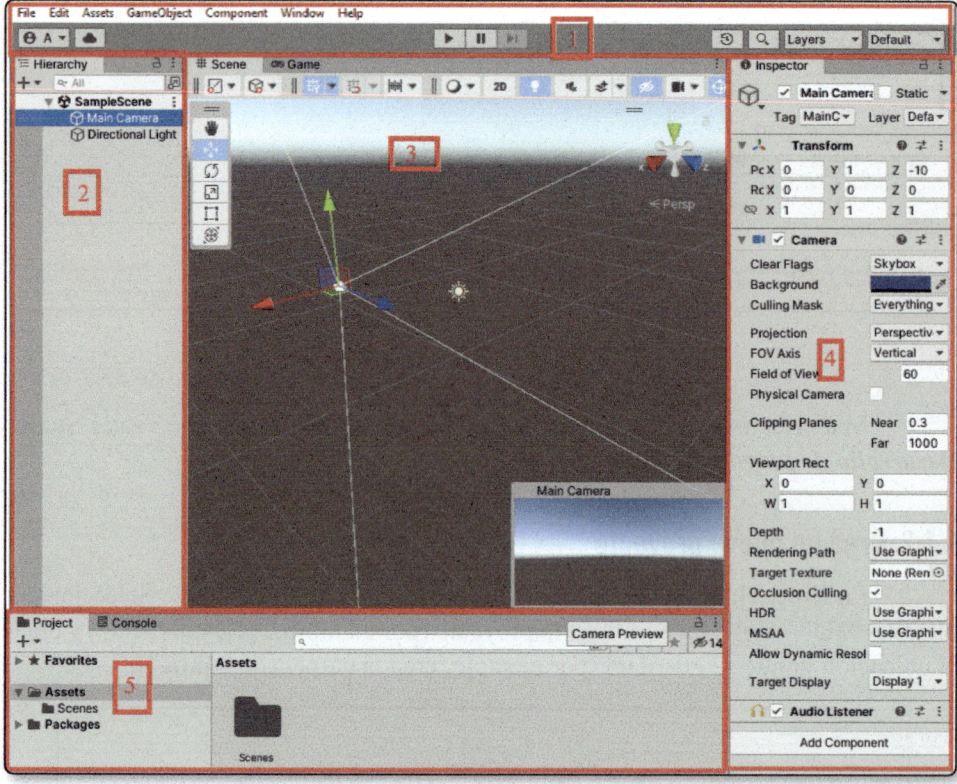

Navegando por el editor de Unity

1. Barra de herramientas: ubicada en la parte superior, contiene herramientas para manipular objetos y controlar la reproducción del juego.

2. Ventana de jerarquía: muestra todos los objetos presentes en la escena actual.

3. Vista de escena y vista de juego:

   - Vista de escena: donde construyes y organizas tus objetos 3D y 2D.
   - Vista de juego: muestra cómo se verá el juego cuando se ejecute.

4. Inspector: permite ver y editar las propiedades de los objetos seleccionados.

5. Ventana de proyecto: muestra todos los assets y recursos del proyecto. Y consola: donde se muestran mensajes, advertencias y errores generados por tus scripts.

ⓘ Sugerencia

Si deseas cambiar entre los modos claro y oscuro, ve al menú Unity

Preferencias > General y cambia el Tema del Editor:

Panel general de preferencias de Unity

1.2 USAR C# EN UNITY

De aquí en adelante, es importante pensar en Unity y C# como entidades simbióticas. Unity es el motor donde crearás scripts y GameObjects, pero la programación real tiene lugar en otro programa llamado Visual Studio.

Trabajando con scripts en C#

Un script en C# es un archivo de texto en C# donde escribirás código en el lenguaje de programación C#. Estos scripts se pueden utilizar en Unity para controlar un personaje en el juego con tu teclado hasta animar objetos en tu nivel.

Hay varias maneras de crear scripts en C# desde el editor:

▶ Selecciona **Assets > Create > C# Script**

▶ Justo debajo de la pestaña **Project**, selecciona el icono + y elige **C# Script**

▶ Haz clic derecho en la carpeta **Assets** en la pestaña **Project** y selecciona **Create > C# Script** en el menú emergente.

▶ Selecciona cualquier GameObject en la ventana **Hierarchy** y haz clic en **Add Component > New Script**

De ahora en adelante, cada vez que se te indique crear un script en C#, utiliza el método que prefieras.

Además de los scripts en C#, se pueden crear otros recursos y objetos en el editor utilizando los métodos anteriores. No voy a señalar cada una de estas variaciones cada vez que creemos algo nuevo, así que solo ten en mente las opciones.

Por el bien de la organización, vamos a guardar nuestros diferentes activos y scripts dentro de sus propias carpetas con nombre.

1. Selecciona **Assets > Create > Folder** y nómbrala *Scripts*:

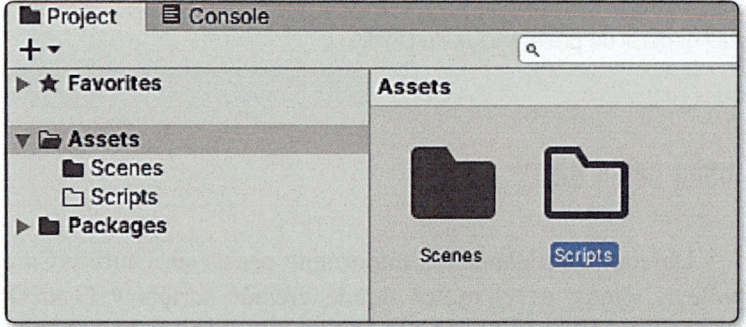

Carpeta Scripts

2. Haz doble clic en la carpeta *Scripts* y crea un nuevo script en C#. Por defecto, el script se llamará *NewBehaviourScript*, pero verás que el nombre del archivo está resaltado, por lo que tendrás la opción de renombrarlo de inmediato. Escribe *Chapter1* y presiona **Enter**:

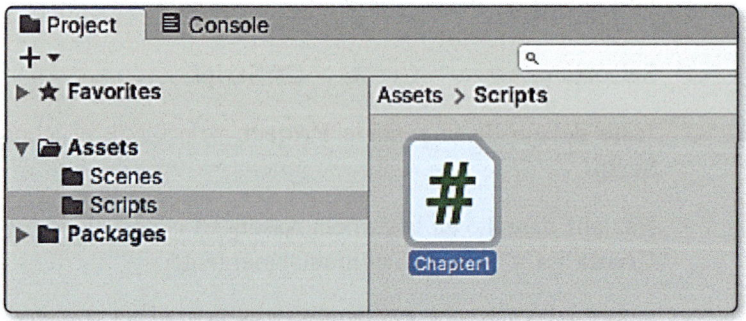

Creando Chapter1 Script

3. Puedes usar el pequeño control deslizante en la parte inferior derecha de la pestaña **Project** para cambiar el tamaño en el que se muestran tus archivos.

Así que acabas de crear una subcarpeta llamada *Scripts*, como se muestra en la captura de pantalla anterior. Dentro de esa carpeta principal, creaste un script en C# llamado *Chapter1.cs* (el tipo de archivo .cs significa **C-Sharp**(C#), por si te lo preguntabas), que ahora está guardado como parte de los activos de nuestro proyecto.

Todo lo que queda por hacer es abrirlo en Visual Studio.

Introducción al editor de Visual Studio

Visual Studio 2019 se debería de haber instalado junto con el Editor de Unity y se abrirá automáticamente cuando hagas doble clic en cualquier script de C# dentro del editor.

Abrir un archivo de C#

Unity se sincronizará con Visual Studio la primera vez que abras un archivo. La manera más sencilla de hacerlo es seleccionando el script desde la pestaña **Project**. Sigue los siguientes pasos:

1. Haz doble clic en *Chapter1.cs*, lo que abrirá el archivo de C# en Visual Studio:

Script Chapter1.cs en Visual Studio

Cuidado con los desajustes de nombres

Un error común que cometen los nuevos programadores es el desajuste de nombres de archivo, algo que podemos ilustrar en la línea 5 de Visual Studio:

```
public class Chapter1: MonoBehaviour
```

El *nombre de la clase* **Chapter1** es el mismo que el nombre del archivo **Chapter1.cs**. Este es un requisito esencial. Está bien si aún no sabes qué es una clase. Lo importante que debes recordar es que, en Unity, el nombre del archivo y el de la clase deben coincidir. Si usas C# fuera de Unity, el nombre del archivo y de la clase no tienen que coincidir.

Cuando creas un archivo de script en C# en Unity, el nombre del archivo en la pestaña **Project** ya está en modo de edición, listo para renombrarse. Es una buena costumbre renombrarlo en ese momento. Si renombramos el script más tarde, el nombre del archivo y el de la clase no coincidiría.

Si renombramos el archivo en un momento posterior, el nombre del archivo cambiaría, pero la línea 5 sería la siguiente:

```
public class NewBehaviourScript : MonoBehaviour
```

Si accidentalmente haces esto, no es el fin del mundo. Todo lo que necesitas hacer es hacer clic derecho sobre el script en la pestaña **Projects** y elegir **Rename**.

Sincronización de archivos C#

Unity y Visual Studio se comunican entre sí para sincronizar su contenido. Esto significa que, si añades, eliminas o cambias un archivo de script en una aplicación, la otra aplicación verá los cambios automáticamente.

¿Qué sucede si por cualquier motivo la sincronización no parece estar funcionando correctamente? Si te encuentras en esta situación, selecciona el script problemático en Unity, haz clic derecho y selecciona **Refresh**.

1.3 EXPLORANDO LA DOCUMENTACIÓN

Una vez que comiences a escribir scripts en serio, usarás la documentación de Unity con frecuencia, por lo que es útil saber cómo acceder a ella desde el principio. El **Reference Manual** te dará una *visión general* de un componente, mientras que los *ejemplos específicos* de programación se encuentran en la **Scripting Reference**.

Cada *GameObject* (un elemento en la ventana *Hierarchy*) en una escena tiene un componente *Transform* que controla su posición, rotación y escala. Vamos a buscar el componente *Transform* de la cámara en el **Reference Manual**:

1. En la pestaña *Hierarchy*, selecciona el *Main Camera GameObject*.

2. Ve a la pestaña *Inspector* y haz clic en el icono de información (signo de interrogación, ?) en la parte superior derecha del componente *Transform*:

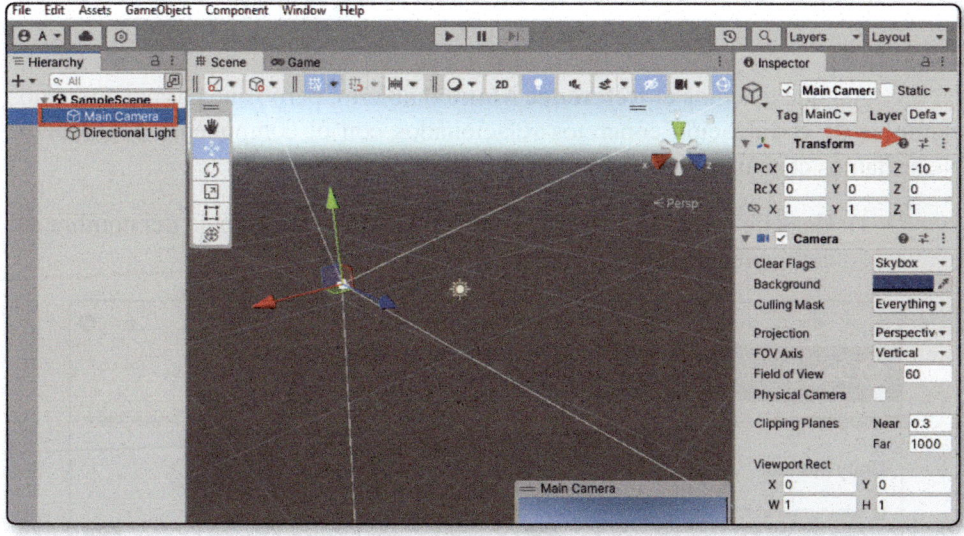

Main Camera GameObject seleccionado en el Inspector

3. Verás que se abre un navegador web en la página del *Transform* en el **Reference Manual** (Unity Technologies, 2025):

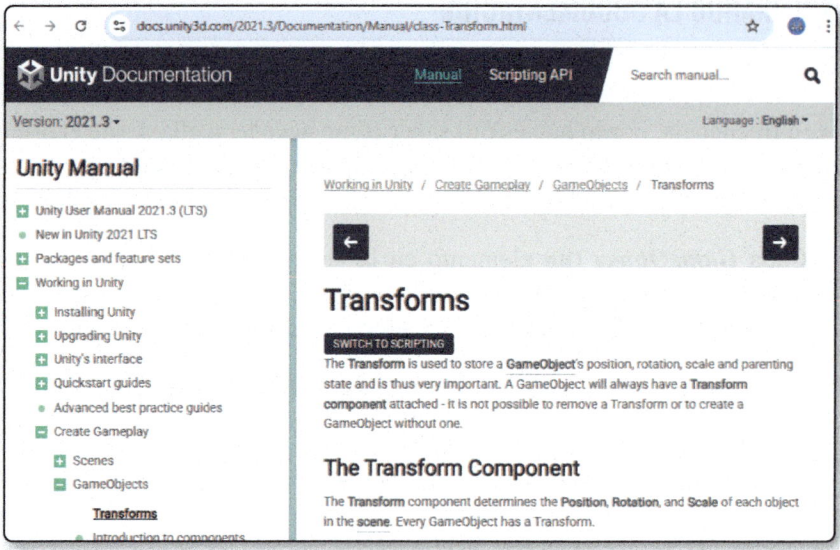

Manual de Referencia de Unity

Así que tenemos el **Reference Manual** abierto, pero ¿qué pasa si queremos ejemplos de codificación concretos relacionados con el componente *Transform*? Necesitamos consultar la **Scripting. Reference**:

1. Haz clic en el enlace **SWITCH TO SCRIPTING** debajo del nombre del componente o clase (en este caso, *Transform*):

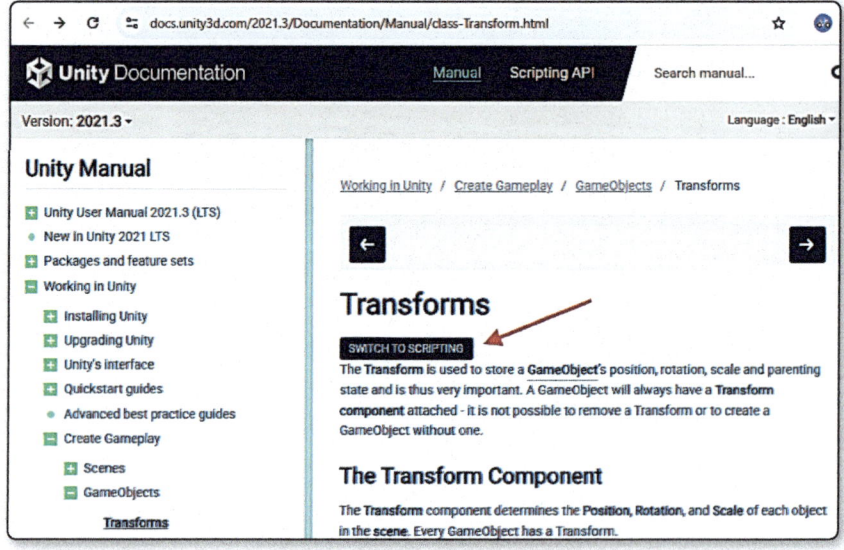

Manual - SWITCH TO SCRIPTING

2. Al hacerlo, el **Reference Manual** cambia automáticamente a la **Scripting Reference**. También hay una opción (**SWITCH TO MANUAL**) para volver al **Reference Manual**.

Localizando recursos de C#

Ahora que hemos cubierto los recursos de Unity, echemos un vistazo a algunos recursos de C# de Microsoft. Para empezar, la documentación de Microsoft Learn en *https://docs.microsoft.com/en-us/dotnet/csharp* (Microsoft, 2025) tiene una gran cantidad de tutoriales, guías rápidas y artículos instructivos. También puedes encontrar excelentes resúmenes de temas individuales de C# en: *https://docs. microsoft.com/en-us/dotnet/csharp/programming-guide/index* (Microsoft, 2025).

Por ejemplo, sigamos el enlace de la guía de programación y busquemos la clase *String* en C#. Haz una de las siguientes acciones:

- ▼ Ingresa *Strings* en la barra de búsqueda en la esquina superior izquierda de la página web.

- ▼ Desplázate hasta *Language Sections* y haz clic directamente en el enlace *Strings*:

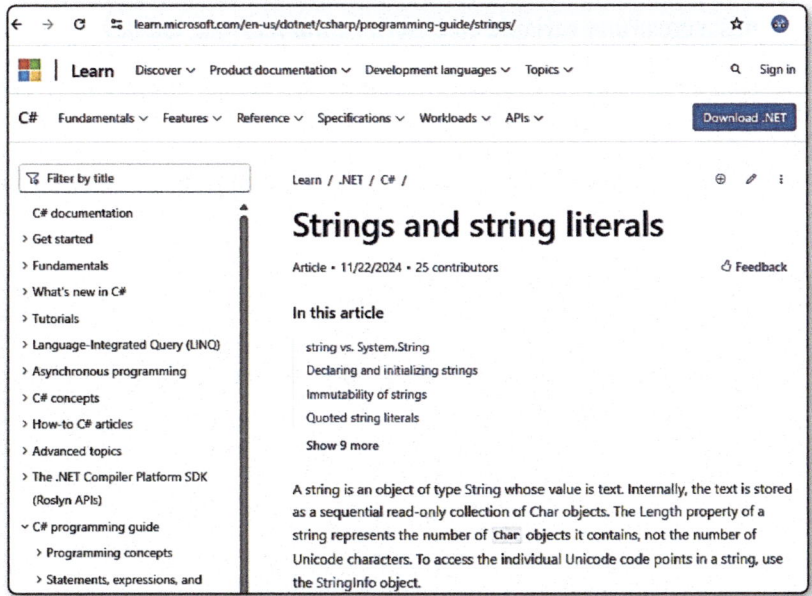

Navegando por la guía de referencia de C# de Microsoft

A diferencia de la documentación de Unity, la información de referencia y scripting de C# está toda unificada.

1.4 FUNDAMENTOS DE C#

Nos centraremos en los siguientes temas a lo largo de este capítulo:

▼ Definir Variables y Métodos.
▼ Estructuras de control while-do, if-then-else.
▼ Introducción a las Clases.

1.4.1 Variables y métodos

Una variable es una pequeña sección de la memoria que contiene un valor asignado. Cada variable rastrea dónde se almacena su información (esto se llama dirección de memoria), su valor y su tipo, por ejemplo: números, cadenas de texto o listas.

https://docs.microsoft.com/en-us/dotnet/csharp/language-reference/language-specification/variables (Microsoft, 2021)

1.4.1.1 CREANDO TU PRIMERA VARIABLE

Vamos a crear una variable en el script *Chapter1* que habíamos creado.

1. Haz doble clic en *Chapter1.cs* desde la ventana *Project* en Unity para abrirlo en Visual Studio.

2. Agrega un espacio entre las líneas 6 y 7 e inserta la siguiente línea de código para declarar una nueva variable:

```
public int PrimeraVariable = 44;
```

3. Dentro del método *Start*, agrega dos *Debug Logs* para imprimir los siguientes cálculos:

```
Debug.Log(PrimeraVariable + 1);
```

Es importante hacer notar que las variables **public** aparecen en el *Inspector* de Unity, mientras que las *private* no. Para finalizar, guarda el archivo en VS utilizando **Editor > File > Save**. Unity solo reconoce los cambios guardados en el editor.

Para que los scripts se ejecuten en Unity, deben estar adjuntos a *GameObjects* en la escena. Unity considera que todo en tu juego es un *GameObject*: luces, personajes, objetos, edificios, todo.

Por defecto, la escena tiene una cámara para renderizar la escena y una luz direccional para iluminar, así que vamos a adjuntar *Chapter1* a la cámara por simplicidad.

1. Arrastra y suelta *Chapter1.cs* sobre la *Main Camera*.

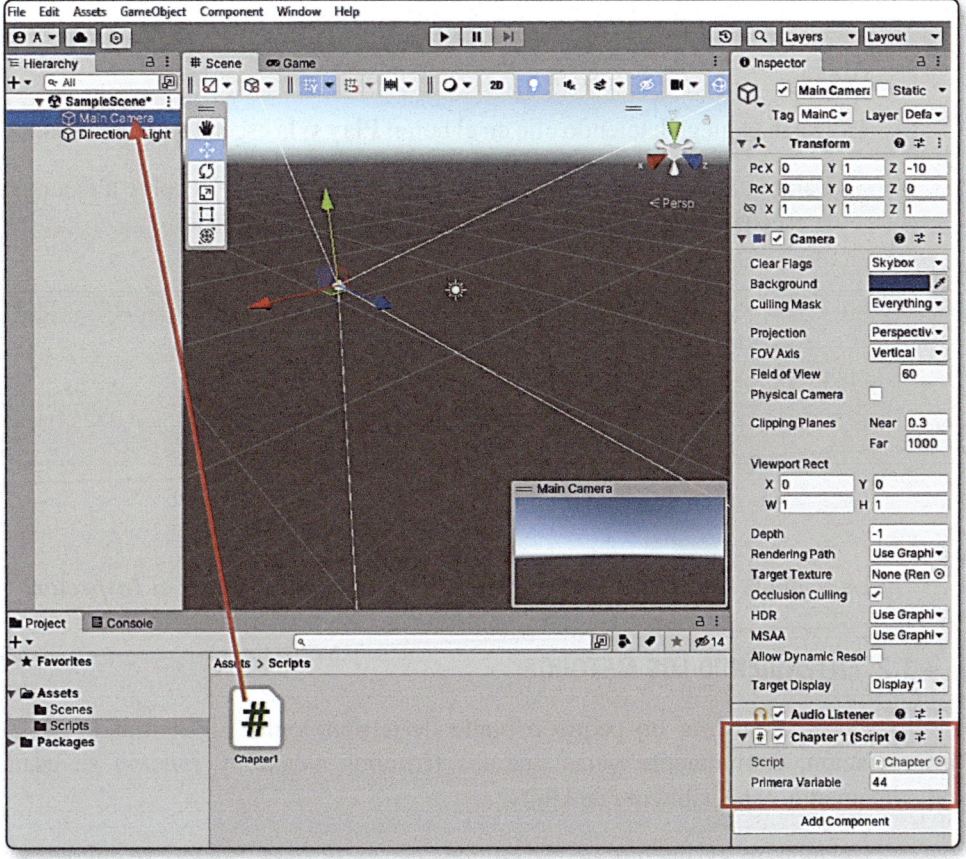

Arrastrando Chapter1.cs al GameObject Main Camera

2. Selecciona la *Main Camera* para que aparezca en el panel *Inspector*, y verifica que el script *Chapter1.cs* esté correctamente adjunto.

3. Haz clic en **Play** y observa el resultado en el panel *Console*:

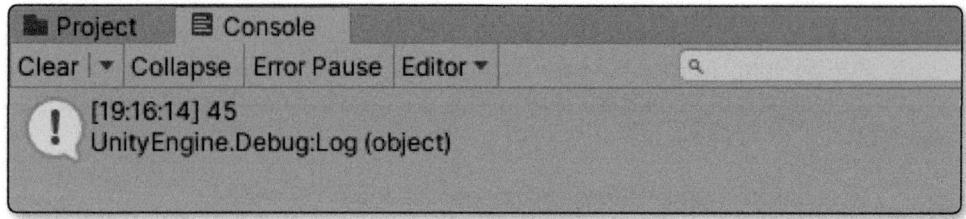

Salida por Consola

Ahora:

1. Detén el juego haciendo clic en el botón **Play** si la escena sigue corriendo.

2. Cambia *PrimeraVariable* a 14 en el panel *Inspector* y vuelve a ejecutar la escena, observando la nueva salida en el panel Console:

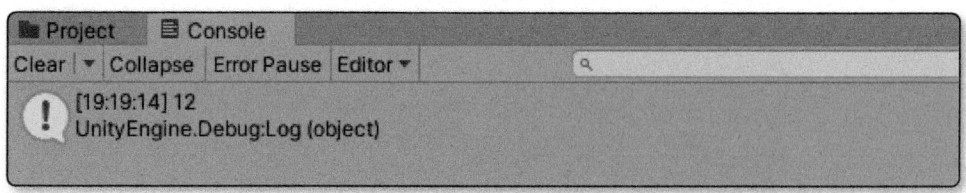

Segunda Salida por Consola

La segunda salida ahora es 15 porque cambiamos el valor en el *Inspector*.

1.4.1.2 ENTENDIENDO LOS MÉTODOS

Debemos aclarar un pequeño punto de terminología. En el mundo de la programación, comúnmente verás que los términos *método* y *función* se usan indistintamente, especialmente en Unity.

Un método es un *bloque de código* que se ejecuta cuando se invoca al método por su nombre. Los métodos pueden recibir *argumentos* (también llamados *parámetros*), que se pueden usar dentro del *ámbito* del método.

https://docs.microsoft.com/en-us/dotnet/csharp/programming-guide/ classes-and-structs/methods

1. Abre Chapter1 en Visual Studio.

2. Agrega una nueva *variable.*

```
public int SegundaVariable = 1;
```

3. Agrega un nuevo *método* que sume ***PrimeraVariable*** y ***SegundaVariable*** y muestre el resultado:

```
void Suma() {
  Debug.Log(PrimeraVariable  + SegundaVariable);
}
```

4. *Invoca al nuevo método* dentro de ***Start*** con la siguiente línea:

```
void Start() {
  Suma();
}
```

5. Guarda el archivo y luego regresa y haz clic en **Play** en Unity para ver la nueva salida en la ***Console.*** Prueba diferentes valores de variable en el panel ***Inspector*** para ver esto en acción.

1.4.2 Clases y comentarios

Una clase es un contenedor tanto de variables como de métodos.

- **Conceptualmente**, una clase almacena *información relacionada,* acciones y comportamientos dentro de un solo contenedor.
- **Técnicamente**, las clases son estructuras de datos que pueden contener variables, métodos y todo esto puede referenciarse cuando *se instancia un objeto de la clase.*

https://docs.microsoft.com/en-us/dotnet/csharp/fundamentals/types/classes

Ya hemos estado trabajando con clases. Por defecto, cada script creado en Unity es una clase, lo que puedes ver desde la palabra clave **class**:

```
public class Chapter1: MonoBehaviour {
  ...
}
```

MonoBehaviour significa simplemente que esta clase puede adjuntarse a un *GameObject* en la escena de Unity, y las dos llaves marcan los límites de la clase: *cualquier código dentro de esas llaves pertenece a esa clase.*

Los términos *script* y *clase* se usan de manera indistinta en Unity, pero por aclararnos, llamaremos los archivos de C# como *scripts* si están adjuntos a *GameObjects*, y como *clases* si son independientes.

1.4.2.1 UN EJEMPLO DE CLASE SIN HERENCIA DE *MONOBEHAVIOUR*

Pensemos en una oficina de correos local. Es un entorno que tiene propiedades, como una dirección física (una variable), y la capacidad de ejecutar acciones, como enviar tu correo (métodos).

```
public class Restaurant {
    // Variables
    public string name = "Delicious Eats";
    public string location = "123 Tasty Ave.";

    // Métodos
    public void PrepareFood(){}
    public void ServeFood(){}
}
```

La clave aquí es que, cuando la información y los comportamientos siguen un plano predefinido, se vuelven posibles acciones complejas y la comunicación entre clases. Por ejemplo, si tuviéramos otra clase que quisiera preparar comida a través de nuestra clase *Restaurant*, simplemente podría llamar a la función *PrepareFood* de la siguiente manera:

```
Restaurant re = new Restaurant();
re.PrepareFood();
```

O podrías usarla para buscar la dirección de la oficina de correos, para saber dónde enviar tus cartas:

```
var direccion = re.location;
```

Esta notación se llama *notación de puntos.*

Comunicación entre clases: cualquier variable, método u otro tipo de dato dentro de una clase puede accederse con la notación de puntos. Cada vez que una clase necesita información sobre otra clase o quiere ejecutar uno de sus métodos, se utiliza la notación de puntos. La notación de puntos a veces se denomina el "operador de acceso".

1.4.2.2 TRABAJANDO CON COMENTARIOS

```
// Este es un comentario de una sola línea
```

Las líneas que comienzan con dos barras diagonales (sin espacios) no son compiladas, por lo que puedes usarlas tanto como necesites para explicar tu código a otros o a tu futuro yo.

Los comentarios de *una sola línea* sólo se aplican a una línea de código. *Si quieres comentarios de varias líneas*, deberás usar una barra inclinada y un asterisco, (/* y */ como caracteres de apertura y cierre, respectivamente) alrededor del texto del comentario:

```
/* este es un
comentario de varias líneas */
```

Añadiendo comentarios

Abre *Chapter1* y añade tres barras diagonales encima del método *Suma()*:

```
/// <summary>
///
/// </summary>
void Suma() {
    Debug.Log(PrimeraVariable + SegundaVariable);
}
```

Comentario de triple línea generado automáticamente

Deberías ver un comentario de tres líneas con un espacio para una descripción del método generado por Visual Studio, entre dos etiquetas **<summary>**. Puedes, por supuesto, cambiar el texto o añadir nuevas líneas presionando **Enter**, como lo harías en un documento de texto; hay muchas más etiquetas disponibles para xmldoc, es recomendable echar un vistazo además al menos a **<param>** y **<return>**.

https://learn.microsoft.com/en-us/dotnet/csharp/language-reference/ xmldoc/recommended-tags

Lo útil de estos comentarios detallados es evidente cuando quieres saber algo sobre un método que has escrito. Si has usado un comentario de triple barra diagonal, todo lo que necesitas hacer es colocar el cursor sobre el nombre del método en cualquier lugar donde se llame dentro de una clase o script, y Visual Studio mostrará tu resumen.

1.4.3 Estructuras de control

Las sentencias condicionales **if-else** y **switch** te permiten especificar qué bloque de código debe de ejecutarse basándose en una o más condiciones.

1.4.3.1 IF-ELSE

Es la forma más común de tomar decisiones en el código. La idea básica es: si mi condición se cumple, ejecuta este bloque de código; opcionalmente, se puede agregar una declaración **else** para ejecutar otro bloque de código en caso de que la condición NO se cumpla.

Ejemplo: sustituye tu script en *Chapter1.cs* por este:

```
public class Chapter1: MonoBehaviour {
    public bool hasEggs= true;

    void Start() {
        if(hasEggs) {
            Debug.Log("Vamos a hacer una tortilla");
        } else {
            Debug.Log("No puedo hacer una tortilla");
        }
    }
}
```

Otro ejemplo:

1. Abre el archivo *Chapter1* y añade una nueva variable **public bool** llamada *Monedas*. Asigna su valor entre 1 y 100. Crea un método público sin valor de retorno, llamado *Asalto.* Dentro de la nueva función, añade una declaración **if** para verificar si *Monedas* es mayor que 50, y escribe un mensaje en la consola si esto es verdadero. Añade una declaración

else-if para verificar si *Monedas* es menor que 15, con un mensaje de depuración diferente. Añade una declaración **else** sin condición y un mensaje final por defecto. Guarda el archivo y haz clic en **Play.**

```
public int Monedas = 23;

public void Asalto() {
  if(Monedas > 50) {
    Debug.Log("¡Cuántas monedas!");
  } else if (Monedas < 15) {
    Debug.Log("No hay mucho para el saco");
  } else {
    Debug.Log("Ni mucho ni poco");
  }
}
```

Dado que 23 no es menor que 15 ni mayor que 50, ninguna de las condiciones anteriores se cumple, por lo que la declaración **else** se ejecuta y se muestra el tercer mensaje de depuración.

Anidación de declaraciones

Las declaraciones **if-else** pueden anidarse unas dentro de otras.

```
public class Chapter1 : MonoBehaviour {
    public bool tengo_huevos = true;
    public string complemento = "patatas";

    void Start() {
        if(tengo_huevos ) {
            if(complemento == "patatas") {
                Debug.Log("Hacer tortilla de patatas");
            }
        } else {
            Debug.Log("Hacer tortilla francesa");
        }
    }
}
```

Si la primera declaración **if** se evalúa como falsa, el código saltaría a la declaración **else** y su mensaje de depuración. Si la segunda declaración **if** se evalúa como falsa, no se imprime nada porque no hay una declaración **else**.

1.4.3.2 SWITCH

Cuando tienes más de tres o cuatro acciones anidadas el código se convierte en difícil de seguir y actualizar.

Las declaraciones **switch** aceptan expresiones y nos permiten escribir acciones para cada resultado posible. Requieren los siguientes elementos:

- ▶ La palabra clave **switch** seguida de un par de paréntesis que contengan su condición.

- ▶ Un par de llaves.

- ▶ Una **case** para cada valor que termina con dos puntos, líneas individuales de código o métodos, seguidas de la palabra clave **break** y un punto y coma.

- ▶ Un **default** que termina con dos puntos, líneas individuales de código o métodos, seguidas de la palabra clave **break** y un punto y coma.

Por ejemplo:

```
public string Complemento = "fideos";

void Start() {
  Cocina();
}

public void Cocina() {
  switch(Complemento) {
    case "patatas": Debug.Log("Cocinar patatas fritas"); break;
    case "fideos":  Debug.Log("Hacer sopa");       break;
    default:        Debug.Log("Hoy pasaremos hambre");  break;
  }
}
```

Dado que ***Complemento*** tiene como valor ***"fideos"***, la declaración **switch** ejecuta el segundo caso e imprime su registro de depuración: "Hacer sopa".

1.4.4 Collections

Hasta ahora, solo hemos necesitado variables para almacenar un valor, pero hay muchas situaciones en las que se requerirá un grupo de valores. Las ***Collections*** en C# incluyen **arrays**, **list** y **dictionaries**; cada uno tiene sus puntos fuertes.

1.4.4.1 ARRAYS

Piensa en ellos como contenedores para un grupo de valores, llamados elementos, cada uno de los cuales puede accederse o modificado individualmente. También son referidos normalmente como arreglos o vectores.

▶ Los ***arrays*** pueden almacenar cualquier tipo de valor; *todos los elementos deben ser del mismo tipo.*

▶ La *longitud*, o el número de elementos que un arreglo puede tener, se establece cuando se crea y *no se puede modificar después*.

Veamos un ejemplo donde necesitamos almacenar los tres puntajes más altos de nuestro juego:

```
int[] TopPuntos = new int[3];
```

El array ***TopPuntos*** almacenará tres elementos de tipo entero. Como no añadimos valores iniciales, cada uno de los tres valores en ***TopPuntos*** tienen inicialmente el valor 0.

Puedes asignar valores directamente a un arreglo cuando se crea.

```
int[] TopPuntos = new int[] {323, 57, 4};
```

Siempre puedes verificar la longitud de un arreglo, es decir, cuántos elementos contiene, con la propiedad ***Length***:

```
TopPuntos.Length;
```

Indexación

Cada elemento del arreglo se almacena en el orden en que se asigna, lo que se conoce como su índice. Los arreglos tienen índice cero, lo que significa que el orden de los elementos comienza en 0 en lugar de 1.

En *TopPuntos*, el primer entero, 323, está ubicado en el índice 0, 57 en el índice 1 y 4 en el índice 2:

```
// El valor de score se establece en 323
int score = TopPuntos[0];
```

También se puede usar para modificar directamente un valor:

```
TopPuntos[1] = 55;
```

Los ejemplos de arreglos anteriores solo contienen un elemento por índice, por lo que son unidimensionales. Si quisiéramos que un arreglo contuviera, por ejemplo, una matriz de 3x2, sería:

```
int[,] MiMatriz3x2 = new int[3,2] {
 {5,-64},
 {11,7},
 {300,12}
};
```

1.4.4.2 LISTS

Las listas pueden cambiar de tamaño dinámicamente, lo que significa que puedes agregar, eliminar y modificar elementos. Este tipo de flexibilidad hace que las listas sean una de las *Collections* más populares.

▸ Las listas pueden almacenar cualquier tipo de valor y, al igual que los arrays, *todos los elementos deben ser del mismo tipo*.

▸ Las listas *SÍ pueden cambiar de tamaño dinámicamente* (en tiempo de ejecución).

▸ Las listas tienen una serie de métodos integrados que facilitan la manipulación de los elementos, como **Add**, **Remove** y **Sort**.

Por ejemplo, para crear una lista que almacene puntuaciones de jugadores, el código sería:

```
List<int> TopPuntos = new List<int>();
```

Esta declaración crea una lista vacía que puede almacenar enteros, debido al operador diamante <> (llamado así porque si lo miras de lado parece un diamante) *<int>*. Ahora, veamos algunas operaciones básicas:

Agregar elementos a una lista

Para agregar un elemento a una lista, utiliza el método *Add*. Siguiendo con nuestro ejemplo de puntajes de jugadores, podríamos agregar un puntaje con el siguiente código:

```
TopPuntos.Add(323);
TopPuntos.Add(57);
TopPuntos.Add(4);
```

Eliminar elementos de una lista

Si necesitas eliminar un elemento de la lista, puedes usar el método *Remove*. Por ejemplo, para eliminar el puntaje de 323:

```
TopPuntos.Remove(323);
```

Acceder a elementos de una lista

Puedes acceder a los elementos de una lista utilizando su índice. Las listas también son indexadas desde cero:

```
int puntos = TopPuntos[0]; // Obtiene el primer puntaje
```

Otras operaciones

Las listas vienen con una amplia variedad de métodos útiles, como *Sort*, que organiza los elementos en orden ascendente:

```
TopPuntos.Sort();
```

Otra operación común es verificar si un elemento está en la lista con *Contains*:

```
bool tieneLaPuntuacion = TopPuntos.Contains(57);
```

1.4.4.3 DICTIONARIES

Los diccionarios son otro tipo de colección en C# que almacenan pares clave-valor. Piensa en un diccionario como una tabla donde cada valor se asocia con una *clave única*. Esto permite un acceso a los valores mediante sus claves, en lugar de depender de un índice numérico como en los arrays o las listas.

Por ejemplo, para crear un diccionario que almacene nombres de jugadores y sus puntajes, el código sería:

```
Dictionary<string, int> TopPuntos = new Dictionary<string, int>();
```

Agregar elementos a un diccionario

Para agregar un par clave-valor a un diccionario, utiliza el método `Add`. Siguiendo con el ejemplo de puntajes de jugadores:

```
TopPuntos.Add("Juan", 323);
TopPuntos.Add("Maria", 57);
TopPuntos.Add("Fer", 4);
```

Acceder a valores en un diccionario

Para acceder a un valor en un diccionario, puedes usar la clave:

```
int puntos = TopPuntos["Fer"];
```

Eliminar elementos de un diccionario

Para eliminar un elemento de un diccionario, utiliza el método `Remove` con la clave asociada al elemento:

```
TopPuntos.Remove("Juan");
```

Otras operaciones con diccionarios

Puedes verificar si una clave existe en el diccionario usando el método *ContainsKey*:

```
bool estaM = TopPuntos.ContainsKey("Maria");
```

Resumiendo las Collections

Los **Arrays** son útiles cuando sabes que los datos no cambiarán, pero son menos flexibles. Las **List** ofrecen más flexibilidad al permitir agregar y eliminar elementos dinámicamente. Finalmente, los **Dictionaries** son ideales para cuando necesitas asociar valores con claves únicas y realizar búsquedas rápidas. Aunque hay más tipos de colecciones, como BitArray, HashSet, Queue<T>, Stack<T> y otros, para nuestros propósitos nos valdrá con los mostrados.

1.4.5 Bucles

Solemos necesitar recorrer una *Collection* elemento a elemento. Esto se llama iteración, y C# proporciona varios tipos de sentencias que nos permiten recorrer una colección.

1.4.5.1 FOR

El bucle **for** se usa comúnmente cuando un bloque de código necesita ejecutarse un número determinado de veces antes de que el programa continúe.

Veamos un ejemplo práctico con la lista *Equipo*

```
List<string> Equipo= new List<string>() { "John",  "Ned", "Bart" };
int n = Equipo.Count;

for (int i = 0; i < n; i++) {
  Debug.LogFormat("Índice: {0} - {1}", i, Equipo[i]);
}
```

Repasemos cómo funciona este bucle:

▶ Se establece como una variable local de tipo **int** llamada *i* con un valor inicial de 0.

▶ Se asegura de que solo se ejecute otra vez si *i* es menor que el número de elementos en de *Equipo*, (arrays *Length*. listas *Count*).

▶ *i* se incrementa en 1 cada vez que se ejecuta el bucle con el operador ++.

▶ Dentro del bucle **for**, imprimimos el índice y el elemento de la lista de ese índice.

1.4.5.2 FOREACH

Los bucles **foreach** toman cada elemento de una colección y lo almacenan en una variable local, haciéndola accesible dentro de la sentencia.

Veamos el ejemplo de la lista *QuestPartyMembers* y hagamos una lista de asistencia para cada uno de sus elementos:

```
List<string> Equipo= new List<string>() { "John",  "Ned", "Bart" };
foreach(string miembro in Equipo) {
    Debug.LogFormat("{0} listo", miembro);
}
```

Se crea una variable local, llamada *miembro*, para contener cada elemento a medida que el bucle se repite.

1.4.5.3 WHILE

Un ejemplo de una simple cuenta atrás:

```
public int RocketLaunch = 10;

void Start()
{
    CountDown();
}

public void CountDown()
{
    while(RocketLaunch > 0)
    {
        Debug.LogFormat("Cuenta atrás {0}", RocketLaunch );
```

```
        RocketLaunch--;
    }
    Debug.Log("¡Lanzamiento!");
}
```

Con *RocketLaunch* comenzando en 10, el bucle **while** se ejecutará 10 veces. Durante cada iteración, se mostrará el mensaje de depuración "Cuenta atrás" seguido del número de la variable *RocketLaunch* y se restará uno a *RocketLaunch*.

1.5 MANOS A LA OBRA EN UNITY

El juego en el que trabajaremos durante el resto de este capítulo está diseñado para que adquieras unos conocimientos básicos del editor de Unity. Es bastante simple y no requerirá algo tan detallado como un *GDD* (Game Design Document) o TDD (Technical Design Document). En su lugar, crearemos un *One-Pager* para realizar un seguimiento de nuestros objetivos y establecer algunos antecedentes del proyecto.

Concepto
    Prototipo enfocado en evitar enemigos y recolectar ítems de salud, con un poco
    de FPS(First Person Shooter) como complemento.

Jugabilidad
    Utilizar la línea de visión para mantenerse un paso adelante de los enemigos que
    patrullan y recolectar los objetos necesarios. El combate consistirá en disparar
    proyectiles a los enemigos. Los enemigos nos descubrirán por proximidad o por
    ataques, lo que desencadenará una respuesta por parte de ellos.

Interfaz
    El control para el movimiento utilizará las teclas WASD o las flechas, y
    la cámara se moverá con el jugador. La mecánica de disparo usará la barra
    espaciadora, y la recolección de objetos funcionará a través de colisiones con
    los objetos. El HUD (Head Up Display) simple mostrará la barra de salud.

Estilo
    La arena y los personajes consistirá en GameObjects primitivos.

One-Pager

1.5.1 Diseño del juego, construcción de un nivel

Con Unity, puedes usar **formas 3D básicas** para crear entornos simples, la herramienta más avanzada **ProBuilder**, o una combinación de ambas. Incluso puedes importar modelos 3D de otros programas, como *Blender*, para utilizarlos como objetos en tus escenas. También puedes utilizar **Assets** de la *Unity Asset Store*. Sin embargo, como nuestro objetivo es familiarizarnos primero con el entorno básico, nos quedaremos con un escenario simple, fácil de recorrer, pero con algunos rincones para esconderse. Utilizarás primitivas, que son formas de objetos base proporcionadas por Unity, aprendiendo a crearlas, escalarlas y posicionarlas en una escena.

Si abres Unity, puedes ir al panel **Hierarchy** y hacer clic en + > **3D Object**, y verás todas las opciones disponibles. Solo la mitad de estas son primitivas o formas comunes, como se indica en la siguiente captura de pantalla:

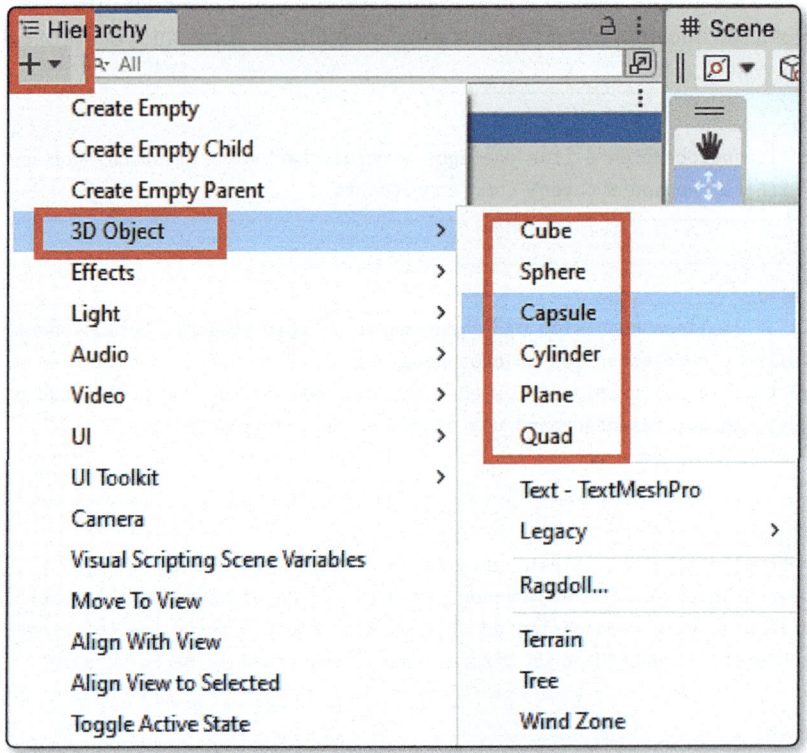

Hierarchy con la opción de 3D Object seleccionada

Creación de un plano de suelo

Lo primero: para moverse debes tener un suelo debajo de ti. Así que comencemos creando un plano de suelo para nuestra arena siguiendo estos pasos:

- En el panel **Hierarchy**, haz clic en + > **3D Object** > **Plane**.

- En el menú desplegable *Transform*, cambia la escala en X a 1.732, deja Y y Z a 1

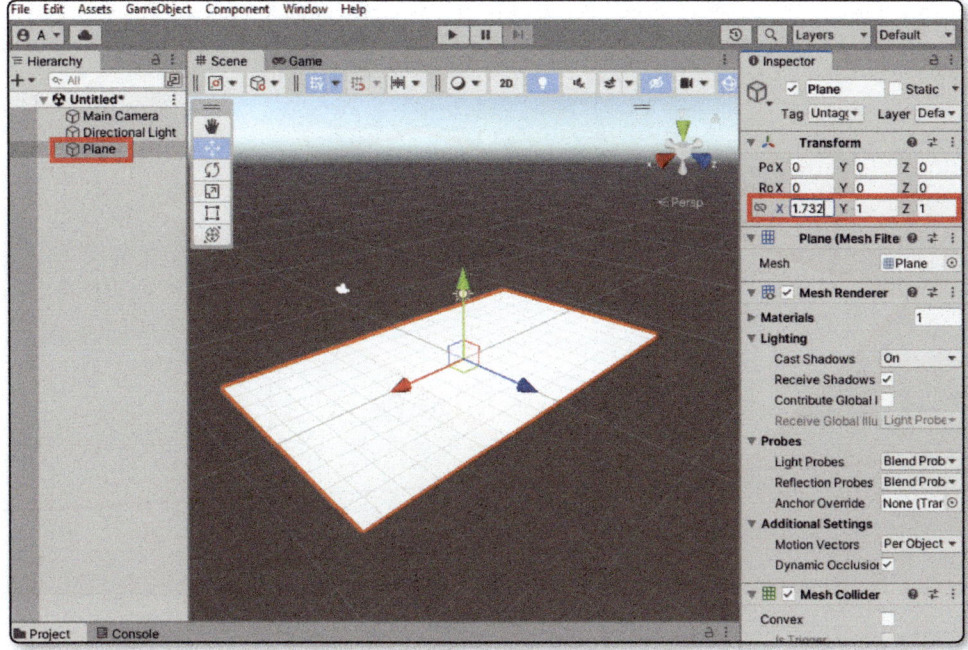

Editor de Unity con un plane

- Si la iluminación en tu escena parece más tenue o diferente, selecciona *Directional Light* en el panel **Hierarchy** y ajusta el valor de *Intensity* a 1.

Pensando en 3D

Ahora que tenemos nuestro primer objeto en la escena, podemos hablar sobre el espacio 3D, específicamente cómo se comportan la posición, la rotación y la escala de un objeto en tres dimensiones. En la esquina superior derecha del panel **Scene**, verás un icono geométrico con los ejes X, Y y Z marcados en rojo, verde y azul, respectivamente. Todos los *GameObjects* en la escena mostrarán sus flechas de eje cuando estén seleccionados en la ventana **Hierarchy**.

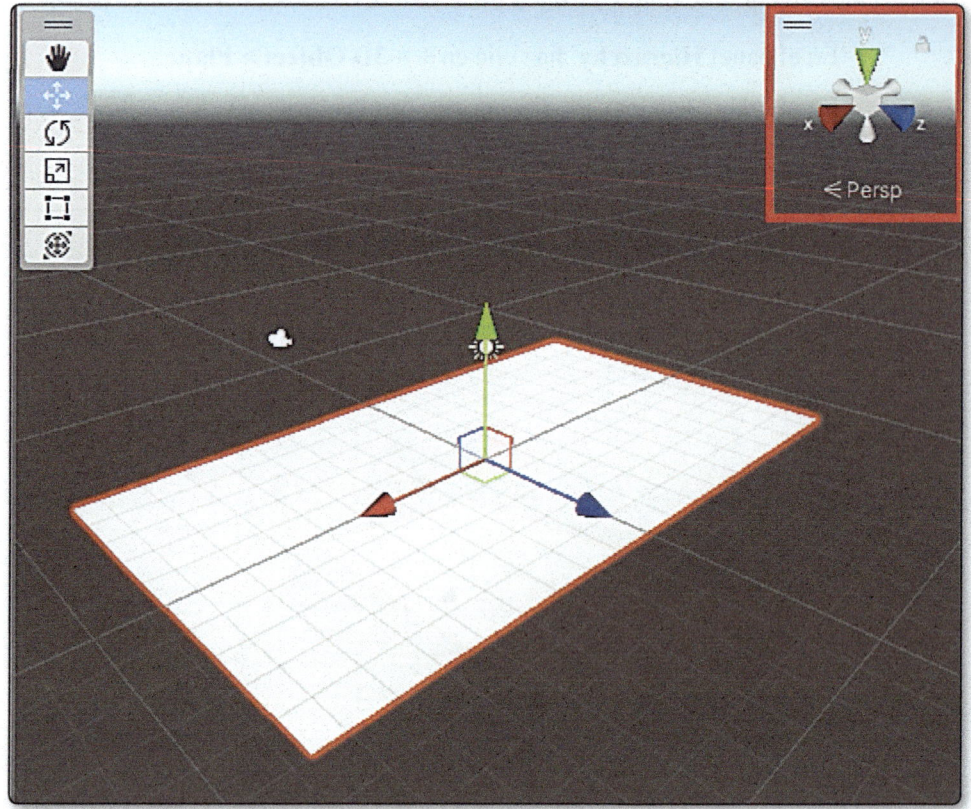

Vista de la escena con el gizmo de orientación

Materiales

Podemos usar **Materials** para darle un poco de vida al nivel. Los materiales se encargan de configurar propiedades del *GameObject*, como el color y la textura. El material se pasa al *Shader*, que usa este último para renderizar las propiedades del material en la pantalla. Piensa en los *Shaders* como responsables de combinar los datos de iluminación y textura en una representación de cómo se verá el material. Para cambiar el color de un objeto, necesitamos crear un material y arrastrarlo al objeto que queremos modificar.

▷ Crea una nueva carpeta en el panel **Project** haciendo clic derecho > **Create** > **Folder**, y nómbrala *Materials*.

Dentro de la carpeta *Materials*, haz clic derecho > *Create* > *Material*, y nómbralo *Floor_Mat*.

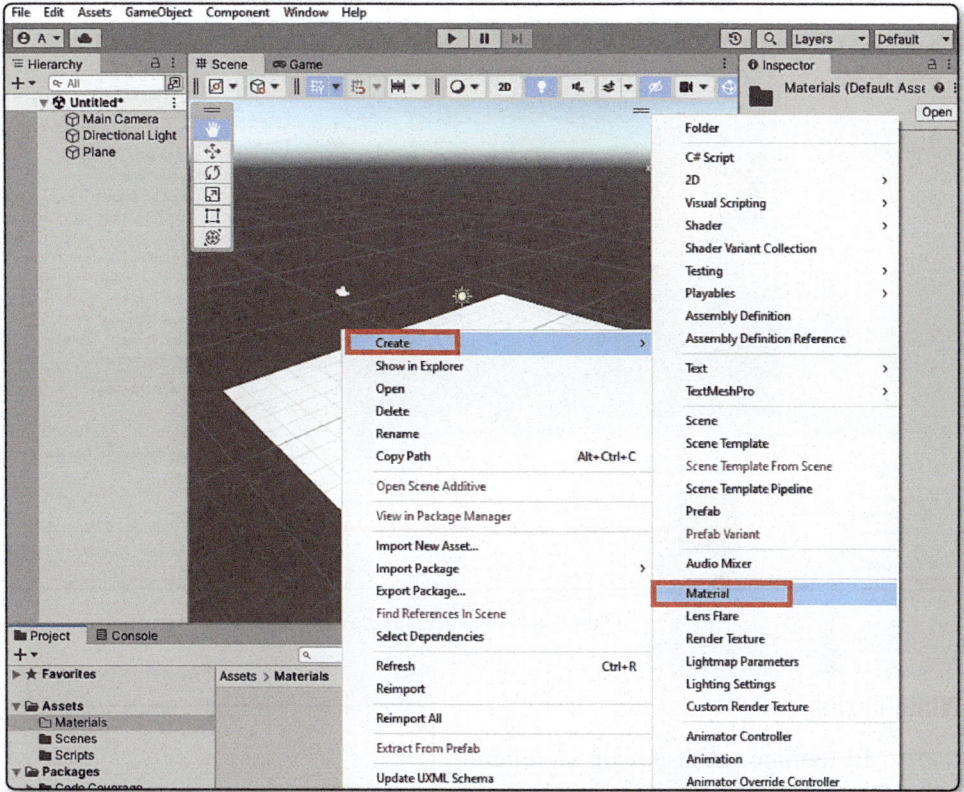

Creando un Material

▷ Selecciona el nuevo material en el panel *Project* y mira sus propiedades en el **Inspector**. Haz clic en la caja de color junto a la propiedad *Albedo*, selecciona tu color en la ventana emergente de selección de color (por ejemplo Marrón #D69E5A) y luego ciérrala.

▷ Arrastra el objeto *Floor_Mat* desde el panel **Project** y suéltalo sobre el *GameObject Plane* en el panel *Hierarchy*.

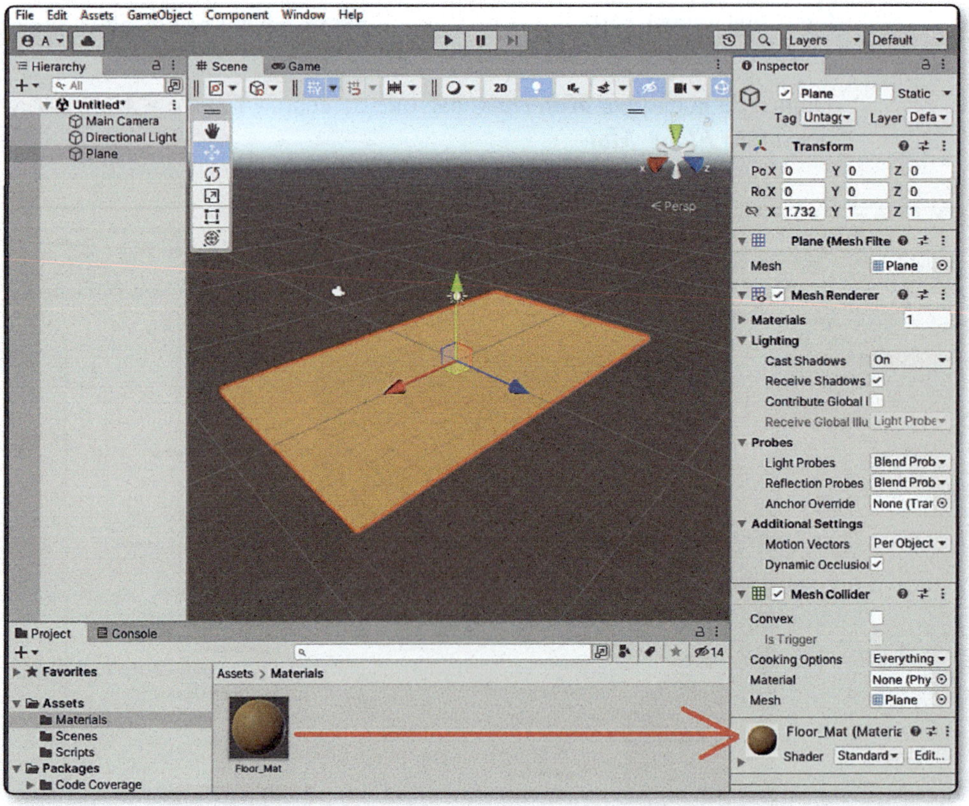

Plane con el color actualizado

White-boxing

El término *white-boxing* se refiere a la práctica de diseñar niveles usando objetos en cierta posición para tener una idea de cómo quieres que se vea. Esta es una excelente manera de comenzar, especialmente durante las etapas de creación de prototipos. Veamos un boceto:

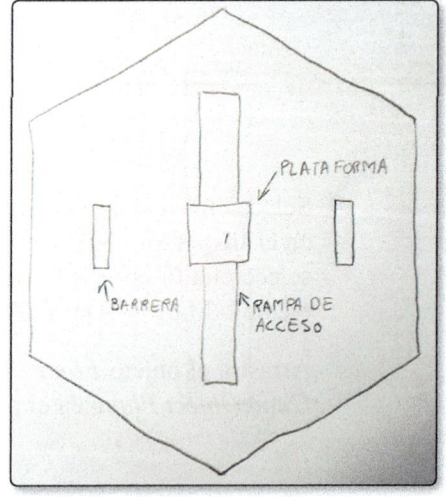

Boceto de la arena

Lo importante es plasmar tus ideas en papel para asentarlas en tu mente antes de ponerte a trabajar en Unity. Hay que familiarizarte con algunas bases del editor de Unity para que el proceso de **white-boxing** sea más fácil.

Herramientas del editor

Puedes encontrarlas en la esquina superior izquierda del editor de Unity:

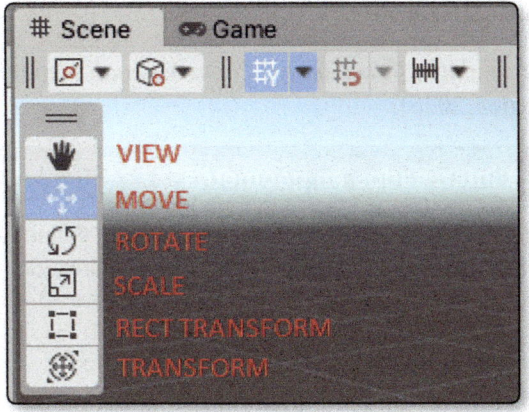

Editor Toolbar

Herramientas disponibles en la barra de herramientas:

- **View**: te permite desplazarte y cambiar tu posición en la escena haciendo clic y arrastrando el ratón.

- **Move**: te permite mover objetos a lo largo de los ejes X, Y y Z arrastrando sus respectivas flechas.

- **Rotate**: te permite ajustar la rotación de un objeto girando o arrastrando sus marcadores respectivos.

- **Scale**: te permite modificar la escala de un objeto arrastrándolo hacia los ejes específicos.

- **Rect Transform**: combina la funcionalidad de mover, rotar y escalar en una sola herramienta.

- **Transform**: te da acceso a la posición, rotación y escala de un objeto simultáneamente.

Navegar por la escena:

▶ Para mirar alrededor, mantén presionado el botón derecho del ratón y arrástralo para desplazar la cámara.

▶ Para moverte mientras usas la cámara, mantén presionado el botón derecho del ratón y utiliza las teclas **W, A, S y D** para moverte hacia adelante, atrás, izquierda y derecha, respectivamente.

▶ Presiona la tecla **F** para hacer zoom y enfocar un *GameObject* seleccionado en el panel **Hierarchy**.

Más información en: *https://docs.unity3d.com/Manual/SceneViewNavigation.html* (Unity Technologies, 2025).

ⓘ Nota para los interesados en geometría

¿Por qué el valor 1.732 ($\sqrt{3}$)? Un hexágono regular contiene 6 triángulos equiláteros. La altura h de ese triángulo es h = $s \cdot sin(60°)$ = $s \cdot \sqrt{3}/2$. Dos alturas (una arriba y otra abajo del centro) dan la distancia entre lados opuestos: $2 \cdot (s \cdot \sqrt{3}/2)$ = $s \cdot \sqrt{3}$. Por eso, si el lado del hexágono s vale 1u, el ancho del plano tendrá el valor $\sqrt{3} \approx 1.732$. Tras duplicar el plano y rotarlo ±60°, los tres planos encajan formando un hexágono.

Dado que queremos una arena hexagonal, vamos a triplicar el rectángulo para formar un hexágono, rotando 60 y 120° en el eje Y. Puedes duplicarlo seleccionando el *Plane* y pulsando **Ctrl+D**.

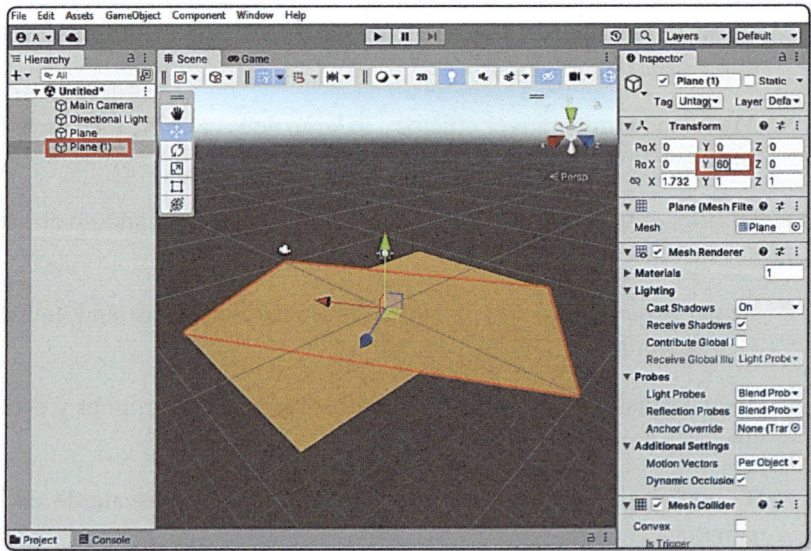

Duplicando un Plane

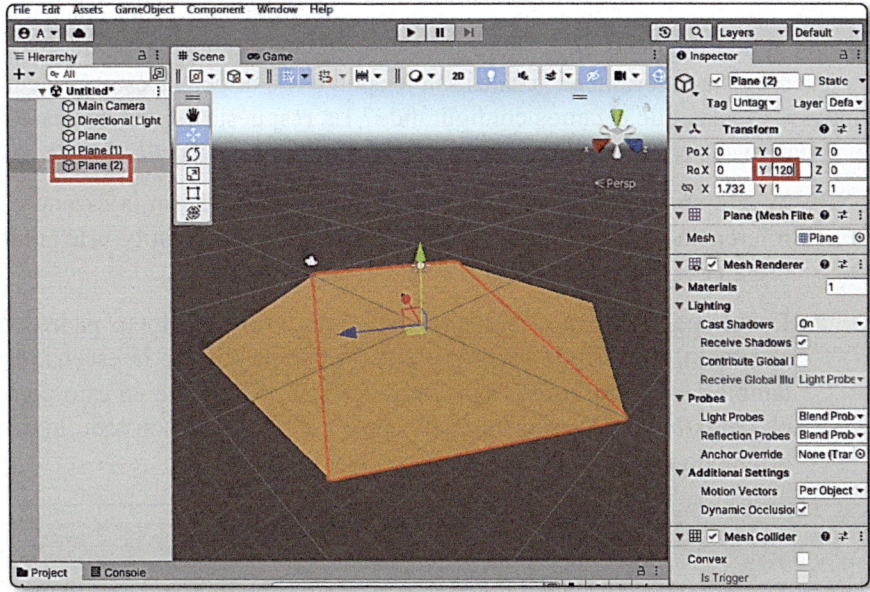

Formando un hexágono

Vamos a adquirir el hábito de mantener tu jerarquía de objetos organizada. Podemos agrupar los elementos del suelo Seleccionando los 3 *Plane* con **Hierachy -> Create Empty Parent** y llamarlo *Floor*.

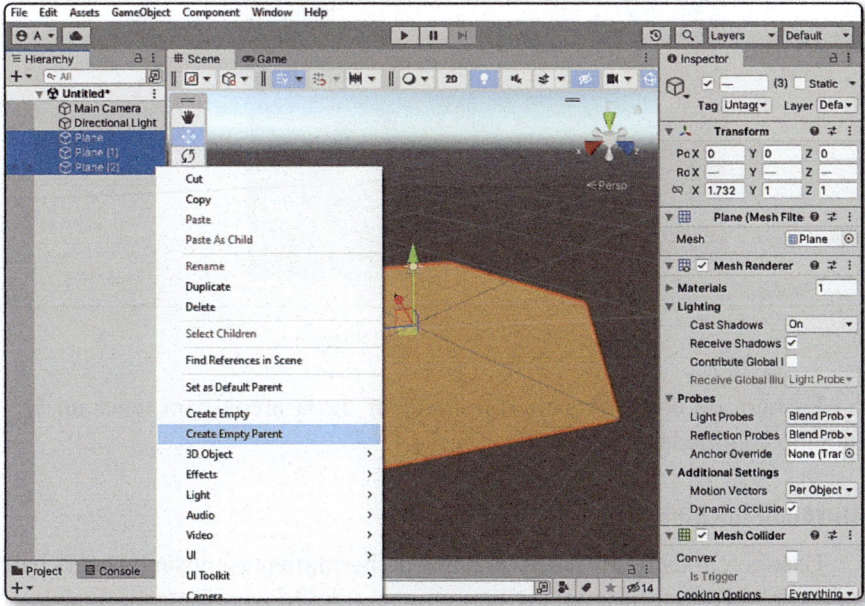

Agrupando planes en el elemento Floor

Es importante configurar las posiciones X, Y y Z del objeto **Floor** en 0, ya que las posiciones de los objetos hijos ahora son relativas a la posición del padre. Esto nos lleva a una pregunta interesante: ¿cuáles son los puntos de origen de estas posiciones, rotaciones y escalas que estamos configurando? La respuesta es que dependen del espacio relativo que estemos utilizando, que en **Unity** puede ser **World** o **Local**:

▶ **World space** utiliza un punto de origen establecido en la escena como referencia constante para todos los **GameObjects**. En Unity, este punto de origen es (0, 0, 0), es decir, 0 en los ejes X, Y y Z.

▶ **Local space** utiliza el componente **Transform** del objeto padre como su origen, cambiando esencialmente la perspectiva de la escena. Unity también establece este origen local en (0, 0, 0). Piensa en esto como si el **Transform** del padre fuera el centro del universo, con todo lo demás orbitando en relación con él.

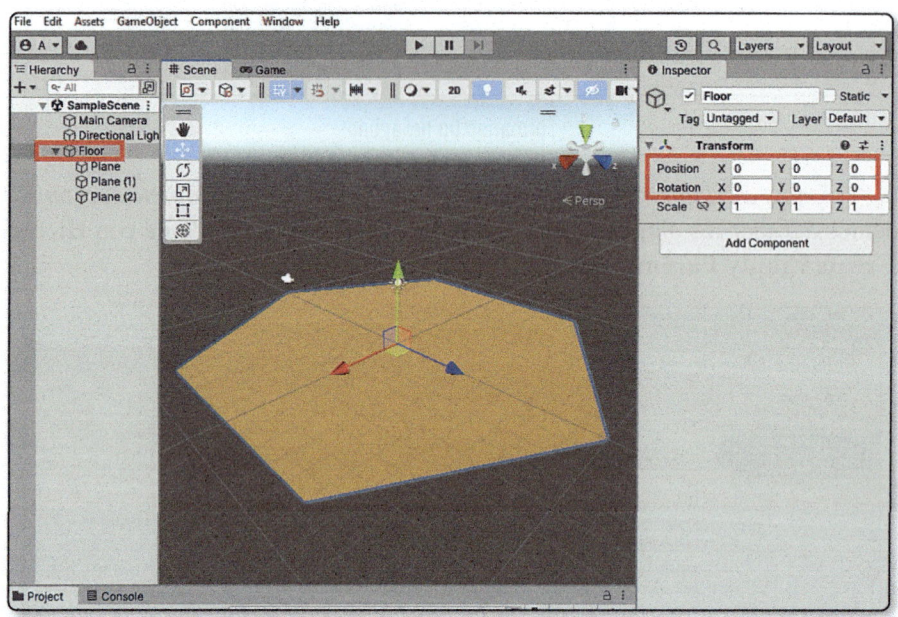

World Space vs Local Space

Es hora de construir paredes alrededor de la arena para tener un área de movimiento confinada.

Construyendo las paredes

Usando cubos primitivos y la barra de herramientas, posiciona seis paredes alrededor del nivel utilizando las herramientas de Mover, Rotar y Escalar para delimitar la arena principal:

▸ En el panel **Hierarchy**, selecciona + > **3D Object > Cube** para crear la primera pared y nómbrala **Pared**.

▸ Configura su escala a 0,5 para el eje X, 1 para el eje Y y 10.2 para el eje Z.

ⓘ **Nota**

Los *planes* en Unity (objetos planos que se usan comúnmente como suelos o superficies) tienen una escala diferente a otros objetos 3D. En Unity, un *plane* tiene un tamaño base que es 10 veces más grande que otros objetos 3D, como cubos o esferas. Por lo tanto, si escalas un *plane* a un tamaño de 1x1.732, su tamaño será equivalente al de otro objeto 3D que tenga un tamaño de 10x17.32.

▸ Con el objeto *Pared* seleccionado en el panel **Hierarchy**, cambia a la herramienta de *Position* en la esquina superior izquierda y usa las flechas rojas, verdes y azules para posicionar la pared en el borde del plano del suelo. Si pulsas **Ctrl** mientras arrastras, se irá intentando ajustar a la cuadrícula. Ten en cuenta que las paredes estarán rotadas 60° y 120° en el eje Y en el hexágono.

▸ Repite los pasos hasta que tengas seis paredes rodeando tu área:

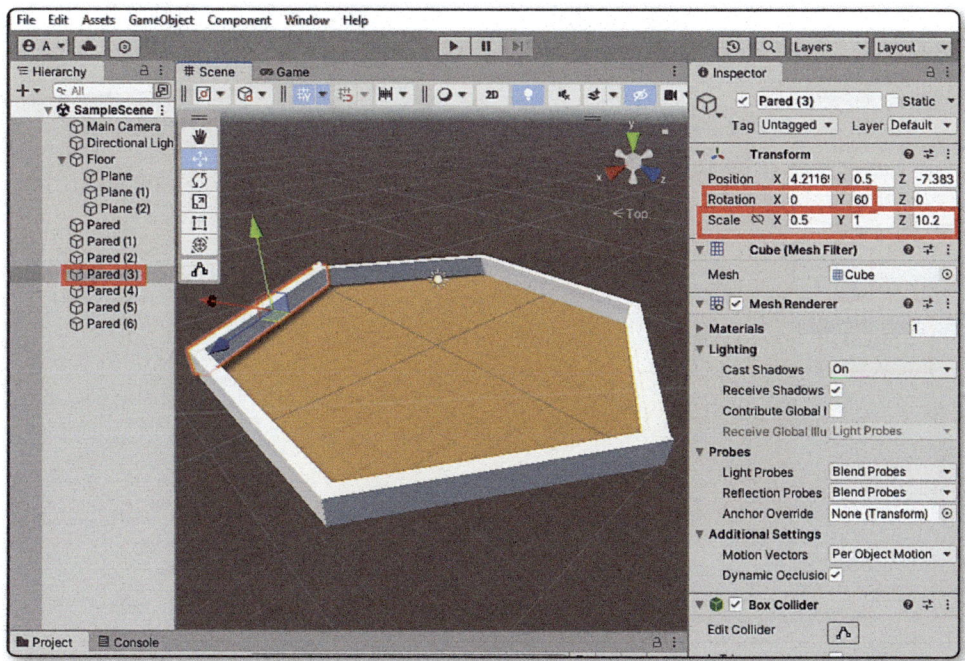

Arena hexagonal con paredes

Eso fue un poco de construcción, pero la arena está comenzando a tomar forma.

1.5.1.1 TRABAJANDO CON PREFABS

Los **Prefabs** son **GameObjects** que se pueden guardar y reutilizar con todos sus objetos hijos, componentes, scripts C# y configuraciones de propiedades. Una vez creado, un **Prefab** es como una plantilla. Como resultado, cualquier cambio en el **Prefab** base también afectará a todas las instancias activas no modificadas en la escena.

Queremos dos barreras idénticas en dos lados de la arena, son un caso ideal para un **Prefab**. Creemos la barrera con los siguientes pasos:

▱ Crea un objeto padre vacío + > **Create Empty** y nómbralo **Barrera**.

▱ Crea tres cubos seleccionando + > **3D Object > Cube**, luego posiciónalos y escálalos como una base en forma de "U". La base puede ser de 0.25x0.5x3. Coloca los otros dos encima de los extremos de la base de la barrera.

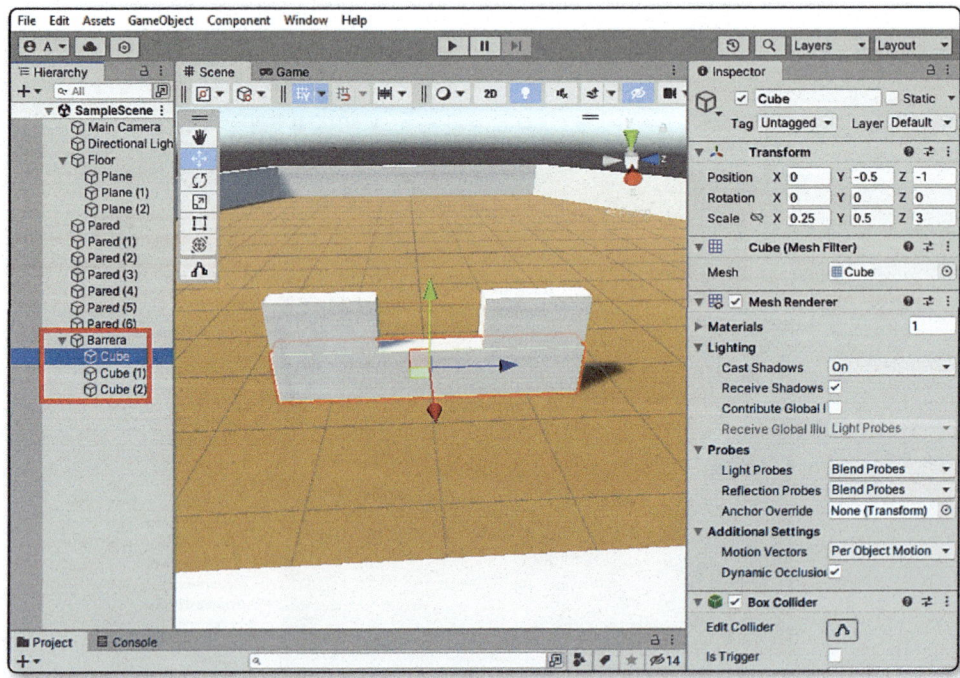

Barrera

▶ En la carpeta principal *Assets*, crea una nueva carpeta llamada *Prefabs* y arrastra el *GameObject Barrera* desde el panel **Hierarchy** a la carpeta *Prefabs* en la vista del proyecto.

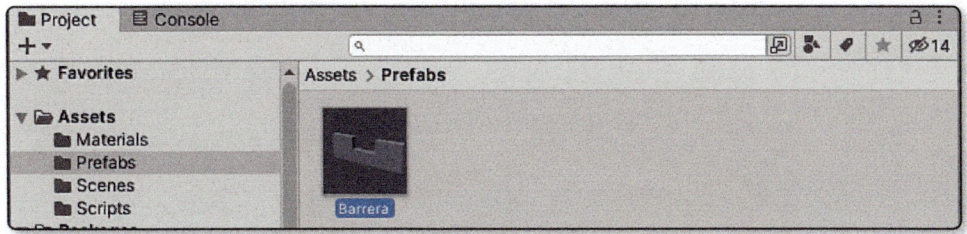

Barrera en la carpeta Prefabs

La *Barrera* y todos sus objetos hijos ahora son un *Prefab*, lo que significa que podemos reutilizarla arrastrando copias desde la carpeta *Prefabs* o duplicando la que está en la escena. El *Barrier* se debería de haber vuelto de color azul en la pestaña **Hierarchy** para señalar su cambio de estado y también añadió una fila de botones de función de *Prefab* en la pestaña **Inspector** debajo de su nombre.

Completar el nivel

Ahora que tenemos un *Prefab* reutilizable, vamos a construir el resto del nivel para que coincida con el boceto inicial:

▶ Duplica el *Prefab* y coloca cada otro en un lado diferente de la arena. Puedes hacerlo arrastrando múltiples objetos *Barrera* desde la carpeta *Prefabs* a la escena o haciendo clic derecho en *Barrera* en **Hierarchy** y seleccionando **Duplicate**.

▶ Crea un *Cube* y escálalo (3x1x3) para formar una plataforma.

▶ Crea un *Cube* y escálalo (2x0.2x4.4), será una rampa, rota alrededor del eje X para crear una inclinación, y luego posiciónala para que conecte la plataforma con el suelo.

▶ Duplica el objeto de la rampa usando **Ctrl + D** en Windows. Luego, repite los pasos de rotación y posicionamiento.

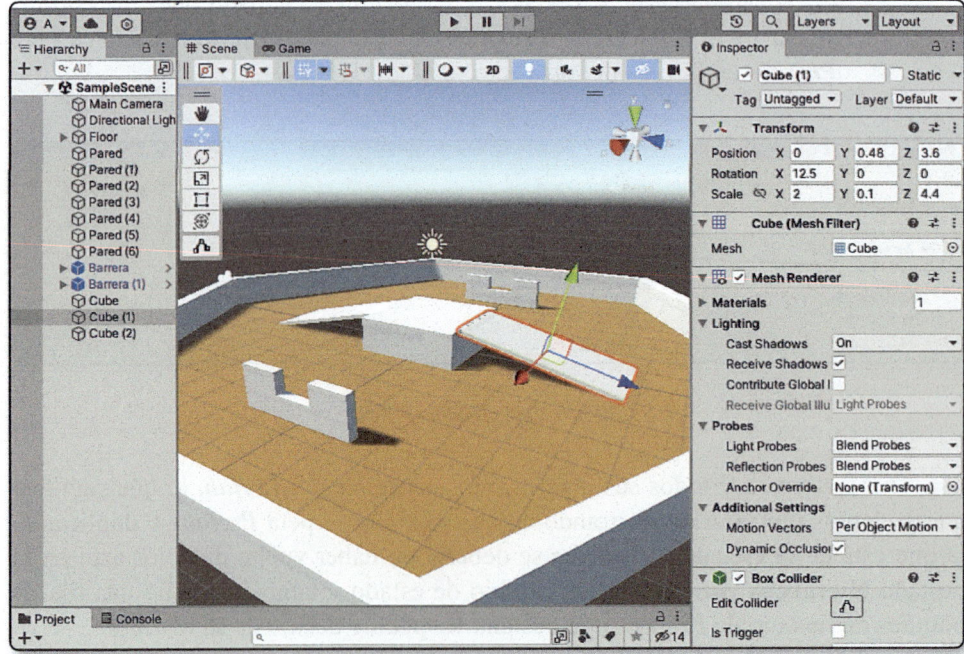

GameObject plataforma elevada

Creación de un objeto de salud como Prefab

Los juegos suelen tener objetos que los jugadores pueden recoger o con los que pueden interactuar. Crearemos un cubo doble, uno rotado respecto al otro, de forma que tenga 36 caras y lo convertiremos en un *Prefab*.

▶ Crea un *GameObject Cube* seleccionando + > **3D Object > Cube**. Duplícalo y rótalo 45° en X, y y Z. Crea un *Empty Parent* con los dos *Cubes* y llámalo *DobleCubo.*

▶ Ajusta la escala a 0.5 para los ejes X, Y y Z, y luego cambia a la herramienta de mover para posicionarlo cerca de una de tus barreras.

▶ Crea un material y asígnale un color llamativo, rosa por ejemplo (#FF9AFF). Asígnalo a *DobleCubo*.

▶ Arrastra el objeto *DobleCubo* desde el panel **Hierarchy** a la carpeta **Prefab**.

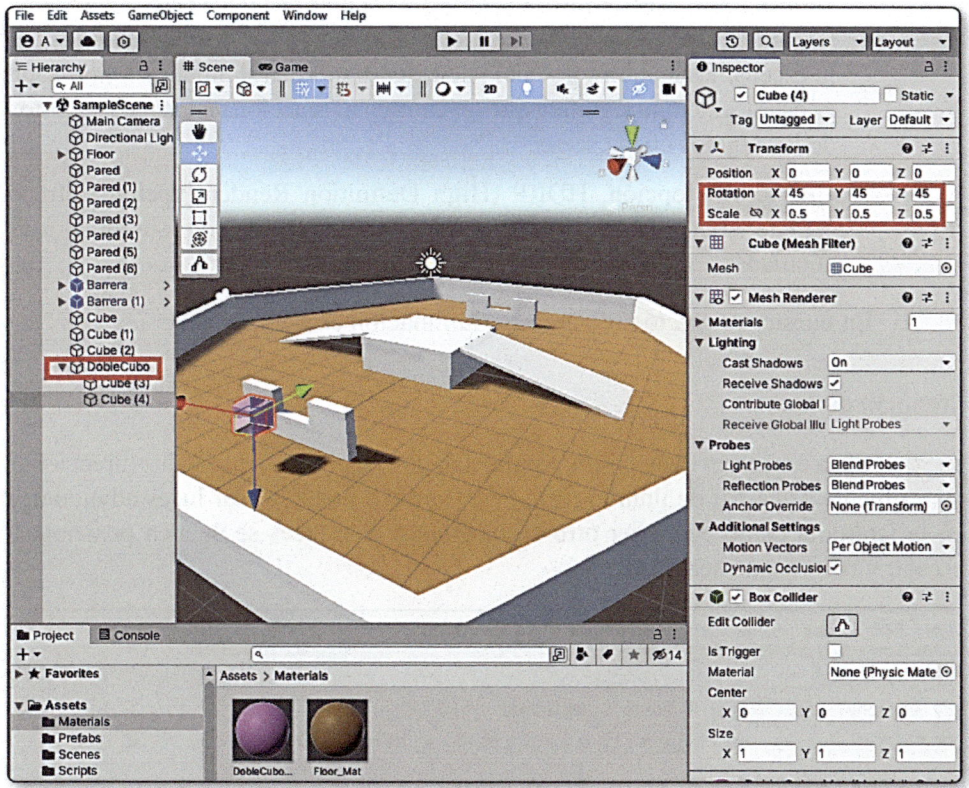

Objeto para coger DobleCubo

Eso concluye nuestro trabajo de diseño y disposición del nivel por ahora. En la siguiente sección introduciremos la iluminación en Unity y aprenderemos a animar nuestro objeto.

1.5.2 Iluminación básica

La iluminación en Unity es un tema amplio, pero puede resumirse en dos categorías: **en tiempo real** y **precomputada**. Ambos tipos de luces tienen en cuenta propiedades como el color, la intensidad y la dirección en la que se proyecta la luz, todas configurables en la ventana del **Inspector**. La diferencia radica en cómo el motor de Unity calcula el comportamiento de las luces:

> ▼ **Iluminación en tiempo real**: se calcula en cada fotograma, lo que permite que cualquier objeto que cruce su camino proyecte sombras realistas y se comporte como una fuente de luz del mundo real. Sin embargo, esto puede ralentizar considerablemente el juego, especialmente si hay muchas luces en la escena.

▶ **Iluminación precomputada**: almacena la iluminación de la escena en una textura llamada *lightmap*, que luego se aplica (o se "hornea"-**baked**-) en la escena. Esto ahorra potencia de cálculo, pero la iluminación horneada es estática, lo que significa que no cambia ni reacciona a los movimientos de los objetos en la escena.

▶ Una tercera opción, HDRP (High Definition Render Pipeline) ofrece características como **Iluminación Global (GI)**, con sombras más detalladas y reflejos realistas.

En nuestro proyecto utilizaremos iluminación en tiempo real.

Creación de luces

Cada escena en Unity viene por defecto con un componente de luz direccional como fuente principal de iluminación, pero también puedes crear luces adicionales en la jerarquía como cualquier otro *GameObject*. Las luces se pueden posicionar, escalar y rotar según sea necesario.

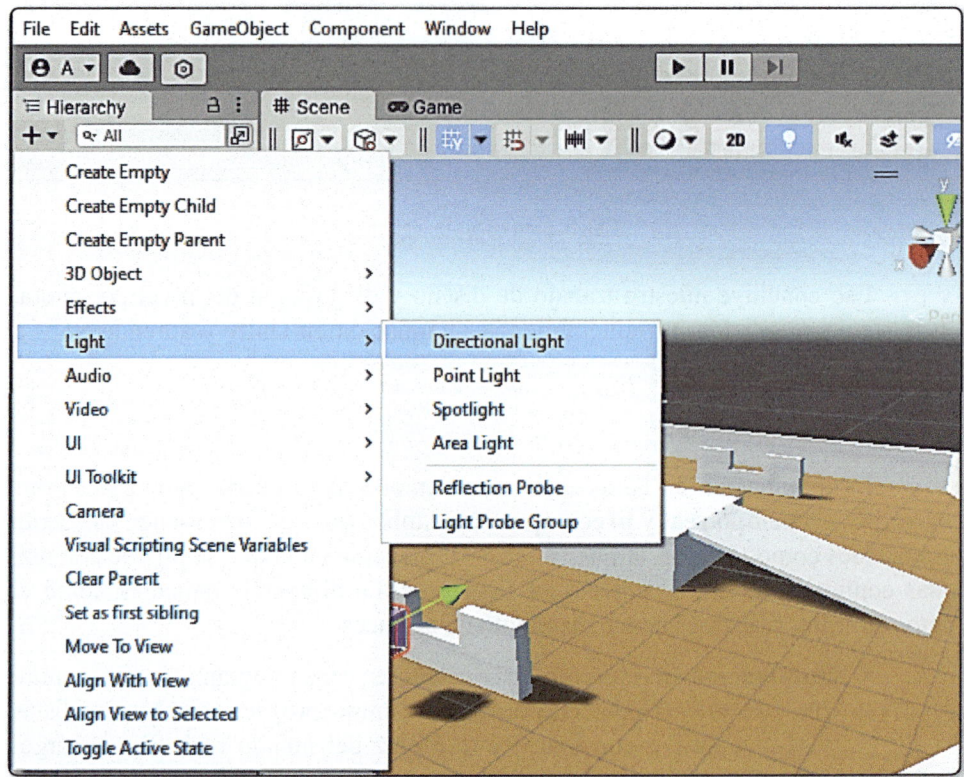

Menú de creación de luces

Tipos de luces en Unity

1. **Directional lights**: simulan la luz natural, como la luz del sol. No tienen una posición fija en la escena; la luz incide en todo como si siempre estuviera orientada en la misma dirección.

2. **Point lights**: emiten luz desde un punto central en todas direcciones, como una bombilla flotante.

3. **Spotlights**: dirigen la luz en una dirección específica, limitada por un ángulo, enfocándose en un área determinada, como los focos en la vida real.

4. **Area lights**: son rectangulares y emiten luz desde un lado de su superficie.

Puedes crear una luz puntual seleccionando + | **Light** | **Point Light** y experimentar con sus ajustes. Después de probar, puedes eliminar la luz haciendo clic derecho en ella en el panel **Hierarchy** y seleccionando **Delete**.

1.5.3 Animación

Animar objetos en Unity puede ir desde un simple efecto de rotación hasta movimientos y acciones complejas de los personajes. Puedes crear animaciones mediante código o con las ventanas de *Animation* y *Animator*:

- ▸ La ventana de *Animation* es donde se crean y gestionan segmentos de animación, llamados *clips*, utilizando una línea de tiempo. Las propiedades del objeto se registran a lo largo de esta línea de tiempo y luego se reproducen para crear un efecto animado.

- ▸ La ventana de *Animator* gestiona estos clips y sus transiciones usando objetos llamados controladores de animación.

En este breve recorrido por las animaciones en Unity, crearemos el mismo efecto de rotación *tanto en código como usando el Animator*.

Crear animaciones en código

Para empezar, vamos a crear una animación en código para rotar nuestro *DobleCubo*. Dado que todos los *GameObjects* tienen un componente *Transform*, podemos tomar el componente *Transform* de nuestro objeto y hacerlo girar indefinidamente.

Para crear una animación en código, debes realizar los siguientes pasos:

▼ Crea un nuevo script dentro de la carpeta Scripts, llámalo **DCRotation** y ábrelo en Visual Studio.

▼ En Unity, selecciona el objeto **DobleCubo** en la carpeta de **Prefabs** y desplázate hasta la parte inferior de la ventana del **Inspector**. Haz clic en **Add Component**, busca el script **DCRotation** y presiona **Enter**. De esta forma, podremos acceder a componentes del **GameObject DobleCubo** como **Transform** desde el propio Script, con `this.transform`.

▼ En la parte superior del script y dentro de la clase, añade una variable pública de tipo **int** con valor 44 llamada **Speed**:

```
public int Speed = 44;
```

▼ Dentro del método Update(), llama a `this.transform.Rotate`. Este método de la clase Transform toma tres ejes, uno para las rotaciones en x, y y z.

```
this.transform.Rotate(-Speed*Time.deltaTime,
  Speed*1.5f* Time.deltaTime, -Speed*5*Time.deltaTime);
```

▼ Mueve la **Main Camera** para que puedas ver el objeto **Health_Pickup** y haz clic en **Play**.

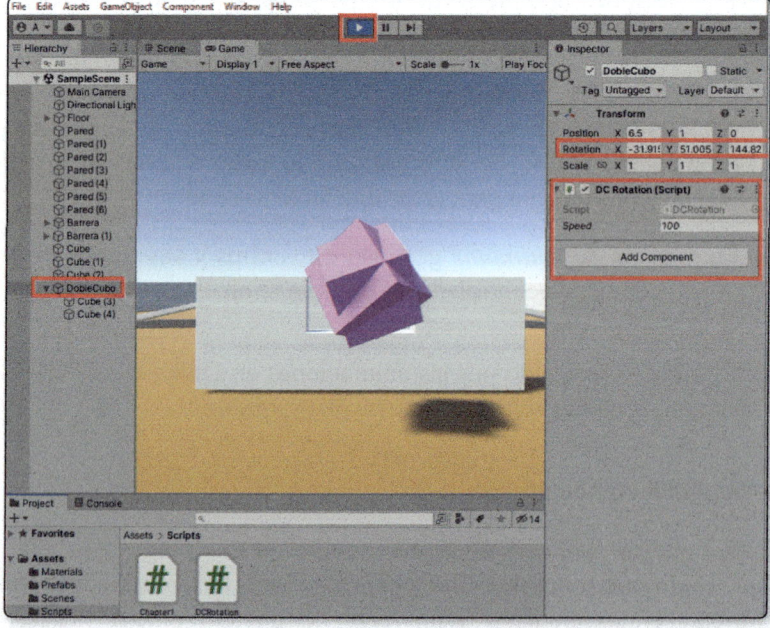

Cámara enfocada en el DobleCubo

Ahora, el *DobleCubo* gira continuamente sobre sus ejes.

Crear animaciones en la ventana Animation de Unity

Es importante que *elijas entre el método por código o el sistema de animación de Unity* para una única animación, ya que *estos dos sistemas pueden entrar en conflicto*.

Cualquier GameObject al que quieras aplicar un clip de animación necesita tener un componente **Animator** con un **Animation Controller** asignado. Si no hay un controlador en el proyecto cuando se crea un nuevo clip, Unity creará uno y lo guardará en el panel de **Proyect**.

A continuación, se describen los pasos para crear un nuevo clip de animación para el *DobleCubo*:

▸ Navega a **Window** > **Animation** > **Animation** para abrir el panel de **Animation**.

▸ Asegúrate de que el objeto *DobleCubo* esté seleccionado en el **Hierarchy** y haz clic en **Create** en el panel de **Animation**.

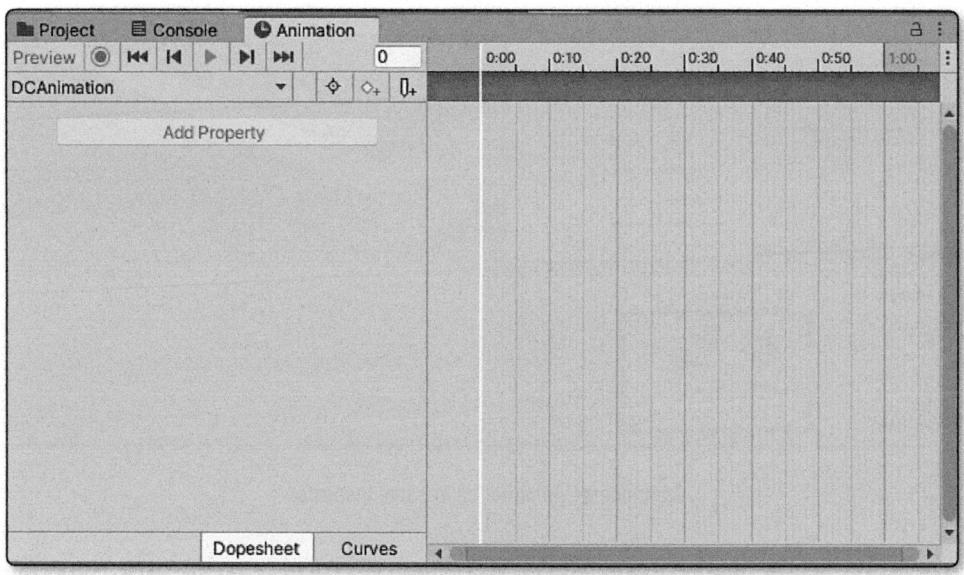

Ventana de Unity Animation

▸ Crea una nueva carpeta debajo de **Assets** llamada *Animations* y nombra el nuevo clip *DCAnimation*.

▸ Dado que no teníamos ningún controlador de **Animator**, Unity creó uno para nosotros en la carpeta de Animación llamado ***DobleCubo.controler***. Con ***Health_Pickup*** seleccionado, observa en el panel del Inspector que, al crear el clip, también se agregó un componente **Animator** al ***Prefab***, pero aún no se ha guardado oficialmente en el ***Prefab***. Observa que el ícono de "+" aparece en la parte superior izquierda del componente **Animator**, lo que significa que aún no forma parte del Prefab ***Health_Pickup***:

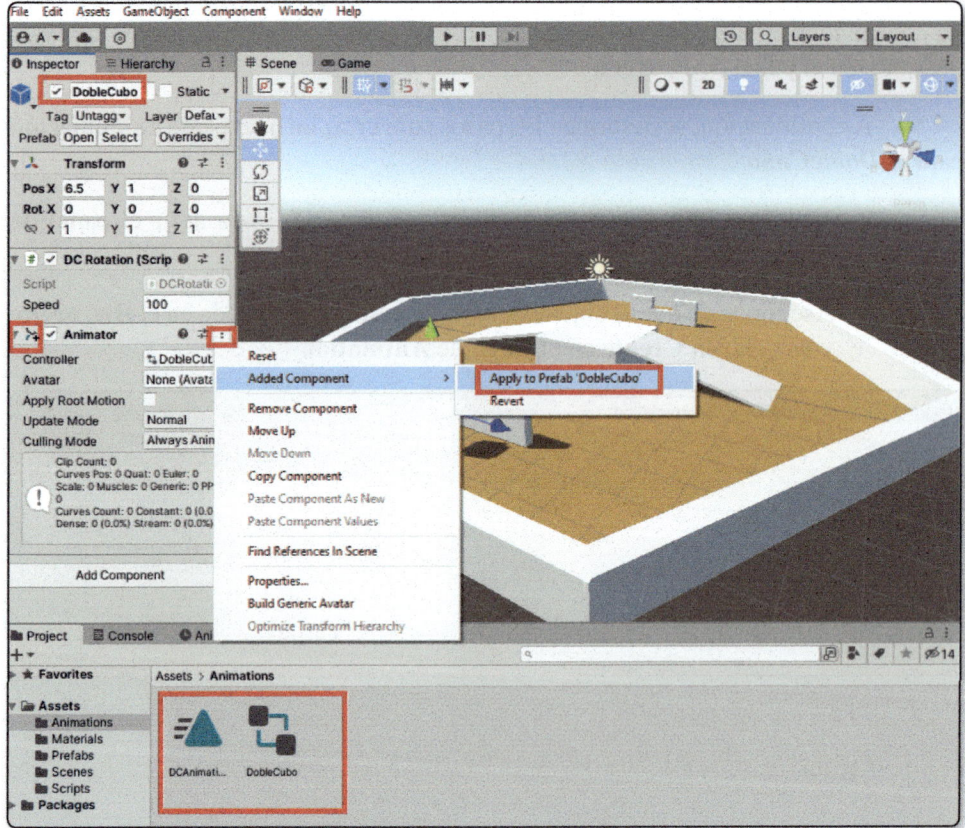

Componente Animator en el panel Inspector

▸ Selecciona el ícono de los tres-puntos-verticales en la parte superior derecha y elige **Added Component > Apply to Prefab 'DobleCubo'**:

Ahora que has creado y agregado un componente Animator al Prefab *Health_Pickup*, es hora de comenzar a grabar algunos fotogramas de animación. Cuando piensas en clips de movimiento, como en las películas, puedes pensar en *fotogramas*. A medida que el clip avanza a través de sus fotogramas, la animación progresa, dando el efecto de movimiento. Así que necesitamos grabar nuestro objeto en diferentes posiciones clave (keyframes) para que Unity pueda reproducir el clip.

Grabar fotogramas clave (keyframes)

Ahora que tenemos un clip, vamos a registrar la rotación del objeto en diferentes fotogramas para que Unity pueda reproducir el clip y dar el efecto de movimiento. Queremos que el objeto realice una rotación completa sobre un eje cada segundo:

1. Selecciona el objeto *DobleCubo* en la ventana **Hierarchy**, elige **Add Property > Transform** y luego haz clic en el signo "+" junto a *Rotation*:

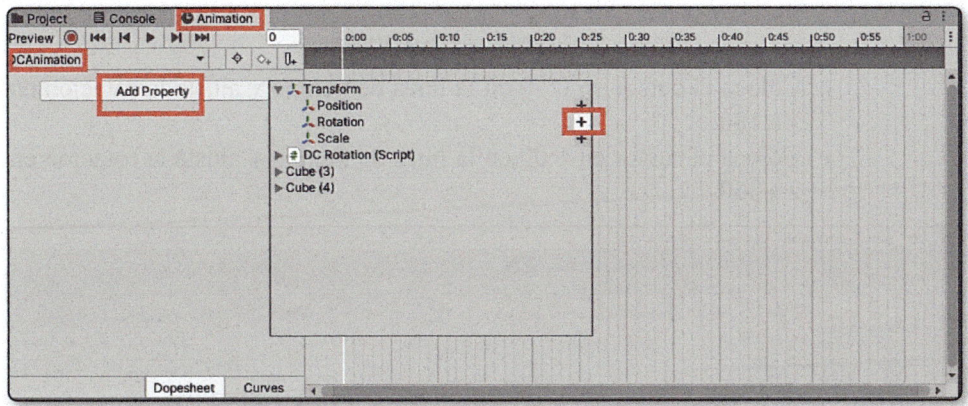

Agregando una propiedad de Transform para la animación

2. Haz clic en el botón **Record** para comenzar la animación:

    •   Coloca el cursor en 0:00 en la línea de tiempo, pero deja la rotación en z del Prefab *Health_Pickup* a 0 en el **Inspector**. Los campos modificables aparecerán en rojo para que no animes una propiedad por error:

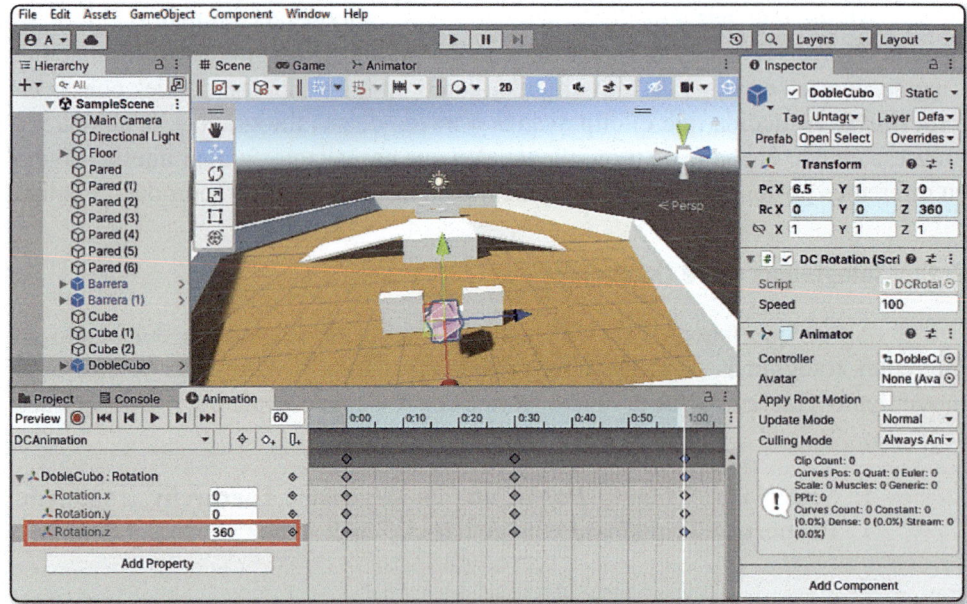

Introduciendo keyframes de rotación en Z

- Coloca el cursor en 0:30 en la línea de tiempo y ajusta la rotación en z a 180.
- Coloca el cursor en 1:00 en la línea de tiempo y ajusta la rotación en z a 360:

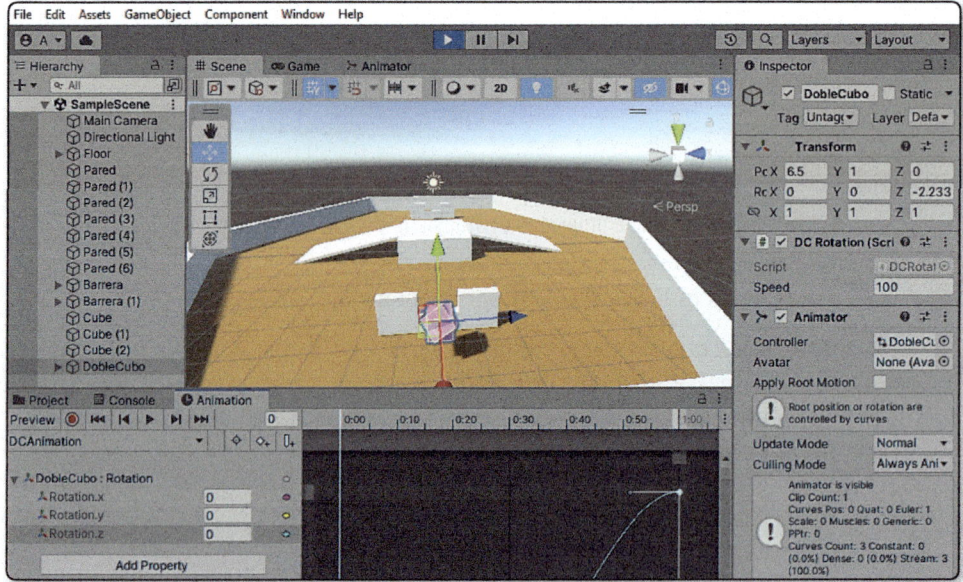

Probando la animación1 del DobleCubo

3. Haz clic en el botón **Record** para finalizar la animación.

4. Haz clic en el botón **Play**, que está a la derecha del botón **Record**, para ver el bucle de la animación.

Notarás que nuestra animación en el Animator sobrescribe la que escribimos en código anteriormente. No te preocupes, esto es un comportamiento esperado. Puedes hacer clic en la casilla de verificación junto a cualquier componente en el panel del Inspector para activarlo o desactivarlo. Si desactivas el componente Animator, el *Health_Pickup* rotará nuevamente sobre el eje x utilizando nuestro código.

El objeto *Health_Pickup* ahora rota en el eje z entre 0, 180 y 360 grados cada segundo, creando una animación de giro en bucle. La animación se ejecutará indefinidamente hasta que el juego se detenga.

1.6 MOVIMIENTO, CONTROL DE CÁMARA Y COLISIONES

Una de las primeras cosas que hace un jugador al empezar un nuevo juego es probar el movimiento del personaje y los controles de la cámara. El *Player* será un objeto cápsula que puede ser movido y rotado usando las teclas W, A, S, D o las flechas de ↑ ← ↓ → respectivamente.

Cuando movamos al jugador, la cámara lo seguirá desde una posición ligeramente por detrás y por encima del jugador, lo que facilitará la puntería cuando implementemos la mecánica de disparo. Por último, vamos a explorar cómo *las colisiones y las interacciones físicas* son manejadas por el motor de físicas *PhysX* de Unity, trabajando con nuestro prefab en la recogida de objetos.

También nos va a dar nuestra primera muestra de C# utilizado para programar las características del juego mediante:

- ▶ Movimiento y rotación de *GameObjects*.

- ▶ Gestión del teclado (*inputs)* para mover al jugador.

- ▶ Movimientos de cámara.

- ▶ Físicas (*rigidbodies)* y fuerzas aplicadas.

- ▶ Colisionadores (*colliders)* básicos y detección de colisiones.

1.6.1 Creando el jugador

Crea un material (del color *-albedo-* que quieras), un objeto cápsula con +
> **3D Object** > **Capsule** y posiciónalo en la arena. Juega un poco con los tamaños y
rotación del transform de la cápsula hasta que estés satisfecho, asígnale el material
y nómbralo ***Player***:

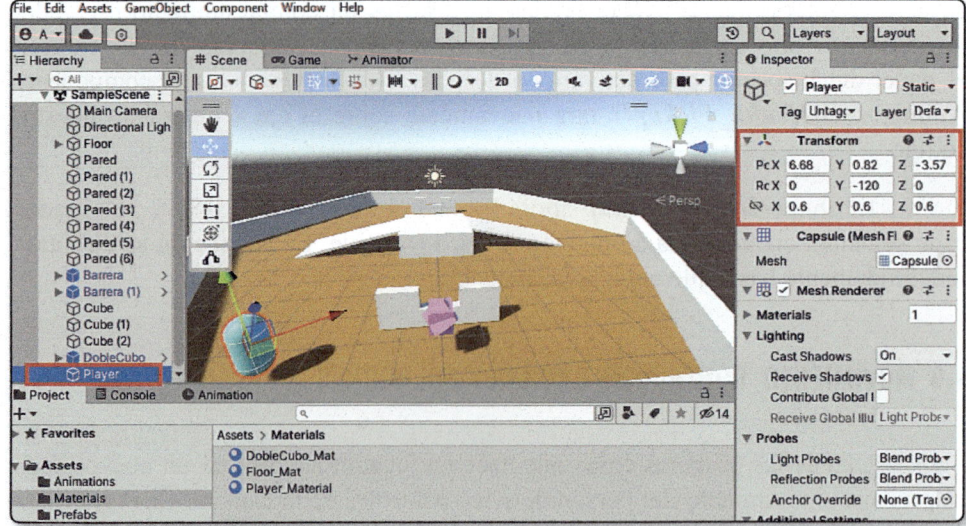

Creando el GameObject Player

Finalmente arrastra el Player hasta la carpeta Prefabs.

1.6.2 Añadir una cámara que sigue al jugador

Crea un nuevo script en C# en la carpeta ***Scripts***, nómbralo ***Cam*** y arrástralo
al objeto ***Main Camera*** en el panel de Jerarquía.

```
using UnityEngine;
public class Cam : MonoBehaviour {
  public Vector3 CamOffset = new Vector3(0f, 1.2f, -2.6f);  // 1
  private Transform p; // 2

  void Start() {
    p = GameObject.Find("Player").transform; // 3
  }

  void LateUpdate() { // 4
    this.transform.position = p.TransformPoint(CamOffset); // 5
    this.transform.LookAt(p); // 6
  }
}
```

Aquí tienes un desglose del código anterior:

1. Declara una variable Vector3 para almacenar la distancia que queremos entre la Main Camera y la cápsula del jugador. Considero que estos valores lucen mejor, pero siéntete libre de experimentar.

2. Crea una variable para almacenar la información del Transform de la cápsula del jugador, esto nos dará acceso a su posición; no queremos que ningún otro script pueda cambiar el objetivo de la cámara, por lo que es privada.

3. Usa GameObject.Find para localizar la cápsula por su nombre y recuperar su propiedad Transform desde la escena. Aunque buscar objetos en la escena por nombre es una tarea computacionalmente costosa, nos podemos permitir el hacerlo una sola vez en el método Start y almacenar la referencia.

4. LateUpdate es un método de MonoBehaviour, como Start o Update, que se ejecuta después de Update. Dado que nuestro script PlayerBehavior mueve la cápsula en su método Update, queremos que el código en CameraBehavior se ejecute después de que ocurra el movimiento; esto garantiza que *p* tenga la posición más actualizada como referencia.

5. Establece la posición de la cámara en *p.TransformPoint (CamOffset)* en cada fotograma, lo que calcula y devuelve una posición relativa en el *World Space*. Finalmente el método *LookAt()* actualiza la rotación de la cápsula enfocándose hacia *p*.

1.6.3 Trabajando con físicas de Unity

Hasta ahora no hemos hablado de cómo se las arregla Unity para crear interacciones y movimientos realistas en el espacio virtual. Pasaremos el resto de este capítulo aprendiendo los fundamentos del sistema de física de Unity. Los dos componentes principales que potencian el motor NVIDIA PhysX de Unity son los siguientes:

▼ *Componentes Rigidbody*, que permiten a los GameObjects *ser afectados por la gravedad* y agregar propiedades como **Mass** y **Drag** y fuerza aplicada, generando un movimiento más realista.

▼ *Componentes Collider (Colisionador)*, que determinan cómo y cuándo los **GameObjects** entran y salen del espacio físico del otro o simplemente chocan y rebotan. Mientras que *sólo debe haber un componente Rigidbody unido a un GameObject dado, puede haber varios componentes Collider*.

Cuando dos *GameObjects* colisionan entre sí, las propiedades del *Rigidbody* determinan la interacción resultante. Por ejemplo, si la masa de un *GameObject* es mayor que la del otro, el *GameObject* más liviano rebotará con más fuerza.

El movimiento *Kinematic (*cinemático) sucede cuando un componente *Rigidbody* es adjuntado a un GameObject, *pero no se registra al sistema de física en la escena*: esto solo es utilizado en ciertos casos y puede habilitarse al chequear la propiedad *Is Kinematic* de un componente *Rigidbody*.

Se podría hacer usando métodos de la clase *Rigidbody* como *AddForce* y *AddTorque* para mover y rotar un objeto, respectivamente. Este enfoque tiene sus inconvenientes; alternativamente, se pueden utilizar otros métodos de la clase *Rigidbody* como **MovePosition** y **MoveRotation**, más sencillos para empezar. Por simplicidad *vamos a tomar la segunda ruta* en la siguiente sección, pero si tienes curiosidad acerca de la aplicación manual de la fuerza y la torsión a su GameObjects, puedes consultar la documentación aquí: *https://docs.unity3d.com/ScriptReference/Rigidbody.AddForce.html*.

1.6.4 Acceso al componente Rigidbody

Añade un *Rigidbody* al prefab *Player* con **Add Component** en el Inspector.

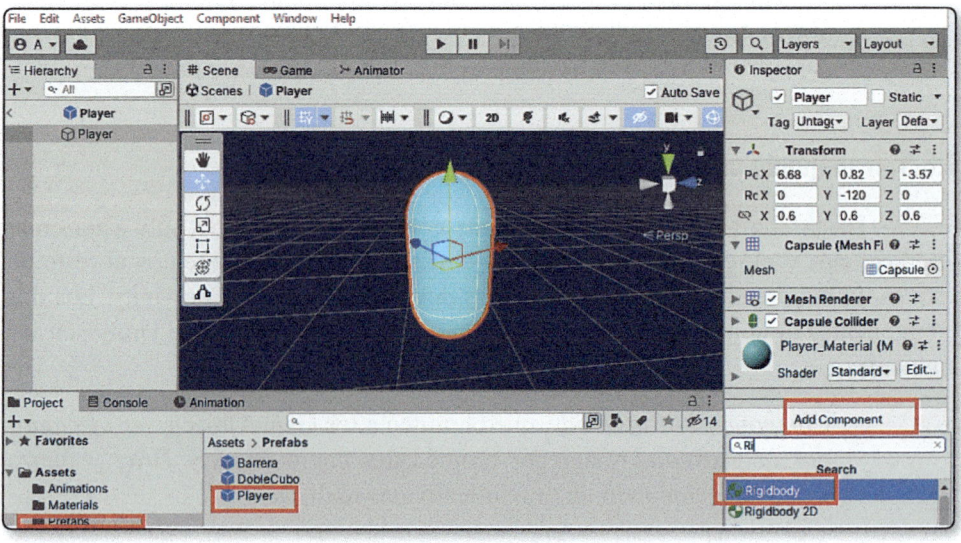

Añadiendo Rigidbody al Player prefab

Necesitarás acceder y almacenar el componente Rigidbody en nuestra cápsula de jugador antes de modificarlo. Crea el script Ply:

```csharp
using UnityEngine;

public class Ply : MonoBehaviour {
  public float moveSpeed = 10f;
  public float rotateSpeed = 75f;
  private float vInput;
  private float hInput;
  private Rigidbody rb; // 1
  void Start() {
    rb = GetComponent<Rigidbody>();  // 2
  }
  void Update() {
    vInput = Input.GetAxis("Vertical") * moveSpeed;
    hInput = Input.GetAxis("Horizontal") * rotateSpeed;
  }
  void FixedUpdate() {  // 3
    Vector3 rotation = Vector3.up * hInput;
    Quaternion angleRot = Quaternion.Euler(rotation * Time.fixedDeltaTime);
    rb.MovePosition(this.transform.position + this.transform.forward * vInput *
     Time.fixedDeltaTime);
    rb.MoveRotation(rb.rotation * angleRot);
  }
}
```

Añade el script al Player prefab. Desglose del código anterior:

1. Añade una variable privada de tipo ***Rigidbody*** que contendrá la información del componente Rigidbody de la cápsula.

2. El método Start se dispara cuando se inicializa un script en una escena, lo que ocurre al hacer clic en Play. El método ***GetComponent*** comprueba si el tipo de componente que estamos buscando, en este caso, Rigidbody, existe en el GameObject al que el script está unido y lo devuelve.

3. Cualquier código relacionado con la física -o Rigidbody- siempre va dentro de ***FixedUpdate***, en lugar de ***Update*** ya que es independiente de la velocidad de fotogramas.

4. Crea una nueva variable *Vector3* para 1. Cualquier código relacionado con la física -o Rigidbody- siempre va dentro de FixedUpdate, en lugar de Update o los otros métodos de MonoBehavior. FixedUpdate es independiente de la velocidad de fotogramas y se utiliza para todo el código de física; almacenar nuestra rotación izquierda y derecha; *Quaternion.Euler()* toma un parámetro *Vector3* y devuelve un ángulo de rotación. Multiplicamos por *Time.fixedDeltaTime* por la misma razón que usamos *Time.deltaTime* en *Update*. *MovePosition()* aplica la fuerza hacia delante, *MoveRotate()* aplica la rotación.

Si haces clic en **Play** ahora, podrás moverte hacia delante y hacia atrás en la dirección de tu mirada, así como rotar alrededor del eje y. Puede que necesites ajustar las variables *moveSpeed* y *rotateSpeed* en el Inspector. Observarás que corres por una rampa o te caes de la plataforma central, *puede que veas al jugador lanzarse por los aires o caer lentamente al suelo*, debido a la inestabilidad propia de la cápsula. Para solucionarlo, edita el prefab *Player* y bloquea su rotación x, y, z dentro de su Rigidbody>Constraints>*Freeze Position*

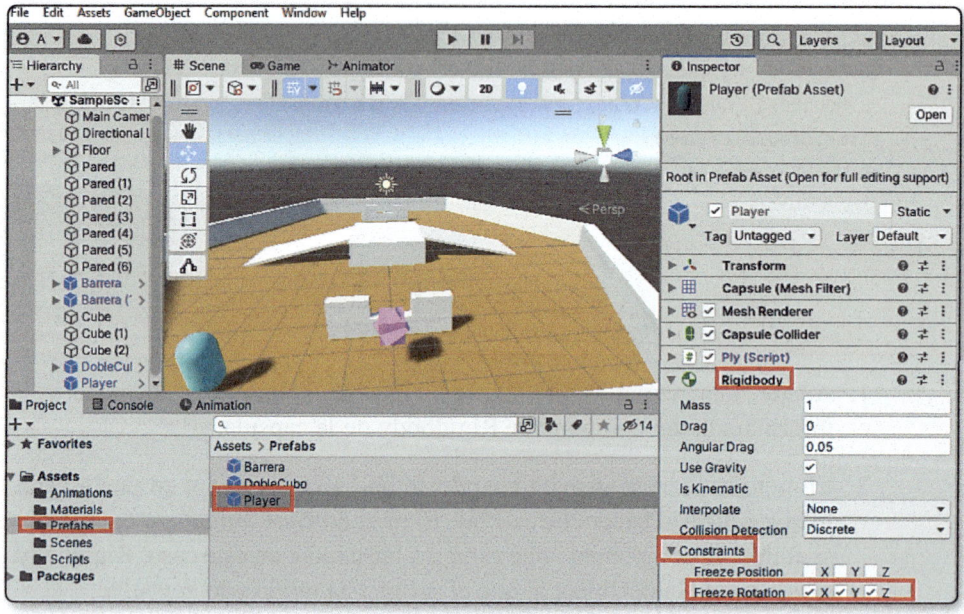

Bloqueando la rotación x,y,z

1.6.5 Colliders & Collisions

Piensa en los ***colliders*** como *campos de fuerza invisibles* que rodean los ***GameObjects***; puedes chocar con ellos o atravesarse, dependiendo de su configuración, y vienen con una serie de *métodos que se disparan* cuando chocas con o atraviesas el "campo de fuerza".

Por ejemplo, cuando dos GameObjects con colliders entran en contacto, ambos envían el mensaje ***OnCollisionEnter***, con una referencia al objeto con el que chocaron. Utilizaremos a continuación este método para permitir *recoger un ítem*, el ***GameObject DobleCubo***.

Se puede encontrar en *https://docs.unity3d.com/ScriptReference/Collider.html* una lista completa de las notificaciones del Collider. Los eventos de colisión y disparo sólo se envían cuando los objetos que colisionan pertenecen a una combinación específica de componentes ***Collider, Trigger y RigidBody*** y movimiento cinemático o no cinemático. Encontrará más detalles en la sección Matriz de acciones de colisión en *https://docs.unity3d.com/Manual/CollidersOverview.html*

1.6.6 Recoger items

Añade un ***Sphere Collider*** al Prefab DobleCubo.

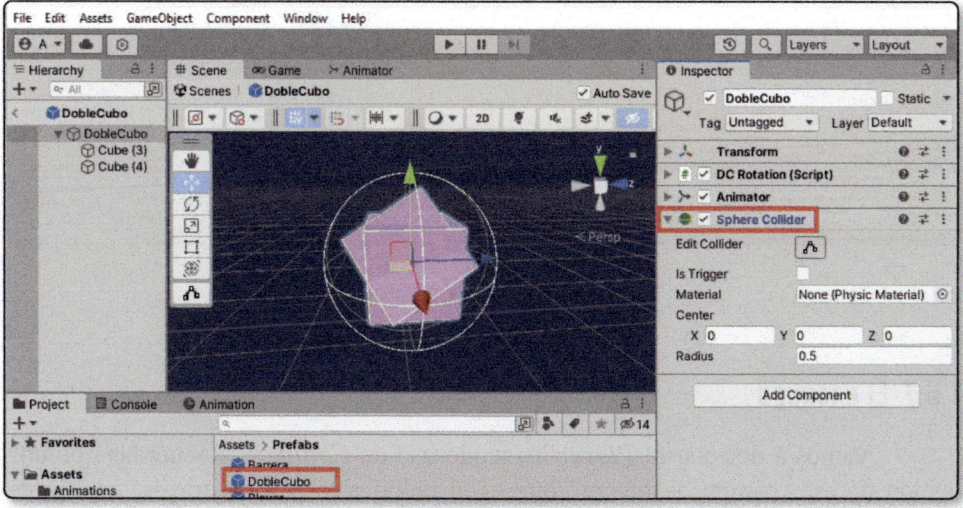

Sphere Collider en DobleCubo prefab

Crea un nuevo script C# en la carpeta Scripts, nómbrelo ***DCub***, y luego arrástrelo al prefab ***DobleCubo***:

```csharp
using UnityEngine;

public class DCub : MonoBehaviour {
  void OnCollisionEnter(Collision c) {
    if (c.gameObject.name == "Player") {
      Destroy(this.transform.gameObject);
      Debug.Log("Item collected!");
    }
  }
}
```

Comprueba si chocó con Player según el parámetro recibido *c*. Haz clic en **Play** y ve hasta el Item.

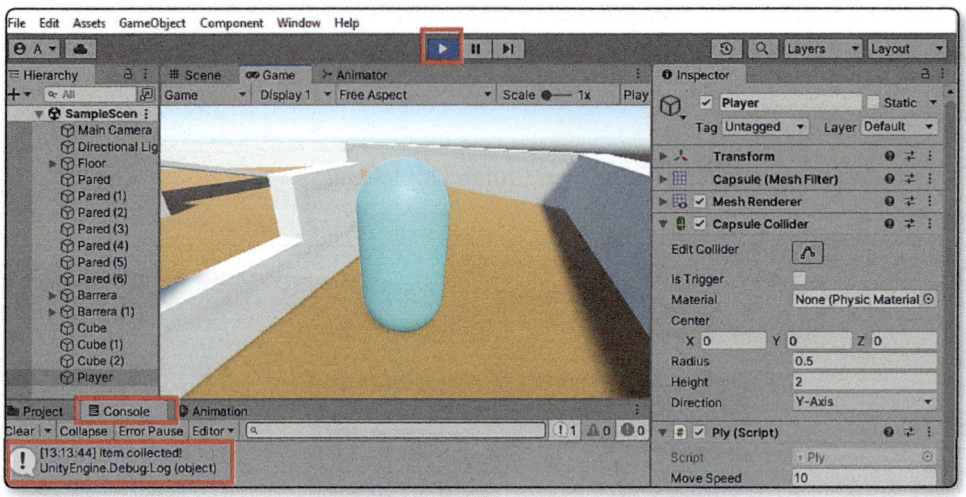

Comprobando la colisión

1.6.7 El enemigo

Vamos a detectar al ***Player*** haciendo uso de ***Collider***. ¿Recuerdas que una opción de ese "campo de fuerza" que es el collider es pasar a través, en vez de chocar? Esos se consigue marcando ***isTrigger***.

Crea un material del color que quieras -rojo por ejemplo- y una cápsula en el panel Jerarquía y nómbrala ***Enemy***. Haz click en **Add Component** y busca ***Sphere***

Collider. *Marca la casilla de la propiedad isTrigger* y cambia el Radio a 5. Añádelo como prefab a la carpeta Prefabs.

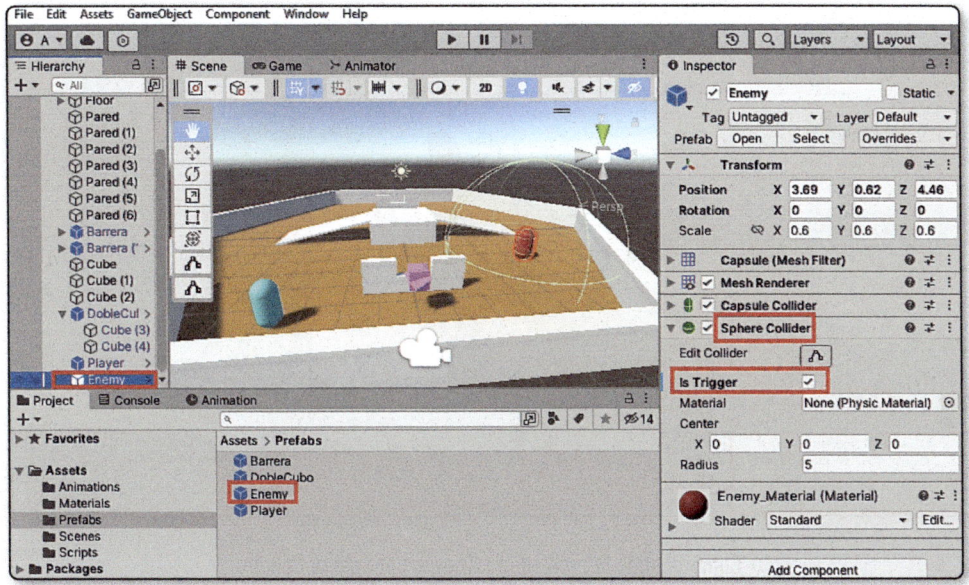

Is Trigger marcado el el Sphere Collider

Nuestro nuevo Enemigo ahora está rodeado por una esfera de radio 5. Cada vez que otro objeto entre, o salga de este volumen, Unity enviará notificaciones que podemos capturar en los métodos ***OnTriggerEnter() y OnTriggerExit()***.

Crea un nuevo script C# en la carpeta Scripts, nómbralo ***Enmy*** y arrástralo al prefab Enemy.

```csharp
using UnityEngine;
public class Enmy : MonoBehaviour {
  void OnTriggerEnter(Collider other) {
    if (other.name == "Player") {
      Debug.Log("Player detected");
    }
  }
  void OnTriggerExit(Collider other) {
    if (other.name == "Player") {
      Debug.Log("Player out of range");
    }
  }
}
```

Haz clic en **Play** y camina hacia el Enemigo. Luego aléjate. Observa la consola.

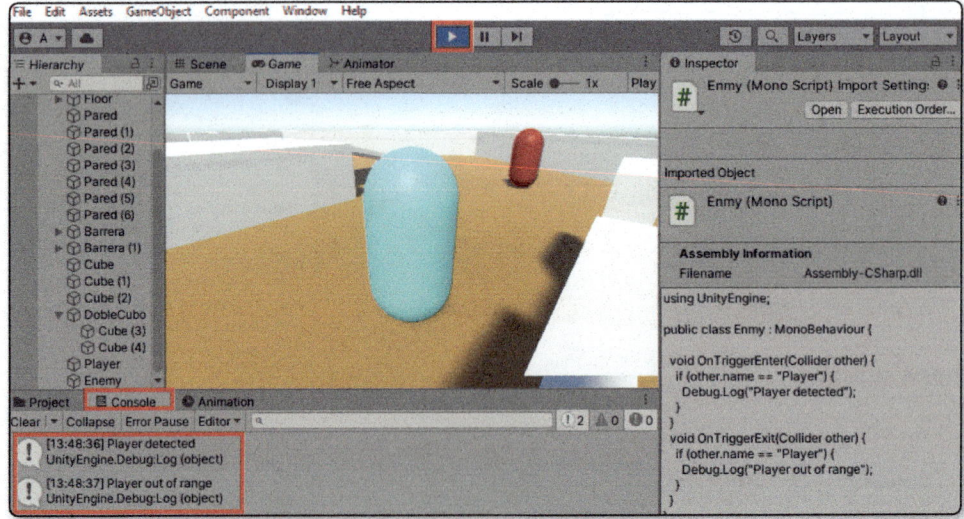

Comprobando la propiedad isTrigger del Sphere Collider

Podemos pasar a través del *Sphere Collider*, detectando entradas y salidas del *GameObject Player* gracias a la propiedad *isTrigger*.

1.7 MECÁNICAS

1.7.1 Saltos

Actualiza el script *Ply* con el siguiente código, guarda y pulsa **Play**:

```
public class Ply : MonoBehaviour
{
  public float JumpVelocity = 5f;
  private bool isJumping;

  void Start() {
    isJumping = false;
    // No other changes
  }
```

```
void Update() {
  isJumping |= Input.GetKeyDown(KeyCode.J);
  // No other changes
}
void FixedUpdate()  {
  if (isJumping) {
    rb.AddForce(Vector3.up* JumpVelocity, ForceMode.Impulse);
  }
  isJumping = false;
  // No other changes
  }
}
```

Creamos dos nuevas variables, una variable pública para mantener la cantidad de fuerza de salto aplicada que queremos y un booleano privado para comprobar si nuestro jugador debe saltar o no.

Establecemos el valor de *isJumping* en el método Input.GetKeyDown(), que devuelve un valor booleano en función de si se pulsa una tecla específica durante el fotograma actual y sólo se disparará una vez, incluso si se mantiene pulsada.

Usamos el operador |= para establecer **isJumping**, que es la condición lógica OR. Este operador se asegura de que no haya comprobaciones de entrada consecutivas que se anulen entre sí cuando el jugador está saltando.

El método *Input.GetKeyDown* acepta un parámetro clave que puede ser una cadena de texto o un *KeyCode*, que es un tipo de enumeración. Especificamos que queremos comprobar si KeyCode.J, o la tecla J pulsada.

Usamos una sentencia if para comprobar si _isJumping es verdadero, y disparar la mecánica de salto si lo es, tras lo cual lo volvemos a poner a falso.

Como ya tenemos el componente *Rigidbody* almacenado, podemos pasar los parámetros *Vector3* y *ForceMode* a *RigidBody.AddForce*() y hacer que el jugador salte: especificamos que el vector (o fuerza aplicada) debe estar en la dirección hacia arriba, multiplicado por *JumpVelocity*.

ForceMode.Impulse aplica una fuerza instantánea a un objeto teniendo en cuenta su masa en cuenta, lo que es perfecto para una mecánica de salto.

---

* La comprobación de entradas en FixedUpdate a veces puede llevar a la pérdida de entradas o incluso a entradas dobles porque no se ejecuta una vez por fotograma. Para evitar este problema, estamos buscando entradas en Update y luego aplicando fuerza o estableciendo la velocidad en FixedUpdate, que es donde se aplica la física.

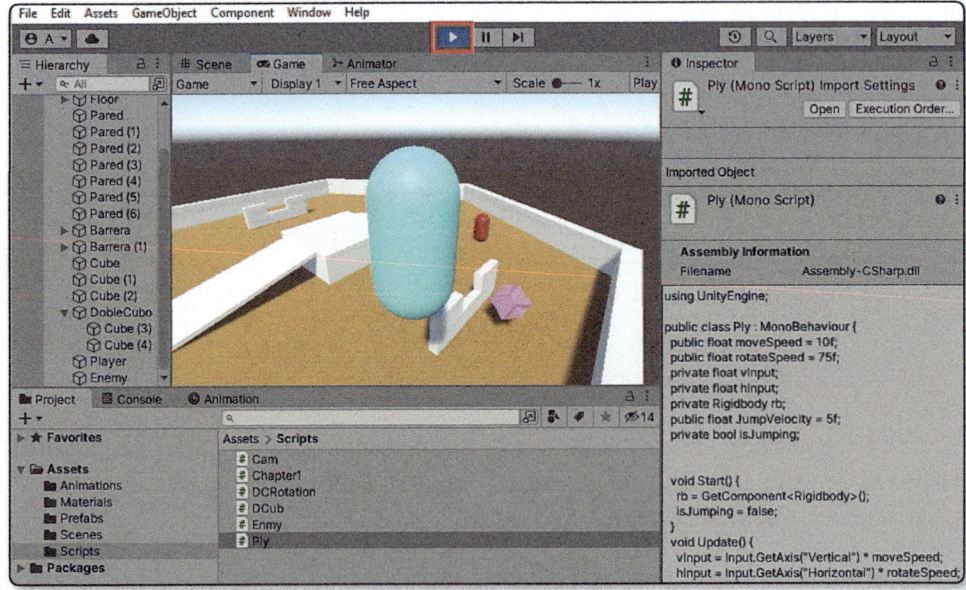

Probando el salto

Si juegas ahora, podrás moverte y saltar cuando pulses 'J'. Sin embargo, la mecánica te permite seguir saltando indefinidamente, que no es lo que queremos. Trabajaremos en limitar nuestra mecánica de salto a uno por vez en la próxima sección, usando *layer masks (*máscaras de capa).

1.7.2 Layer masks (máscaras de capa)

Piensa en las máscaras de capa como grupos a los que un *GameObject* puede pertenecer, utilizados por el sistema de física para determinar cualquier cosa, como navegación o colisiones, por ejemplo. Vamos a crear y utilizar una para realizar una simple comprobación: si la cápsula del jugador está tocando el suelo.

Proceda de la siguiente manera:

1. Seleccione *Floor* y haz clic en Capa | Añadir Capa..., como se ilustra en la siguiente captura de pantalla:

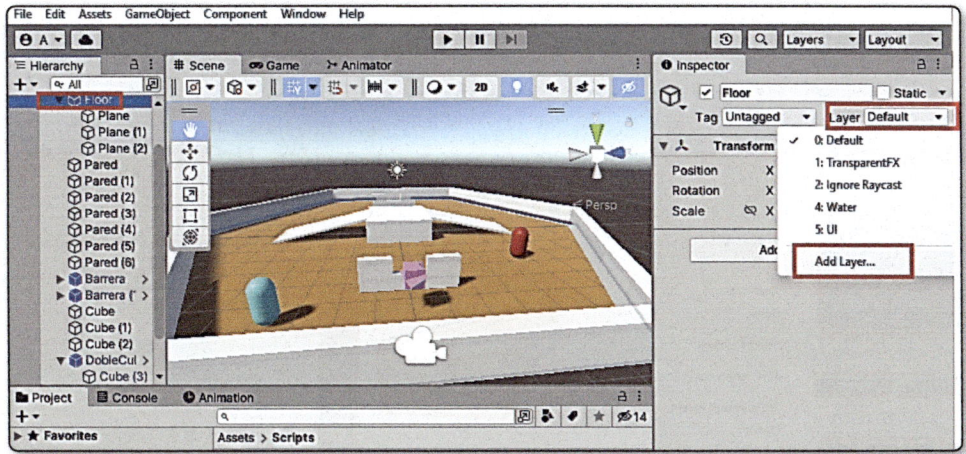

Nueva layer

Añade una nueva capa llamada "Ground" escribiendo el nombre en la primera ranura disponible, que es la Capa 6. Las capas 0-5 están reservadas para las capas por defecto de Unity.

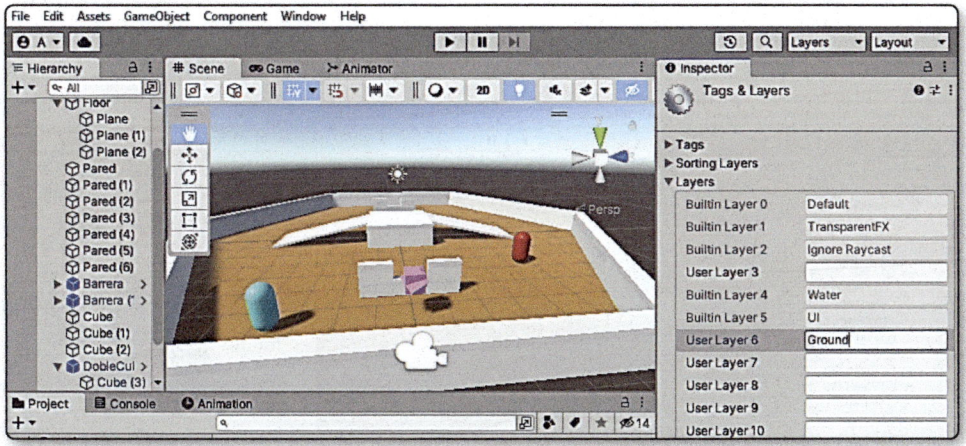

Añadir capas en el panel del Inspector

1.7.3 Organizando la jerarquía

Hora de organizar nuestra jerarquía. Vamos a crear un objeto padre "Entorno", del cual como hijos estará… bueno eso, el entorno. Así podremos asignarle la capa recien creada Ground.

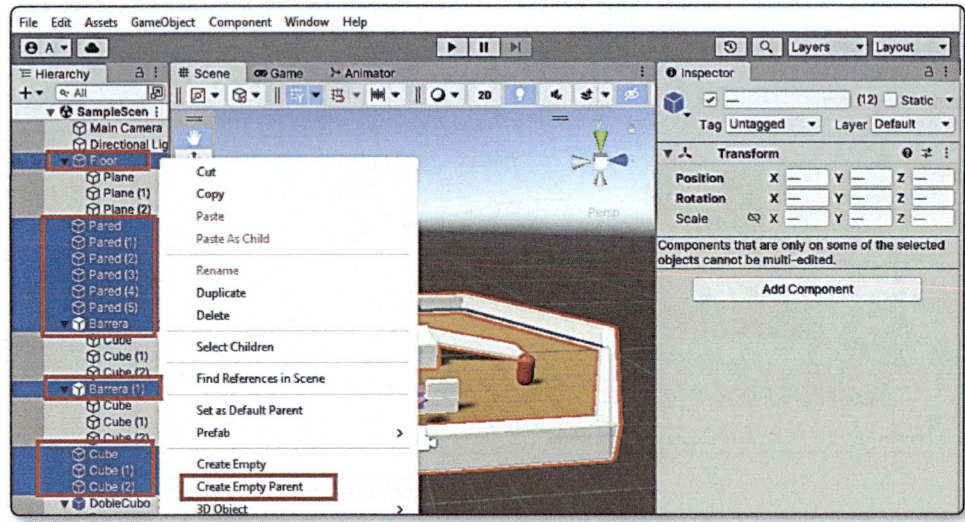

Creando el GameObject padre "Entorno"

Selecciona todos los elementos, suelo, paredes, rampa y barreras, botón derecho -> **Create Empty Parent** y llámalo "Entorno".

Selecciona el GameObject padre Entorno en la Jerarquía, haga click en el desplegable Capa y seleccione **Ground** (Suelo):

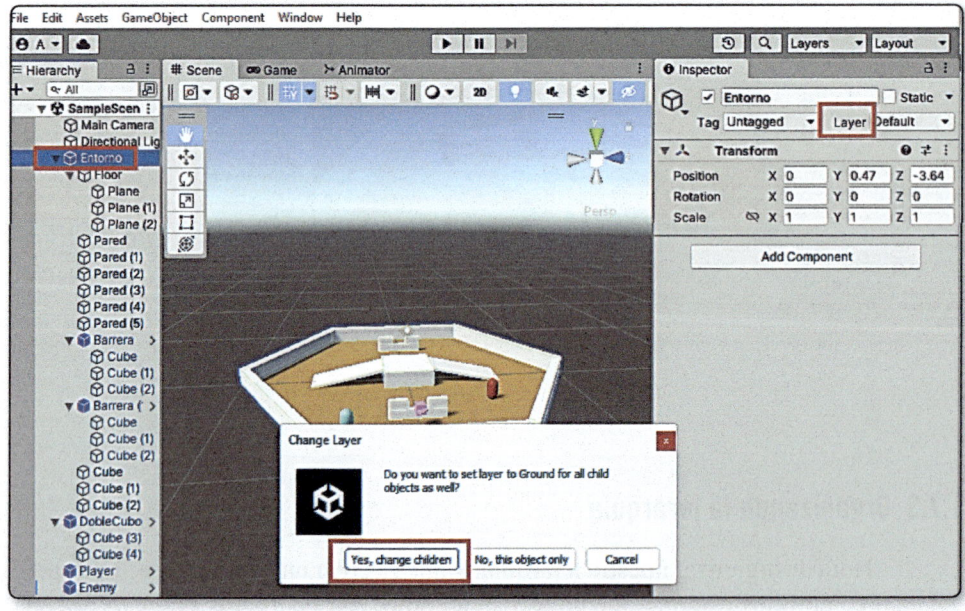

Estableciendo una capa personalizada

Una vez seleccionada la opción *Ground* mostrada en la captura de pantalla anterior, haga clic en *Yes, change children* cuando aparezca un cuadro de diálogo preguntándole si desea cambiar todos los objetos hijos. Aunque no podemos saltar paredes, marcar todos nuestros objetos de entorno más fácil que a través de cada objeto hijo.

En adelante, todos los objetos en la capa de *Ground* pueden comprobarse para ver si se cruzan con un objeto específico. Se usará esto para asegurarse de que el jugador puede realizar solo un salto si está en el suelo.

1.7.4 Un salto cada vez

Añade el siguiente código a *Ply* y reproduce la escena de nuevo:

```
public class Ply : MonoBehaviour
{
  public float toGround = 0.1f;
  public LayerMask envLayer;
  private CapsuleCollider col;
  // No other changes

  void Start() {
    // No other changes
    col = GetComponent<CapsuleCollider>();
  }
  private bool IsGrounded() {
    Vector3 min_y = new Vector3(col.bounds.center.x,
      col.bounds.min.y, col.bounds.center.z);
    bool touchingGround = Physics.CheckCapsule(col.bounds.center,
      min_y, toGround, envLayer,
      QueryTriggerInteraction.Ignore);
    return touchingGround;
  }
  void FixedUpdate() {
   if (isJumping && IsGrounded()) {
      _rb.AddForce(Vector3.up * JumpVelocity, ForceMode.Impulse);
   }
  }
}
```

Ajuste *Env Layer* en el panel *Inspector* a *Ground* en el desplegable del script *Ply* de *Player*:

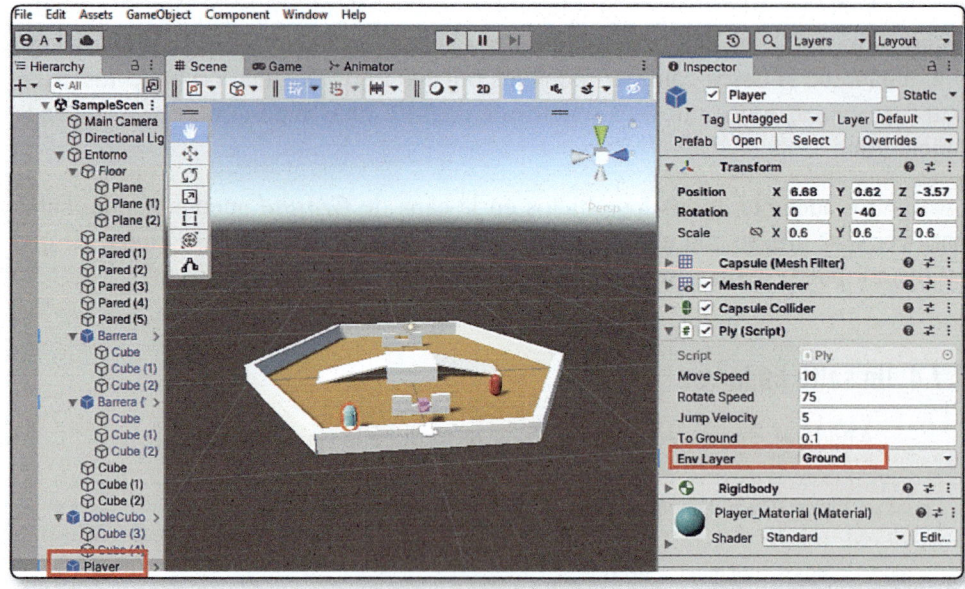

Estableciendo el *Ground Layer*

Creamos una nueva variable para la distancia que comprobaremos entre el jugador Capsule Collider y cualquier objeto de la Capa de Tierra.

Creamos una variable *EnvLayer* que podemos establecer en el Inspector y utilizar para la detección del colisionador.

Creamos una variable para almacenar el componente *Capsule Collider* del jugador y usamos *GetComponent*() para encontrar y devolver el *Capsule Collider* adjunto al jugador.

Declaramos el método *IsGrounded*() con un tipo de retorno bool.

Todos los componentes del Collider tienen una propiedad bounds, que nos da acceso a las posiciones min, max, y las posiciones centrales de sus ejes x, y, z. La parte inferior del Collider es el punto 3D en el centro x, min y, y centro z. Devolvemos el true/false que comprobamos en *FixedUpdate*.

Cuando lo desglosas, lo único nuevo que hemos hecho es añadir una nueva función y utilizar un método *Physics.CheckCapsule()*.

Pulsa **Play** y comprueba si sólo puedes saltar una vez.

1.7.5 Instanciando proyectiles

En esta sección, hablaremos acerca de cómo instanciar *GameObjects* desde *Prefabs* en tiempo de ejecución, y usar los métodos que hemos aprendido para propulsar proyectiles hacia adelante.

Para crear objetos en la escena en tiempo de ejecución, ***utilizamos el método GameObject. Instantiate()*** y proporcionamos un objeto *Prefab*, una posición y una rotación iniciales.

Esencialmente, podemos decirle a Unity que cree un objeto dado con todos sus componentes y scripts en este punto, mirando en esta dirección, y luego manipularlo como sea necesario una vez que haya nacido en el espacio 3D. Antes de instanciar un objeto, necesitará crear el Prefab del objeto mismo. Vamos a hacer una pelota de tenis.

Selecciona + | 3D Object | Sphere en el panel Jerarquía y nómbralo *TennisBall*. Cambia su Escala a 0.12 en los ejes x, y, y z en el componente *Transform*. Añadir un componente *Rigidbody*. Crea un nuevo material -amarillo por ejemplo- y se lo añades. Arrástralo a Prefabs y bórralo de la jerarquía.

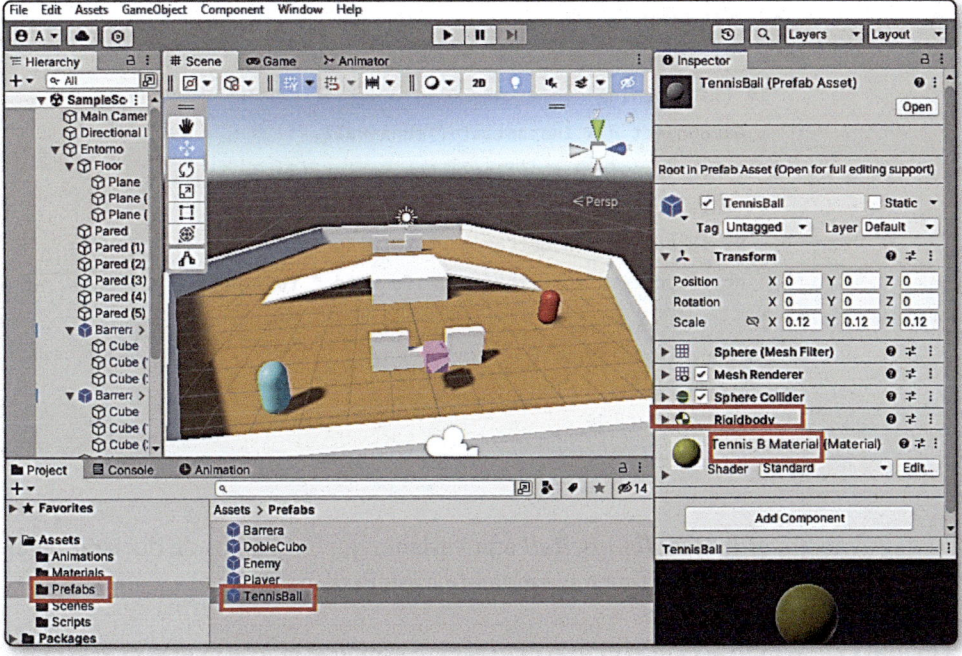

Estableciendo las propiedades del proyectil

1.7.6 Mecánica de disparo

Ahora que tenemos un objeto Prefab con el que trabajar, podemos instanciar y mover copias del Prefab cada vez que pulsemos la tecla barra espaciadora para crear una mecánica de disparo, de la siguiente manera:

1. Actualiza el script *Ply* con el siguiente código:

```
public class Ply : MonoBehaviour {
   public GameObject TennisBall;
   public float tbSpeed = 100f;
   private bool isLaunching;
  // No other changes

   void Update() {
     isLaunching |= Input.GetKeyDown(KeyCode.Space);

     // No other changes
   }

   void FixedUpdate() {
     // No other changes
     if (isLaunching) {
       GameObject n = Instantiate(TennisBall,
         this.transform.position + new Vector3(0, 0, 1),
         this.transform.rotation);
       Rigidbody rb = n.GetComponent<Rigidbody>();
       rb.velocity = this.transform.forward * tbSpeed;
     }
     isLaunching = false;
   }
}
```

Arrastra el Prefab *Tennis Ball* a la variable que acabamos de declarar en el script anterior, como se ilustra en la siguiente captura de pantalla:

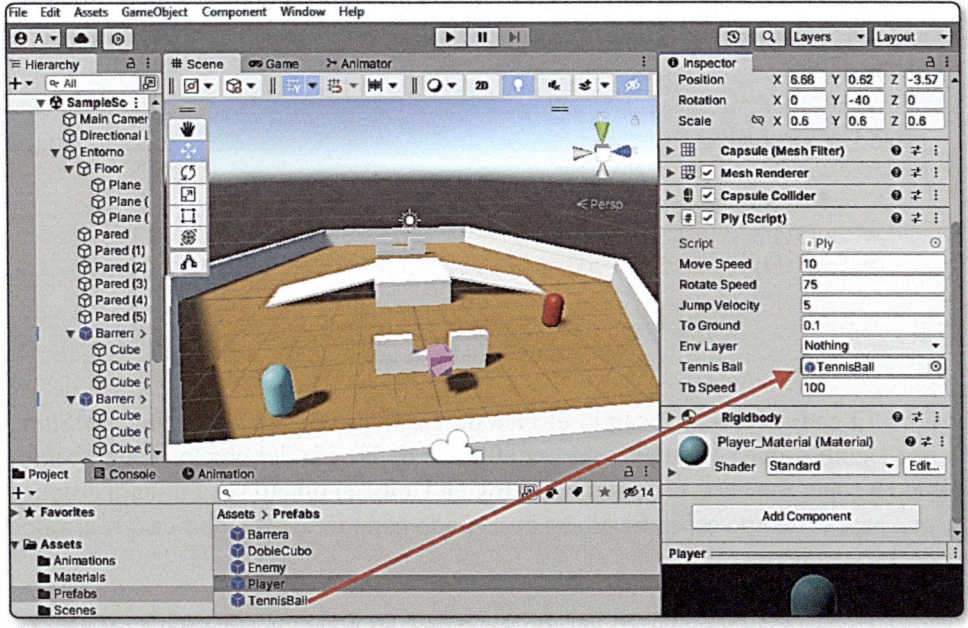

Estableciendo el prefab "TennisBall" dentro de una variable de PlayerBehavior

Creamos dos variables: una para almacenar el Prefab de la Bala, la otra para contener la velocidad de la Bala. Al igual que nuestra mecánica de salto, utilizamos un booleano en el método Update para comprobar si nuestro jugador debe disparar. Creamos una variable local GameObject cada vez que se pulsa la barra espaciadora. *Usamos el método Instantiate()* para asignar un GameObject. También usamos la posición de la cápsula del jugador para colocar el objeto delante del jugador (una unidad hacia adelante a lo largo del eje z).

Establecemos la propiedad velocity del componente Rigidbody a la dirección transform.forward del jugador multiplicada por BulletSpeed.

Pulsa **Play** y comprueba si se lanzan las pelotas de tenis.

1.7.7 Destruyendo proyectiles

Por rendimiento, lo habitual es destruir los proyectiles pasado un tiempo. Las propias pelotas de tenis serán responsables de su propio comportamiento de la siguiente manera:

Crea un nuevo script C# en la carpeta Scripts y nómbralo *Tnis*. Arrastra y suelta el script *Tnis* sobre el Prefab *TennisBall* en la carpeta Prefabs y añade el siguiente código:

```csharp
using UnityEngine;
public class Tnis : MonoBehaviour {
  public float aliveTime = 3f;
  void Start() {
    Destroy(this.gameObject, aliveTime);
  }
}
```

El código está invocando el método *Destroy*() dentro de la función *Start*, lo que significa que se ejecuta una vez al inicio de la vida del objeto. Sin embargo, debido a cómo funciona el método Destroy en Unity, el objeto se eliminará después de que pase el tiempo especificado en el segundo parámetro (3f significa que el valor es de 3.0 segundos).

Pulsa **Play** para comprobar que se destruyen los objetos pasados los 3s.

1.8 EL GAME MANAGER

Ya sabemos que hacer todas las variables públicas no es una buena idea. Una forma en la que verás que los programadores experimentados protegen sus datos es a través de manager *classes*, y como queremos construir buenos hábitos, vamos a ello. Piensa en las clases manager como un embudo donde las variables y métodos importantes pueden accederse de forma segura.

Cuando tienes diferentes clases comunicando y actualizando datos entre sí, las cosas se pueden complicar. Es por eso por lo que tener un único punto de contacto, como una *manager class*, puede mantener esto al mínimo.

1.8.1 Estados globales

Los dos únicos datos que necesitamos controlar son cuántos objetos ha recogido el jugador y cuánta salud le queda. Queremos que estas variables sean privadas para que sólo puedan modificarse desde la clase manager, dándonos control y seguridad.

Cree un nuevo script C# en la carpeta Scripts y nómbralo *GameM*. Cree un nuevo GameObject vacío en la Jerarquía utilizando + | Create Empty, y nómbralo *Game Manager*.

Arrastre y suelte el script *GameM* desde la carpeta Scripts al objeto *Game Manager*.

```
public class GameM : MonoBehaviour {
  private int itemsCollected = 0;
  private int playerHealth = 10;
}
```

Hemos añadido dos nuevas variables privadas para almacenar el número de objetos recogidos y cuántas "vidas" le quedan al jugador.

1.8.1.1 GETTERS Y SETTERS

C# proporciona todas las variables con propiedades get y set.Cada bloque de código get necesita devolver un valor, mientras que cada bloque set necesita asignar un valor; aquí es donde entra en juego la combinación de una variable privada, llamada variable de respaldo, y una variable pública con propiedades get y set. La variable privada permanece protegida, mientras que la pública permite el acceso controlado desde otras clases, como se muestra en el siguiente fragmento de código:

```
private string myName
public string MyName {
  get { return myName; }
  set { my Name = value; }
}
```

v*alue* es una palabra clave reservada que representa el valor que se está asignando a la propiedad; es una convención del lenguaje y parte de su sintaxis.

Vamos a actualizar *GameM* con propiedades getter y setter para ir junto con nuestras variables privadas existentes.

```
using UnityEngine;

public class GameM : MonoBehaviour {
  private int itemsCollected = 0;
  private int playerHealth = 10;
  public int Items {
```

```
    get { return itemsCollected; }
    set {
      itemsCollected = value;
      Debug.LogFormat("Items: {0}", itemsCollected);
    }
  }
  public int Health {
    get { return playerHealth; }
    set {
      playerHealth = value;
      Debug.LogFormat("Lives: {0}", playerHealth);
    }
  }
}
```

Hemos creado variables públicas llamada *Items y Health* con propiedades *get* y *set* para complementar las variables privadas.

Vamos a probar esto actualizando la propiedad *Items* cuando interactuemos con éxito con un item recogido en la arena.

Ahora que tenemos nuestras variables configuradas en GameBehavior, podemos actualizar Items cada vez que recojamos un Item en la escena, de la siguiente manera:

Añade el siguiente código resaltado al script *DCub*:

```
public class DCub: MonoBehaviour
{
  public GameM gm;
  void OnCollisionEnter(Collision collision)
  {
    if (collision.gameObject.name == "Player")
    {
      Destroy(this.transform.parent.gameObject);
      Debug.Log("Item collected!");
      gm.Items += 1;
    }
  }
}
```

Arrastramos el GameManager a la variable gm dentro del GameObject DobleCubo.

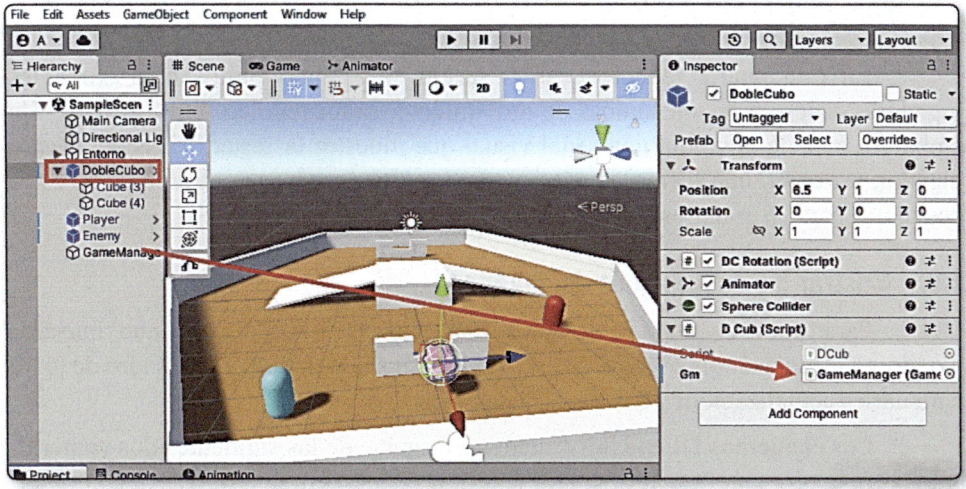

Asignando el Game Manager en DobleCubo

Pulsa *Play* y recoge el objeto para ver el nuevo registro de la consola impreso desde el script del manager.

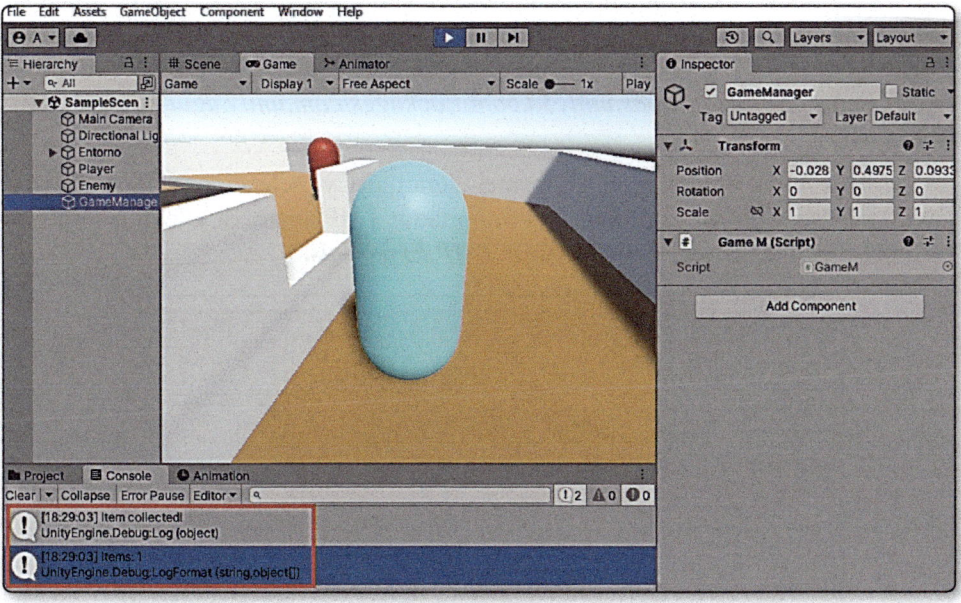

Comprobando getter y setter

1.9 HEAD UP DISPLAY(HUD)

En este punto, tenemos varios scripts trabajando juntos para dar a los jugadores acceso a las mecánicas de movimiento, salto, recolección y disparo. Sin embargo, todavía nos falta una señal visual que muestre las estadísticas de nuestro jugador, así como una forma de ganar y perder el juego. Nos centraremos en estos dos temas para terminar esta sección.

1.9.1 Mostrar las estadísticas del jugador

Para nuestro juego, queremos una pantalla simple para que nuestros jugadores sepan cuántos objetos han recogido y su salud actual, y un cuadro de texto para darles actualizaciones cuando suceden ciertos eventos.

Los elementos UI en Unity pueden agregarse de las siguientes dos maneras:

▸ Unity UI (**uGUI**)
▸ UI Toolkit

UI Toolkit es una adición al motor de Unity que utiliza Documentos UI (UXML). Si le interesa: *https://docs.unity3d.com/2022.1/Documentation/Manual/UIElements.html*.

uGUI es un sistema UI más antiguo en Unity, pero vamos a usarlo sobre UI Toolkit porque está basado en GameObjects que pueden ser fácilmente manipulados directamente en la vista de escena como cualquier otro objeto. Puedes encontrar más información en: *https://docs.unity3d.com/Packages/com.unity.ugui@1.0/manual/index.html*.

Haz click derecho en el panel Jerarquía y seleccione **UI > Text - TextMeshPro**. Cuando la ventana del Importador TMP aparezca y le pida importar los assets faltantes, seleccione *Importar TMP Essentials.*

Importando los assets *TextMeshPro*

TextMeshPro es el sistema de Unity para manejar, renderizar y estilizar texto: *https://docs.unity3d.com/Manual/com.unity.textmeshpro.html*.

Observa que se ha creado un **GameObject** padre llamado **Canvas** (lienzo). Para ver el lienzo correctamente, selecciona el modo **2D** e*n la parte superior de la pestaña Escena*. Aunque el Lienzo y el nivel no se superponen en la escena, cuando el juego se reproduzca Unity automáticamente los superpondrá correctamente. Que el anclaje (en **Rect Transform** sea Top Left). y el Color oscuro.

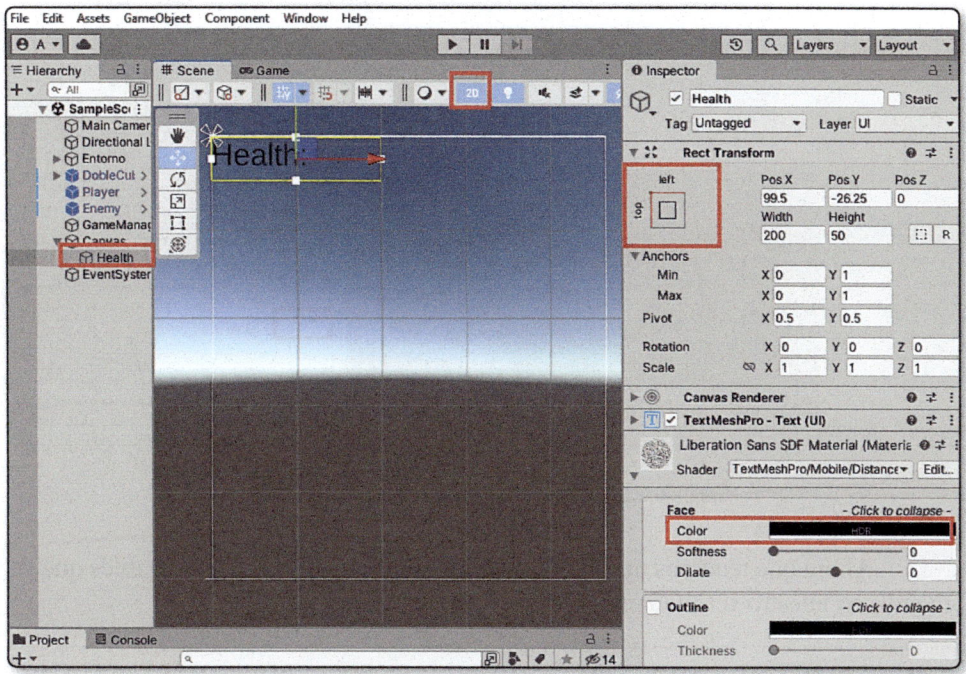

Elemento de texto en Unity Canvas

Los anclajes establecen el punto de referencia de un elemento UI en el lienzo, lo que significa que cualquiera que sea el tamaño de la pantalla del dispositivo, nuestros puntos de salud siempre estarán anclados a la parte superior izquierda de la pantalla:

Repite los pasos para crear un nuevo objeto *UI Text* y nómbralo *Items*:

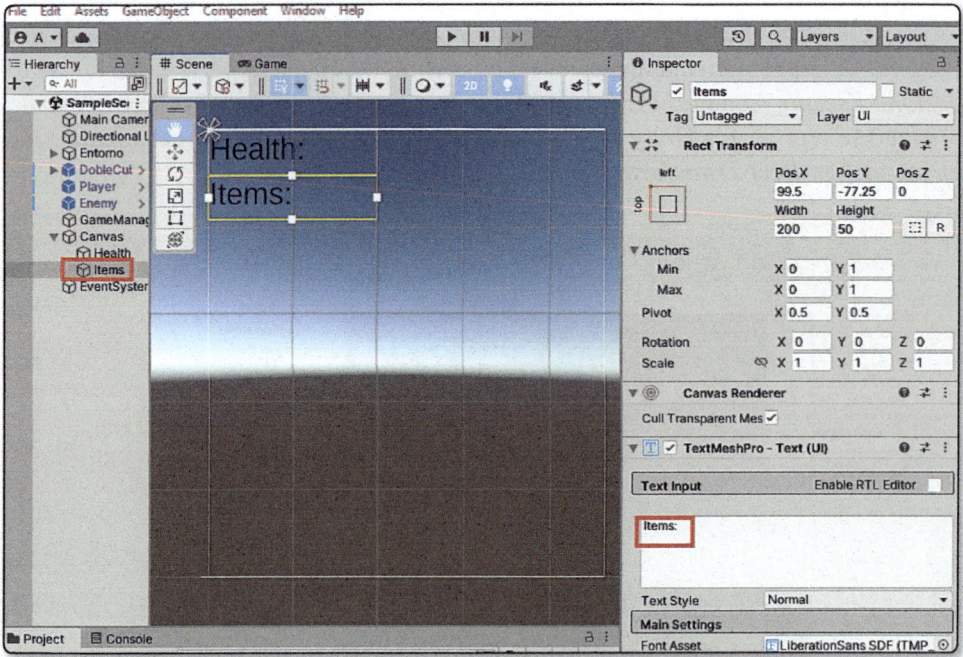

Creando otro elemento de texto de items recolectados

Ahora que tenemos nuestra UI configurada, conectemos las variables que ya tenemos en nuestro script GameM:

```
using TMPro;
using UnityEngine;

public class GameM : MonoBehaviour {
  private int itemsCollected = 0;
  private int playerHealth = 5;
  public int MaxItems = 2;
  public TMP_Text HealthText;
  public TMP_Text ItemsText;

  public int Items {
    get { return itemsCollected; }
    set {
      itemsCollected = value;
      ItemsText.text = "Items: " + itemsCollected;
```

```
      }
   }
   public int Health {
      get { return playerHealth; }
      set {
         playerHealth = value;
         HealthText.text = "Health: " + playerHealth;
      }
   }
   void Start() {
      ItemsText.text += itemsCollected;
      HealthText.text += playerHealth;
   }
}
```

No olvidemos arrastrar Health e Items a las variables públicas

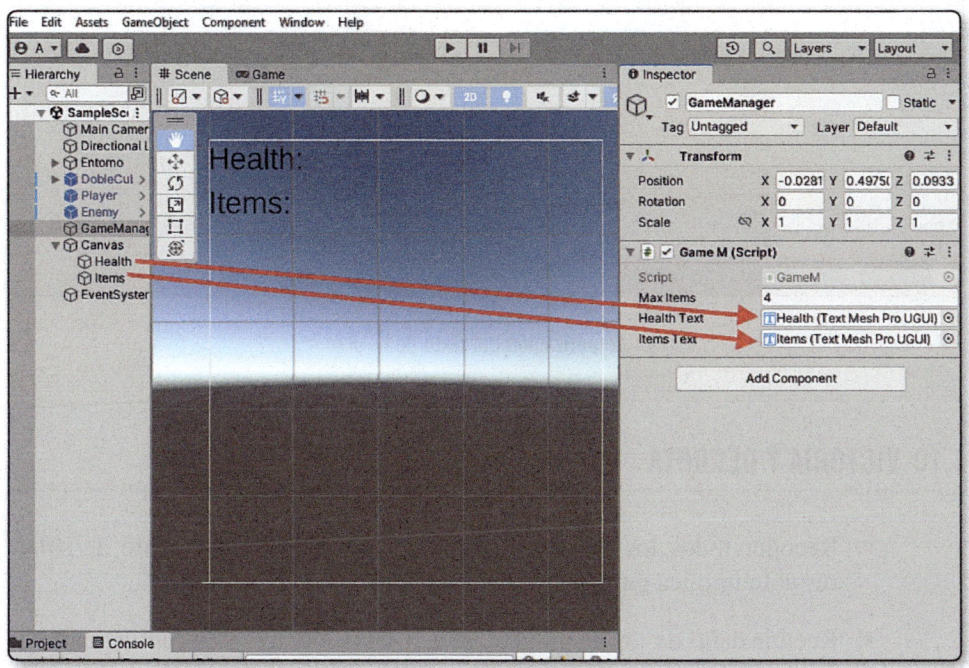

Informando Health e Items

Cada vez que se recoge un objeto, actualizamos la propiedad de texto de *ItemText* para mostrar el recuento actualizado de objetos.

Cada vez que la salud del jugador se daña, actualizamos la propiedad de texto de **Health Text** con el nuevo valor.

Pulsa **Play** y observa nuestras nuevas cajas GUI en pantalla.

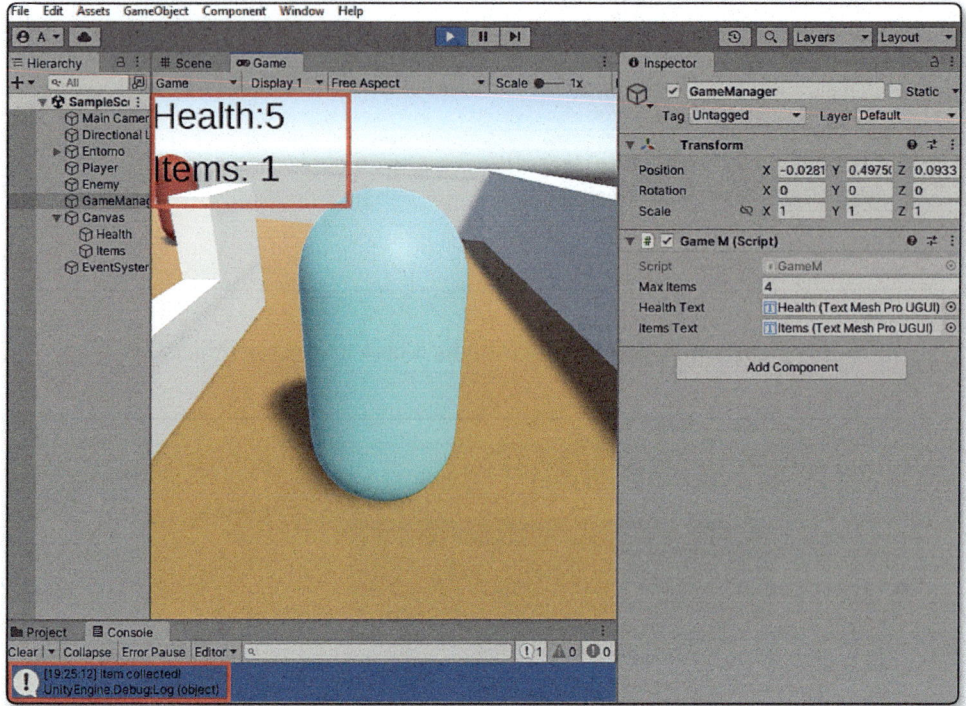

Actualización del texto de la UI

1.10 VICTORIA Y DERROTA

▶ Recoger todos los objetos en el nivel con al menos 1 punto de salud restante implica **ganar.**

▶ Recibir daño de los enemigos hasta que los puntos de salud lleguen a 0 implica **perder.**

Vamos a implementar la lógica de la condición de victoria en esta sección, ya que tenemos el sistema de recogida implementado. *Cuando lleguemos al comportamiento de la IA enemiga agregaremos la lógica de la condición de derrota.*

Añade un botón haciendo clic derecho en la Jerarquía y selecciona **UI >
Button - TextMeshPro**, luego nómbralo WinB:

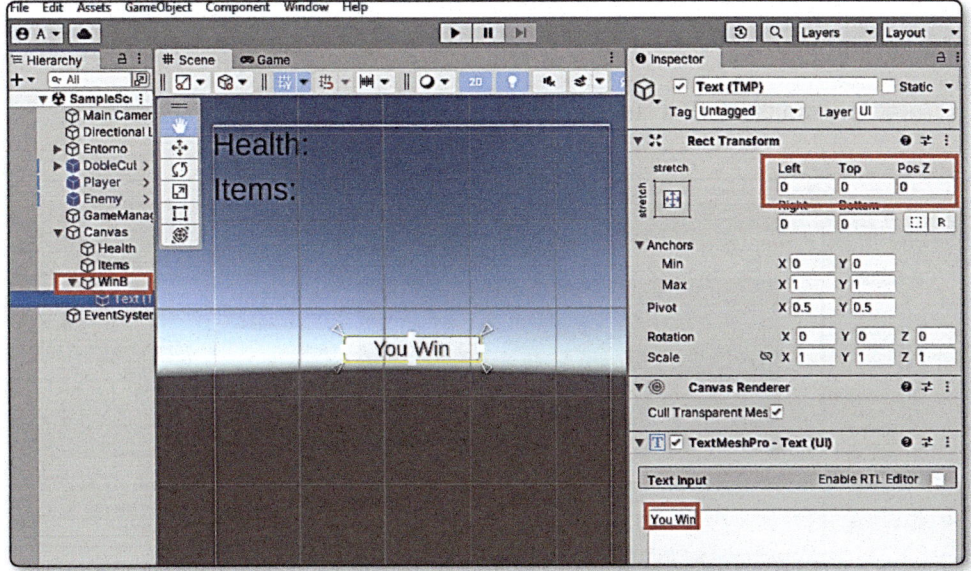

Win Button

Creando un botón de UI

Actualiza *GameM* con el siguiente código:

```
using UnityEngine.UI;
public class GameM : MonoBehaviour {
  // No other changes
  public Button WinB;
  public int Items {
    get { return itemsCollected; }
    set {
      itemsCollected = value;
      ItemsText.text = "Items: " + itemsCollected;
      if(itemsCollected>=MaxItems)
        WinB.gameObject.SetActive(true);
    }
  }
  void Start() {
    ItemsText.text += itemsCollected;
    HealthText.text += playerHealth;
```

```
    WinB.gameObject.SetActive(false);
}
// No other changes


}
```

Arrastra el WinB a su variable en el Game Manager

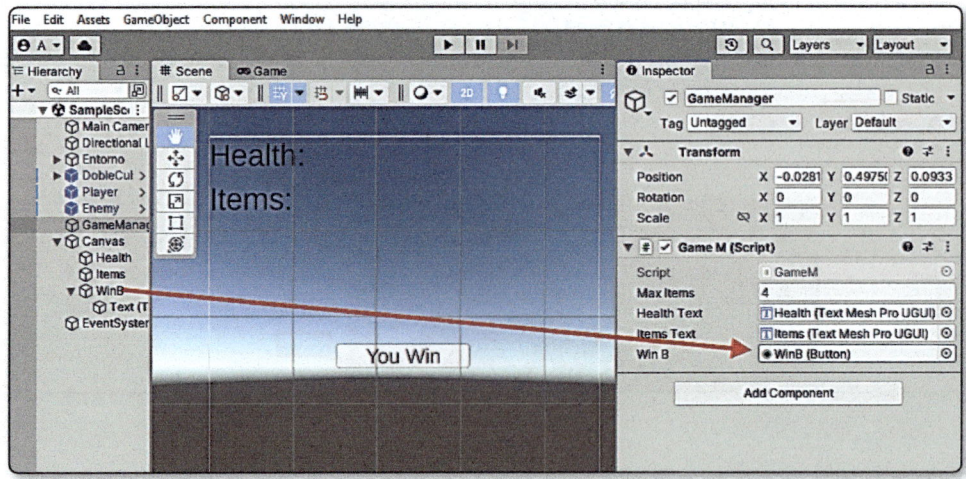

Informando la variable WinB

Agregamos la directiva *using* para *UnityEngine.UI* para acceder a la clase *Button*. Configuramos el botón *Win Condition* como **oculto** al inicio del juego, lo reactivamos cuando se gana el juego. Cambia *Max Items* a 1 en el Inspector para probar la nueva pantalla para que muestre "You Win" al recoger el único item en la escena. Hacer clic en el botón no hace nada por ahora.

1.10.1 Pausar y reiniciar el juego

Ahora, nuestra condición de victoria funciona como se esperaba, pero el jugador aún tiene control sobre la cápsula y no tiene una forma de reiniciar el juego una vez que ha terminado. Unity proporciona una propiedad en la clase *Time* llamada *timeScale*, que, cuando se establece en 0, congela la escena del juego. Sin embargo, para reiniciar el juego, necesitamos acceso a un espacio de nombres llamado *SceneManagement*.

Agrega el siguiente código a *GameM*

```
using UnityEngine.SceneManagement;

public class GameM : MonoBehaviour {
  // No changes needed
  public int Items {
    get { return itemsCollected; }
    set {
      itemsCollected = value;
      ItemsText.text = "Items: " + itemsCollected;
      if (itemsCollected >= MaxItems) {
        WinB.gameObject.SetActive(true);
        Time.timeScale = 0f;
      }
    }
  }
  public void RestartScene() {
    SceneManager.LoadScene(0);
    Time.timeScale = 1f;
  }
}
```

Falta asociar la pulsación del botón al método RestartScene():

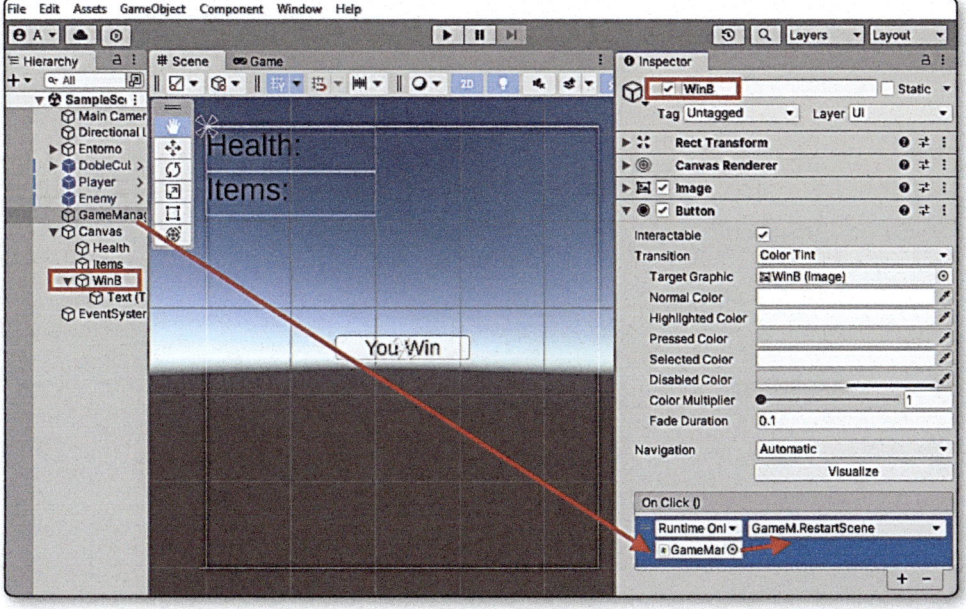

Sección **OnClick** del botón

Ahora, cuando recojas un objeto y hagas clic en el botón de la pantalla de victoria, el nivel se reiniciará, con todos los scripts y componentes restaurados a sus valores originales y configurados para otra ronda.

1.10.2 Recapitulando

En este capítulo hemos implementado las mecánicas de salto y disparo, gestionamos colisiones físicas y la creación de objetos, y agregamos algunos elementos básicos de UI para mostrar retroalimentación. Incluso llegamos a restablecer el nivel cuando el jugador gana.

2

NPCS & IA

La Inteligencia Artificial (IA) se refiere a la simulación de procesos de inteligencia humana por parte de máquinas, especialmente sistemas informáticos. Estos procesos incluyen el aprendizaje (la adquisición de información y reglas para el uso de la información), el razonamiento (usando las reglas para llegar a conclusiones aproximadas o definitivas) y la autocorrección.

En el contexto de los videojuegos, la IA se refiere específicamente a técnicas utilizadas para producir la ilusión de inteligencia en el comportamiento de personajes no jugadores (NPCs) y otros elementos del juego. Esta "inteligencia" permite que los elementos del juego tomen decisiones y actúen de manera que parezcan inteligentes o humanos, mejorando así la experiencia del jugador.

2.1 HISTORIA Y EVOLUCIÓN EN VIDEOJUEGOS

La historia de la IA en los videojuegos es casi tan antigua como la industria misma. A medida que los juegos se han vuelto más complejos, también lo ha hecho la IA que los impulsa. Aquí hay algunos hitos importantes:

1970s - Primeros pasos:

Space Invaders (1978)

Aunque simple, presentaba enemigos que se movían de manera predecible pero efectiva, sentando las bases para la IA en juegos.

1980s - Patrones más complejos:

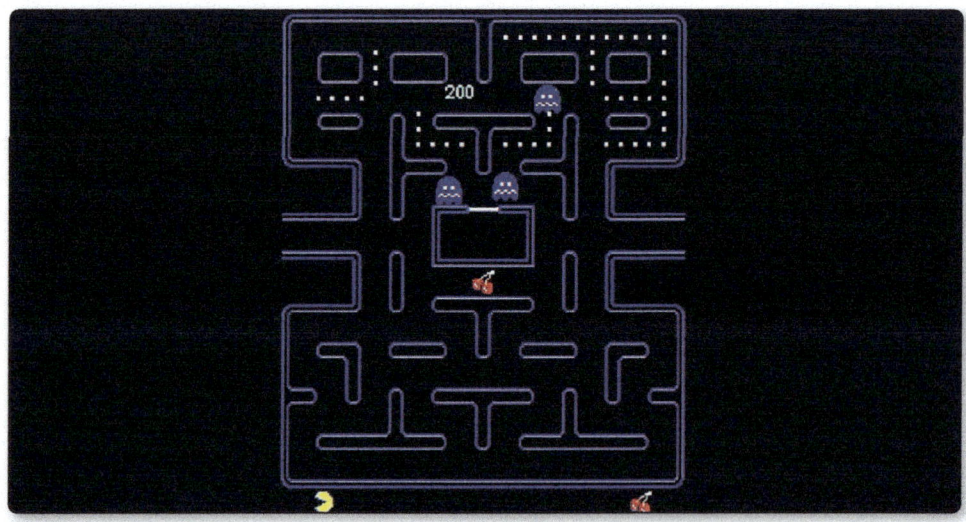

Pac-Man (1980)

Cada fantasma tenía su propio patrón de movimiento, creando la ilusión de personalidades distintas.

Karate Champ (1984)

Uno de los primeros juegos de lucha con un oponente controlado por IA que podía "leer" y responder a los movimientos del jugador.

1990s - IA más sofisticada:

Doom (1993)

Introdujo enemigos que podían "escuchar" sonidos y perseguir al jugador.

Half-Life (1998)

Presentó NPCs con comportamientos más realistas y soldados que trabajaban en equipo.

2000s - IA adaptativa y aprendizaje:

Black & White (2001)

Utilizó redes neuronales para crear criaturas que aprendían del comportamiento del jugador.

F.E.A.R. (2005)

Implementó una IA táctica avanzada para enemigos, que podían franquear y trabajar en equipo de manera convincente.

2010s - IA basada en datos y comportamientos emergentes:

The Last of Us (2013)

Presentó compañeros de IA que se adaptan al estilo de juego del jugador.

Middle-earth: Shadow of Mordor (2014)

Introdujo el sistema "Némesis", donde los enemigos recordaban encuentros anteriores con el jugador y evolucionan.

2020s - IA avanzada y aprendizaje profundo:

Watch Dogs: Legion (2020)

Implementa un sistema donde cada NPC es único y puede reclutarse, con comportamientos generados proceduralmente.

La IA en los juegos ha pasado de simples patrones a sistemas complejos que pueden aprender, adaptarse y crear experiencias únicas para cada jugador.

2.2 DIFERENCIAS ENTRE IA EN JUEGOS Y IA TRADICIONAL

Aunque la IA en videojuegos y la IA tradicional comparten algunos conceptos fundamentales, existen diferencias significativas en sus objetivos, implementaciones y limitaciones. Vamos a explorar estas diferencias en detalle:

Objetivo principal

▶ IA en juegos: busca crear una experiencia entretenida y desafiante para el jugador. No necesita ser "verdaderamente" inteligente, sino parecer inteligente.

Ejemplo: en "The Sims", los personajes toman decisiones que parecen inteligentes, pero están diseñadas para crear situaciones interesantes o divertidas, no necesariamente las óptimas.

▶ IA tradicional: busca resolver problemas reales y tomar decisiones óptimas basadas en datos y algoritmos.

Ejemplo: los sistemas de recomendación de Netflix utilizan IA para analizar patrones de visualización y sugerir contenido relevante a los usuarios.

Recursos computacionales

▶ IA en juegos: debe funcionar en tiempo real con recursos limitados (CPU, memoria) compartidos con gráficos, física, etc.

Ejemplo: en "Fortnite", la IA que controla el comportamiento de los enemigos debe ejecutarse junto con complejos cálculos de física y renderizado gráfico, todo en tiempo real.

▶ IA tradicional: puede utilizar grandes cantidades de recursos computacionales y tiempo para procesar y aprender.

Ejemplo: el modelo de lenguaje GPT-3 de OpenAI requirió enormes recursos computacionales para su entrenamiento, utilizando 175 mil millones de parámetros.

Predictibilidad

▶ IA en juegos: a menudo se diseña para ser parcialmente predecible, permitiendo a los jugadores aprender y mejorar.

Ejemplo: en juegos de lucha como "Street Fighter", los movimientos de los oponentes controlados por IA tienen patrones reconocibles que los jugadores pueden aprender y contrarrestar.

▶ IA tradicional: generalmente busca la mejor solución posible, incluso si es impredecible.

Ejemplo: AlphaGo, el programa de IA que venció al campeón mundial de Go, a menudo realizaba movimientos inesperados que los expertos humanos consideraban no convencionales pero efectivos.

Aprendizaje

▶ IA en juegos: el aprendizaje suele simularse o limitado para mantener el balance del juego.

Ejemplo: en "Black & White", las criaturas aprenden de las acciones del jugador, pero este aprendizaje está cuidadosamente controlado para no desequilibrar la experiencia de juego.

▶ IA tradicional: el aprendizaje es fundamental, con sistemas que mejoran continuamente con más datos.

Ejemplo: los sistemas de reconocimiento facial utilizados en seguridad mejoran constantemente su precisión a medida que se exponen a más imágenes.

Ética y seguridad

▶ IA en juegos: las preocupaciones éticas son principalmente sobre la adicción y la representación.

Ejemplo: debates sobre si los sistemas de recompensa en juegos como "Candy Crush" están diseñados para ser adictivos.

▶ IA tradicional: enfrenta cuestiones éticas profundas sobre privacidad, sesgo, y su impacto en la sociedad.

Ejemplo: preocupaciones sobre el uso de IA en sistemas de vigilancia y su potencial para violar la privacidad individual.

Complejidad

▶ IA en juegos: suele utilizar técnicas más simples y eficientes como máquinas de estados finitos, árboles de comportamiento, y scripts.

Ejemplo: en "The Legend of Zelda: Breath of the Wild", los enemigos utilizan máquinas de estados finitos para determinar sus acciones basadas en la distancia y acciones del jugador.

▶ IA tradicional: emplea técnicas más complejas como aprendizaje profundo, procesamiento de lenguaje natural avanzado, y sistemas expertos.

Ejemplo: los asistentes virtuales como Siri o Alexa utilizan complejos modelos de procesamiento de lenguaje natural para entender y responder a las consultas de los usuarios.

Interacción con el usuario

▶ IA en juegos: diseñada para interactuar directamente con el jugador en tiempo real.

Ejemplo: en "Red Dead Redemption 2", los NPCs reaccionan en tiempo real a las acciones del jugador, creando una experiencia inmersiva.

▶ IA tradicional: puede funcionar en segundo plano, procesando grandes cantidades de datos sin interacción directa del usuario.

Ejemplo: los algoritmos de IA que detectan fraudes en transacciones con tarjetas de crédito operan continuamente sin que el usuario sea consciente de ello.

Evaluación del éxito

▶ IA en juegos: se mide por la satisfacción del jugador y la calidad de la experiencia de juego.

Ejemplo: el éxito de la IA en un juego como "FIFA" se mide por cuán realista y desafiante resulta para los jugadores, no necesariamente por cuán "buena" es jugando al fútbol.

▶ IA tradicional: se evalúa por la precisión de sus predicciones o la eficacia en la resolución de problemas específicos.

Ejemplo: un sistema de IA para diagnóstico médico se evalúa por su tasa de aciertos en la identificación de enfermedades.

Adaptabilidad

> ▶ IA en juegos: la adaptabilidad suele estar predefinida dentro de ciertos límites para mantener la diversión y el equilibrio del juego.
>
> Ejemplo: en "Left 4 Dead" se ajusta la dificultad y los eventos del juego basándose en el rendimiento del jugador, pero dentro de parámetros predefinidos.
>
> ▶ IA tradicional: busca una adaptabilidad más amplia y profunda, capaz de manejar situaciones totalmente nuevas.
>
> Ejemplo: los vehículos autónomos deben adaptarse a una infinidad de situaciones de tráfico imprevistas.

Estas diferencias reflejan los distintos contextos y requisitos de la IA en juegos y la IA tradicional. Mientras que la IA tradicional busca replicar o superar la inteligencia humana en tareas específicas, la IA en juegos se centra en crear la ilusión de inteligencia para mejorar la experiencia del jugador.

Es importante notar que, a medida que la tecnología avanza, la línea entre la IA en juegos y la IA tradicional se está volviendo cada vez más difusa. Técnicas avanzadas de IA, como el aprendizaje por refuerzo profundo, están empezando a aplicarse en juegos para crear comportamientos más sofisticados y adaptativos. Por ejemplo, DeepMind ha utilizado técnicas de IA general para entrenar agentes que pueden jugar a una variedad de juegos de Atari con habilidad sobrehumana.

En el futuro, podemos esperar ver una convergencia aún mayor entre estos dos campos.

2.3 NAVEGACIÓN EN EL ESPACIO 3D

Los escenarios virtuales necesitan conflictos, consecuencias y posibles recompensas para parecer reales. No hay nada mejor que un enemigo que te busque e intente acabar con tu sesión.

Programar un enemigo inteligente no es tarea fácil, sin embargo, Unity incorpora funciones, componentes y clases que podemos utilizar para diseñar e implementar sistemas de IA.

En este capítulo, nos centraremos en los siguientes temas:

▶ El sistema de navegación de Unity.

▶ Objetos estáticos y mallas de navegación.

▶ Agentes de navegación.

▶ Programación procedimental y lógica.

▶ Recibir y repartir daño.

▶ Añadir una condición de pérdida.

▶ Refactorización y DRY.

Cuando hablamos de navegación en la vida real, normalmente nos referimos a cómo llegar del punto A al punto B. Navegar por un espacio virtual en 3D es prácticamente lo mismo, pero, necesitaremos saber qué componentes de navegación ofrece Unity.

2.3.1 NavMesh

Cada uno de los siguientes componentes viene como estándar con Unity y tiene características complejas ya incorporadas:

▶ Un *NavMesh* es esencialmente un *mapa de las superficies transitables* en un nivel dado; el componente *NavMesh* se crea a partir de la geometría del nivel en un proceso llamado **baking**. El componente *NavMesh* se crea a partir de la geometría del nivel en un proceso llamado *baking* (horneado). Al hacer el *baking* de un *NavMesh* en tu nivel se crea un único *asset* de proyecto que contiene los datos de navegación.

2.3.2 Baking

Un *NavMeshAgent* es *la pieza que se mueve en el tablero*. Cualquier objeto con un componente *NavMeshAgent* adjunto evitará automáticamente a otros agentes u obstáculos con los que entre en contacto.

El sistema de navegación necesita ser consciente de cualquier objeto móvil o inmóvil en el nivel que pueda causar que un *NavMeshAgent* altere su ruta. Añadir componentes *NavMeshObstacle* a esos objetos permite al sistema saber que necesitan evitarse.

Para este capítulo, nos centraremos en añadir un *NavMesh* a nuestro nivel, configurar el *Prefab* **Enemy** como un *NavMeshAgent*, y conseguir que el **Enemy** se mueva a lo largo de una ruta predefinida.

Sólo utilizaremos los componentes *NavMesh* y *NavMeshAgent*, pero si quieres, echa un vistazo a cómo crear obstáculos aquí: *https://docs.unity3d.com/ Packages/com.unity.ai.navigation@1.1/manual/NavMeshObstacle.html*.

Tu primera tarea en la creación de un enemigo "inteligente" es crear un *NavMesh* sobre las áreas transitables de la arena. Vamos a configurar el *NavMesh* de nuestro nivel. Hay que apuntar que partiremos del punto en el que dejamos el capítulo anterior.

Selecciona en la jerarquía **Entorno**, haz clic en el icono de flecha junto a **Static** en la ventana del Inspector, y elija **Navigation Static**:

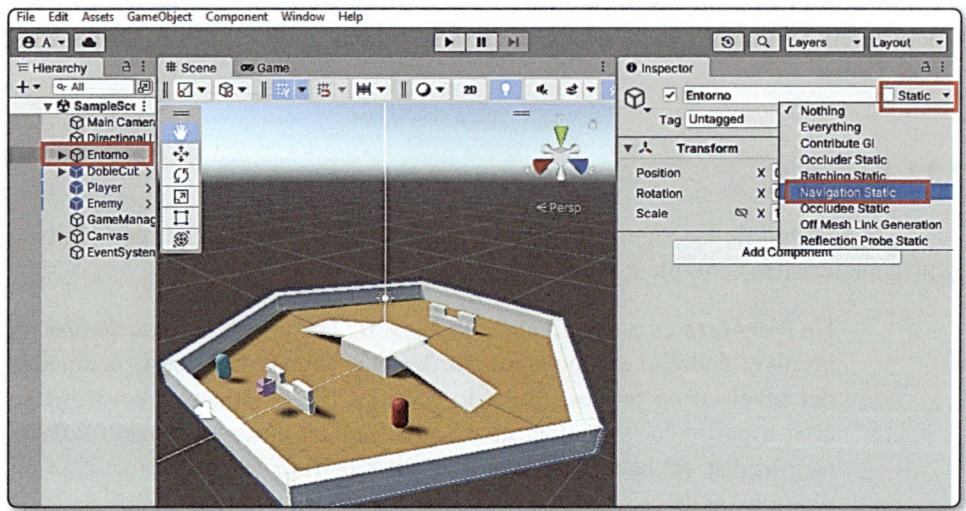

Configuración de objetos como Navigation Static

Haz clic en *"Yes, change children"* cuando aparezca la ventana de diálogo para configurar todos los objetos hijos del entorno como *Navigation Static*:

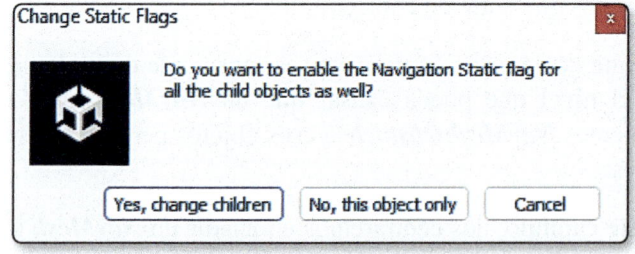

Cambiando todos los objetos hijos

Ve a **Window > AI > Navigation** y selecciona la pestaña **Bake**. Deja todo con los valores predeterminados y haz clic en **Bake**. Una vez que termine el proceso, verás una nueva carpeta dentro de la carpeta **Scenes** con un nuevo objeto de malla de navegación:

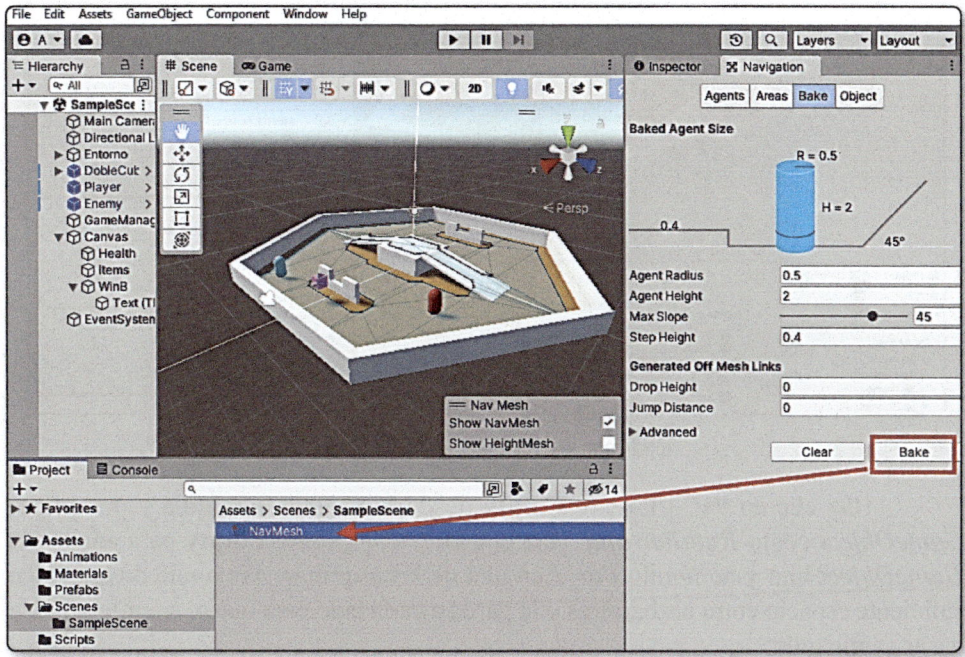

Baking una malla de navegación

Todos los objetos en nuestro *Entorno* están ahora marcados como *Navigation Static*, lo que significa que nuestra *NavMesh* recién creada ha evaluado su accesibilidad según la configuración por defecto de *NavMeshAgent*. En todos los lugares donde veas una superposición (azul claro) es una superficie caminable para cualquier objeto con un componente *NavMeshAgent* adjunto.

2.3.3 NavMeshAgent

Registremos el Prefab del Enemigo como un NavMeshAgent:

Selecciona el **Enemy** *Prefab* en la carpeta **Prefabs**, haz clic en **Add Component** en la ventana del Inspector y busca *NavMesh Agent*:

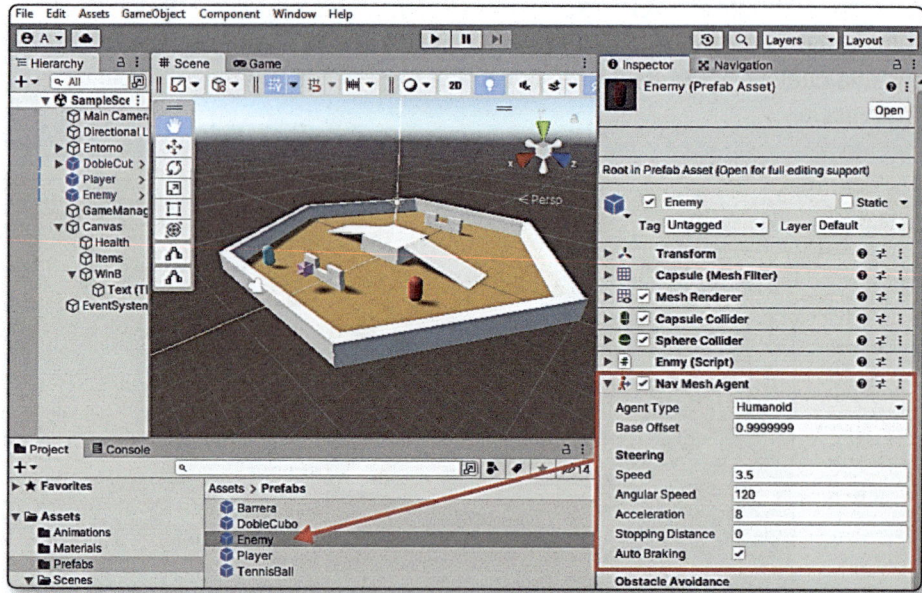

Añadiendo un componente NavMeshAgent

Haz clic en **"+"** | **Create Empty** desde la ventana Jerarquía y nombra el *GameObject* como *RutaPatrulla*. Haz clic en **"+"** | **Create Empty** para añadir un *GameObject* hijo y nómbralo *Pto_1* en una de las esquinas. Asegúrate de que haya suficiente espacio entre las barreras y la pared a cada lado para que el enemigo pueda pasar caminando:

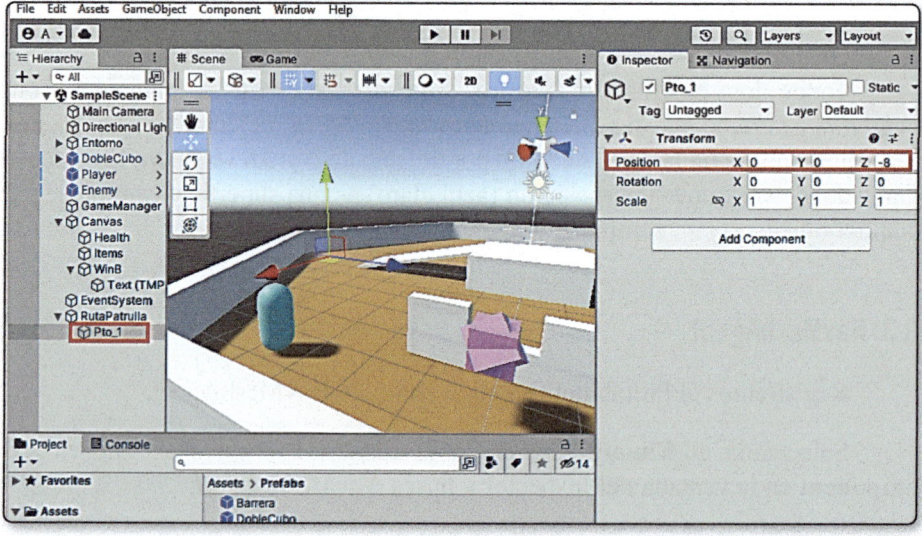

Primer punto de patrulla

Crea 5 objetos hijos vacíos más y colócalos en las esquinas restantes del nivel.

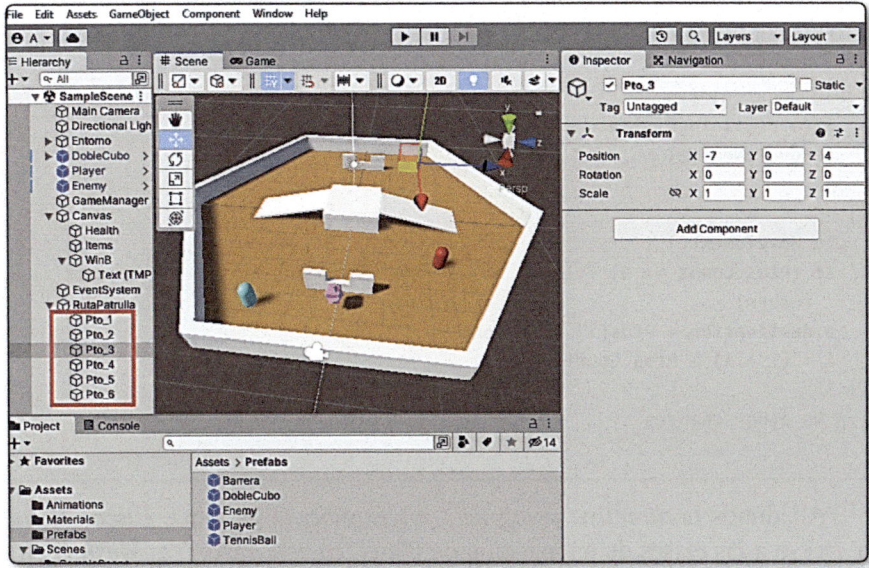

Creando todos los puntos de la ruta de patrulla

Vamos a establecer una ruta simple para que patrulle nuestro enemigo; agruparlos en un objeto padre vacío facilita referenciarlos en el código y organiza mejor la ventana de Jerarquía. Vamos a por el código para que el enemigo camine por la ruta de patrulla.

2.3.4 NavMeshAgent Destination

Actualiza *Enmy* con el siguiente código y pulsa **Play**:

```
using System.Collections.Generic;
using UnityEngine;
using UnityEngine.AI;

public class EnemyBehavior : MonoBehaviour
{
    public Transform RutaPatrulla;
    public List<Transform> Ptos;
    private int i = 0;
    private NavMeshAgent a;
```

```
void Start() {
  a = GetComponent<NavMeshAgent>();
  foreach(Transform child in RutaPatrulla)
     Ptos.Add(child);
  MoveToNext();
}
void Update() {
  if(a.remainingDistance < 0.2f && !a.pathPending) {
    MoveToNext();
  }
}
void MoveToNext() {
  if (Ptos.Count == 0)
    return;
  a.destination = Ptos[i].position;
  i = (i + 1) % Ptos.Count;
}
// No other changes
}
```

Añadimos la *directiva using de UnityEngine.AI* para que ***EnemyBehavior*** tenga acceso a las clases de navegación de Unity, en este caso, ***NavMeshAgent***, así como ***System.Collections.Generic*** para poder utilizar la clase ***List***. Inicializamos la lista de ptos en ***Start()***. Utiliza ***GetComponent<NavMeshAgent>()*** para inicializar la variable a. Finalmente, se establece ***a.destination*** Si *_agent* está muy cerca de su destino y no se está calculando otro camino, se pasa al siguiente pto de destino. No olvides asignar la variable ***RutaPatrullaa en el inspector:***

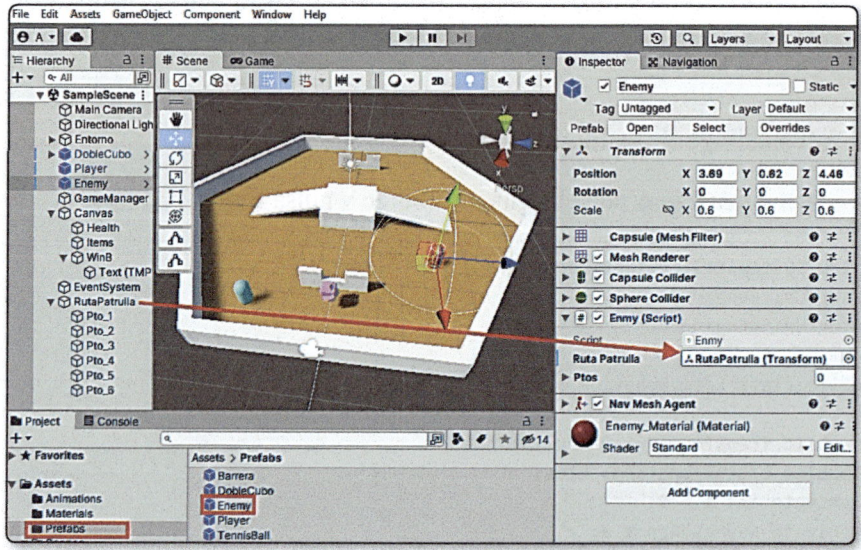

Asignando la ruta de patrulla del enemigo

Ahora deberías de poder observar cómo el Prefab enemigo camina alrededor de las esquinas del nivel en un bucle continuo:

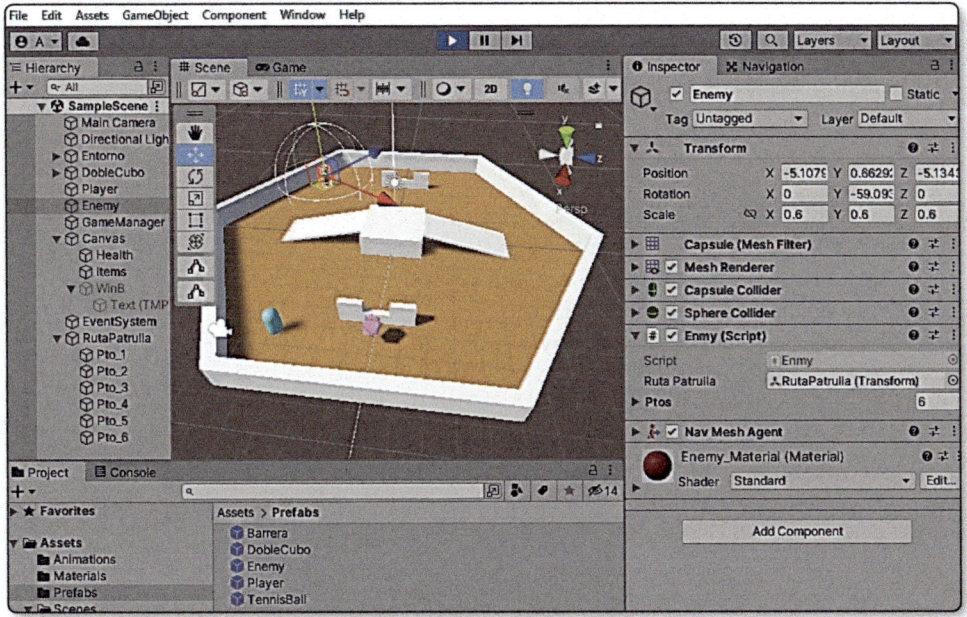

Probando la ruta de patrulla del enemigo

Ahora el enemigo sigue la ruta de patrulla alrededor del exterior del mapa, pero no busca al jugador ni ataca cuando está dentro de un rango todavía.

2.4 IR A POR EL JUGADOR

En esta sección, nos centraremos en cambiar el objetivo del componente *NavMeshAgent* de los enemigos cuando el jugador se acerque demasiado y en infligir daño si se produce una colisión. Cuando el enemigo consiga reducir la salud del jugador, volverá a su ruta de patrulla hasta su próximo encuentro con el jugador.

Vamos a añadir código para realizar un seguimiento de la salud del enemigo, detectar cuando un enemigo es golpeado con éxito con una de las balas del jugador, y cuando un enemigo necesita destruirse.

Ahora que el Prefab **Enemy** se mueve patrullando, necesitamos obtener una referencia a la posición del jugador y cambiar el destino del *NavMeshAgent* si se acerca demasiado en el script

```
public class Enmy: MonoBehaviour
{
  private Transform plyr;
  private GameM gM;

  void Start() {
    plyr = GameObject.Find("Player").transform;
    gM = GameObject.Find("GameManager").GetComponent<GameM>();

  }

  void OnTriggerEnter(Collider other) {
    if(other.name == "Player") {
      a.destination = plyr.position;
      Debug.Log("Going to the player");
    }
  }
  void OnCollisionEnter(Collision collision) {
    if(collision.gameObject.name == "Player") {
      gM.Health -= 1;
    }
  }
  // No other changes needed
}
```

Si juegas ahora y te acercas demasiado al enemigo que patrulla, verás que se desvía de su camino y *se dirige directamente hacia ti*. Una vez que llega al jugador, el código en el método **Update()** vuelve a tomar el control y el **Prefab** del **Enemy** reanuda su patrulla.

Usar **GetComponent()** en la misma línea que **GameObject.Find()** es una forma común de reducir líneas de código.

ⓘ **Nota**

La utilización de **GameObject.Find ()** se considera una práctica poco eficiente y por lo tanto sólo permisible en el método **Start()**; sin embargo, es importante conocer su existencia, más adelante en el libro encontrarás otros métodos más avanzados para conseguir el mismo propósito.

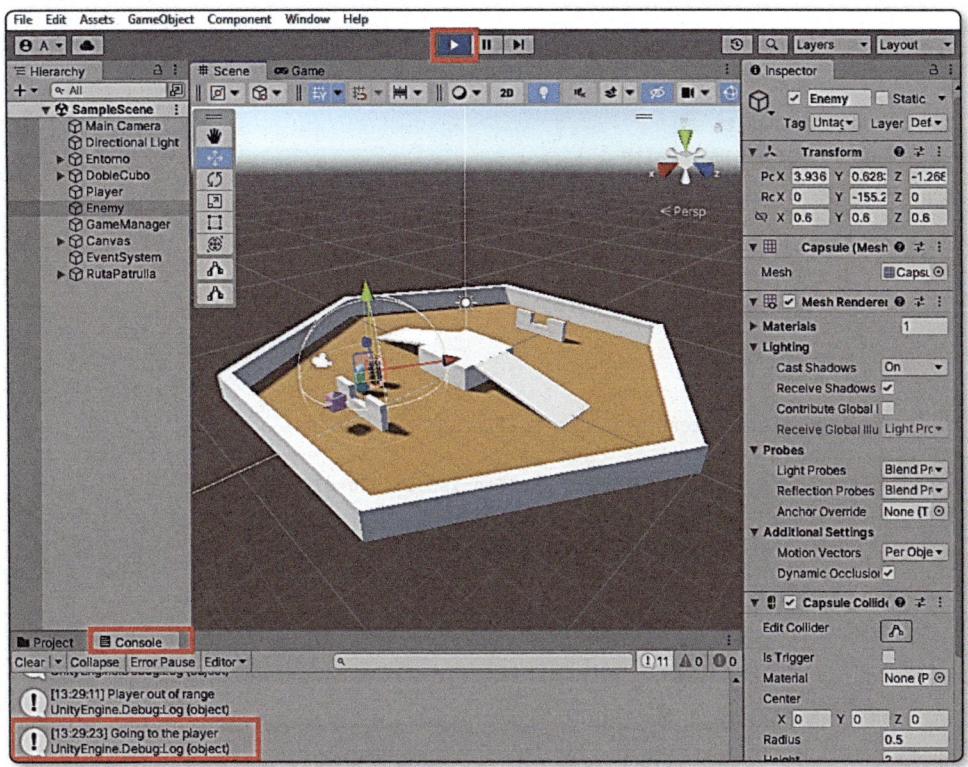

Testando ir a por el jugador

Dado que nuestro **Player** es el objeto que colisiona, tiene sentido declarar *OnCollisionEnter()* en *PlayerBehavior*. A continuación, verificamos el nombre del objeto que colisiona; si es el *Prefab* del **Enemy**, restamos 1 de la variable pública *Health* usando la instancia de gm previamente inicializada en Start.

2.5 RECIBIR PELOTAZOS

Es hora de añadir una forma para que nuestro jugador se defienda lanzando pelotazos y que sean detectados por el enemigo. Abre *Enmy* y modifícalo con el siguiente código:

```
public class Enmy: MonoBehaviour
{
  private int enemyHealth = 3;

  public int Health  {
   get { return enemyHealth ; }
   private set     {
     enemyHealth = value;
     if (enemyHealth <= 0) {
       Destroy(this.gameObject);
       Debug.Log("Enemy destroyed");
     }
    }
  }
  void OnCollisionEnter(Collision collision)
  {
    if(collision.gameObject.name == "TennisBall(Clone)") {
      Health -= 1;
      Debug.Log("A ball has impacted the enemy");
    }
  }
}
```

Comprobamos si la salud del enemigo es menor o igual a 0, lo que significa que el enemigo debería estar muerto. En ese caso, destruimos el objeto y mostramos un mensaje en la consola.

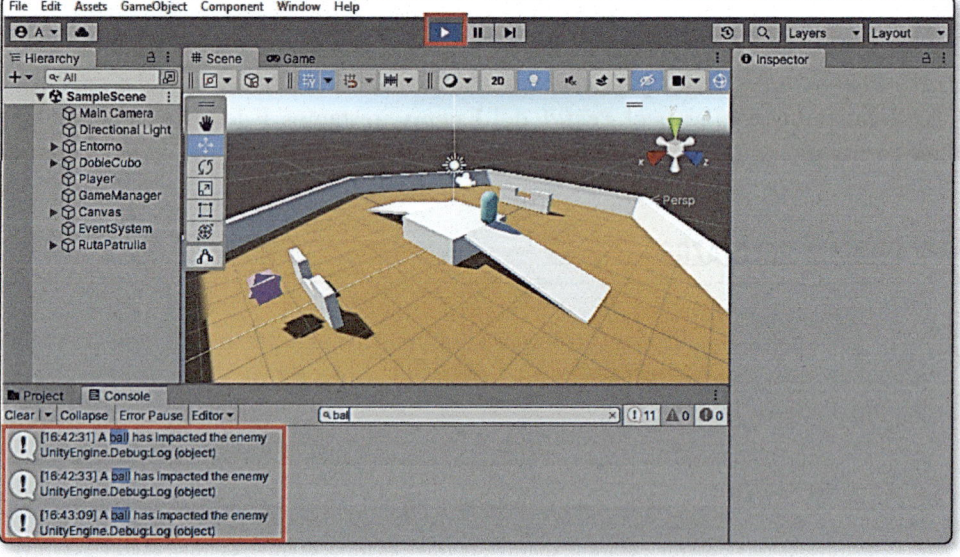

Probando detecciones de la pelota por parte del enemigo

Dado que **Enemy** es el objeto que está siendo golpeado por las balas, es lógico incluir una comprobación de esas colisiones en *EnemyBehavior* con *OnCollisionEnter()*. El nombre del objeto que colisiona coincide con el de un objeto de clon de *TennisBall*-Unity añade el sufijo *(Clone)* a cualquier objeto creado con *Instantiate()*- decrementamos *EnemyLives* en 1 y mostramos otro mensaje.

2.6 LÓGICA DE VICTORIA Y DERROTA

Para implementar completamente la *condición de derrota*, necesitamos actualizar la clase *GameM*:

```
public class GameM: MonoBehaviour
{
  public Button LosB;

  void Start() {
    LosB.gameObject.SetActive(false);
  }

  public int HP
  {
    set {
      if (playerHealth <= 0) {
        LosB.gameObject.SetActive(true);
        Time.timeScale = 0;
      }
    }
  }
}
```

En la ventana *Hierarchy*, haz clic derecho sobre *WinB*, elige *Duplicate* y nómbralo *LosB*. Haz clic en la flecha a la izquierda de *Loss Condition* para expandirlo, selecciona el objeto *Text* y cambia el texto a "You lose".

Selecciona *GameManager* en la ventana *Hierarchy* y arrastra *LosB* al campo *LosB* en el componente *Game M (Script)*.

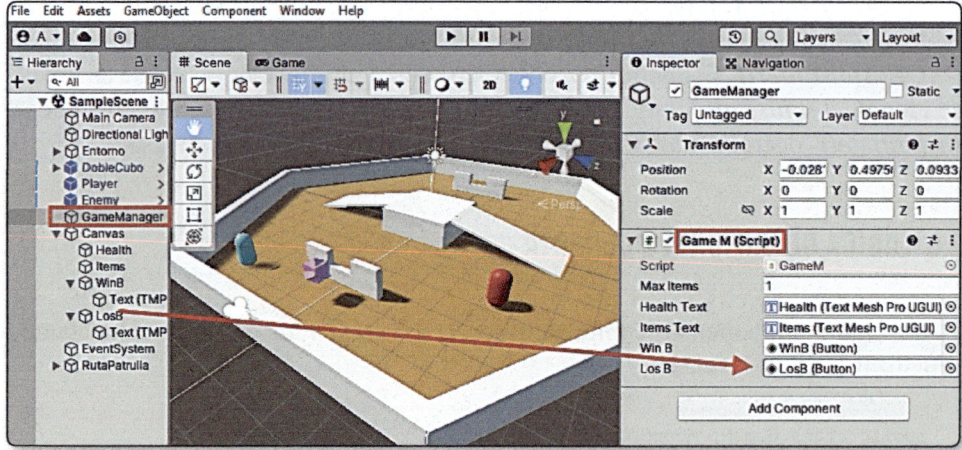

GameBehavior con texto y botones

Con esto, nuestras interacciones entre el enemigo y el jugador están completas. Podemos causar daño y recibirlo, perder vidas y contraatacar, todo mientras actualizamos la interfaz gráfica en pantalla.

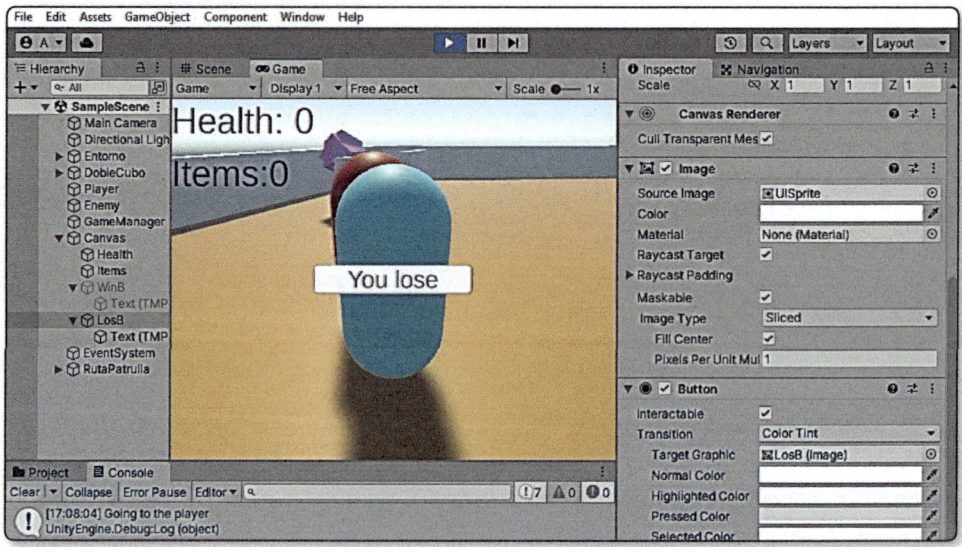

Comprobando la lógica de derrota

Nuestros enemigos usan el sistema de navegación de Unity para caminar por la arena y cambiar al modo de ataque cuando están dentro de un rango específico del jugador. Cada GameObject es responsable de su comportamiento, lógica interna y colisiones de objetos, mientras que el gestor del juego realiza un seguimiento de las variables que gobiernan el estado del juego.

3

APRENDIZAJE AUTOMÁTICO

"Las redes neuronales no se programan de manera convencional, sino que se entrenan ajustando sus parámetros a partir de datos, un proceso que puede compararse con el cultivo en la agricultura. No ordenamos a las plantas que produzcan sino que las plantamos, regamos y cosechamos sus frutos".

[N. del A.: analogía empleada para ilustrar el proceso de entrenamiento de redes neuronales.]

3.1 EVOLUCIÓN DE LAS TÉCNICAS EN IA

3.1.1 Todo empezó con un gato

¿Cómo una chispa en la mente de un gato cambió el mundo de la Inteligencia Artificial? En un laboratorio, en los años 50, un par de científicos conectaron un electrodo a la corteza visual de un gato. Lo que buscaban no era más que una señal eléctrica *que revelara cómo ve el cerebro*. Pero lo que encontraron transformó no solo nuestra comprensión de la visión, sino que *abrió una nueva manera de entender cómo las neuronas procesan la información, organizándose en capas que reconocen patrones,* un principio que hoy inspira la tecnología detrás del reconocimiento facial, los coches autónomos y las máquinas que juegan mejor que los humanos.

3.1.2 Experimento de Hubel y Wiesel

David Hubel y Torsten Wiesel realizaron experimentos con gatos para investigar cómo las neuronas en la corteza visual procesan la información visual, colocando un electrodo en la corteza occipital en la primera parte de la neocorteza que recibe información visual de los ojos a través del tálamo.

Hubel, D. H., & Wiesel, T. N. (1962)

Este electrodo capta la señal eléctrica de un potencial de acción, lo que significa la información que una neurona en particular en esta área está pasando a otras neuronas.Algunas neuronas se disparan cuando se exponen a bordes verticales y otras cuando se muestran bordes horizontales o diagonales. Hubel y Wiesel descubrieron que todas estas neuronas estaban organizadas *en una arquitectura de capas* y que juntas podían producir percepción visual.

Hubel y Weisel en la universidad de Harvard después de ganar el Premio Nobel, 1981

3.1.2.1 ¿QUÉ DESCUBRIERON?

Neuronas que responden a líneas rectas y bordes.

Descubrieron que ciertas neuronas en la corteza visual no responden a puntos de luz (como se creía antes), sino a líneas y bordes en direcciones específicas. Estas "neuronas de detección de bordes" disparaban más intensamente cuando el estímulo tenía una orientación concreta (por ejemplo, una línea vertical en lugar de una horizontal).

Identifican neuronas simples, que responden sólo a líneas en una ubicación específica.

También encontraron neuronas complejas, que responden a líneas en movimiento dentro de una región del campo visual.

3.1.2.2 IMPACTO DEL DESCUBRIMIENTO

Cambió por completo la comprensión de cómo el cerebro procesa la visión.

Demostró que el cerebro no simplemente "ve" la imagen, sino que *la procesa en etapas*, con diferentes neuronas detectando características básicas (bordes, orientación, movimiento).

Este descubrimiento les valió el Premio Nobel de Medicina en 1981.

3.1.2.3 RELEVANCIA

Los hallazgos de Hubel y Wiesel inspiraron la creación de las redes neuronales convolucionales (CNNs), que son la base de los algoritmos modernos de visión artificial y aprendizaje profundo.

Vídeos:

▼ Percepción Visual de Hubel y Wiesel: *https://www.dailymotion.com/video/x99fv8.*

▼ Hubel & Wiesel Cat experiment: *https://www.youtube.com/watch?v=IOHayh06LJ4.*

3.1.3 Línea temporal

1980S

Primeros Modelos de Redes Neuronales Artificiales.

Se desarrollan Perceptrones Multicapa (MLP) con entrenamiento mediante retropropagación del error (backpropagation). Se populariza la idea de que las redes pueden aprender representaciones de datos sin programación explícita.

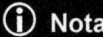 **Nota**

Si tu agente en ML-Agents recibe posiciones (vectores numéricos) usa una red neuronal de perceptrones multicapa (MLP, Multi-Layer Perceptron).

1997

Introducción de las Redes Neuronales Recurrentes Avanzadas (LSTM).

Se presentan las LSTM (Long Short-Term Memory) por Hochreiter y Schmidhuber, diseñadas para resolver el problema del desvanecimiento del gradiente en las Redes Neuronales Recurrentes (RNNs). Esto permite que las redes aprendan dependencias a largo plazo en secuencias de datos.

1989-1998

Nacimiento de las Redes Neuronales Convolucionales (CNNs).

Yann LeCun desarrolla la primera CNN (LeNet-5) para reconocimiento de dígitos escritos a mano. Introduce capas convolucionales y de agrupación (pooling), imitando la forma en que el cerebro procesa imágenes.

2012

Deep Learning y el Auge de las CNNs (AlexNet).

AlexNet (Krizhevsky, Sutskever, Hinton) de 8 capas de profundidad, revoluciona la visión por computadora, al ganar el primer lugar en la competención de clasificación de imágenes de ImageNet 2012. Redujo la tasa de error de 26% (modelo tradicional) a 16.4%.

ⓘ Nota

Si tu agente en ML-Agents recibe observaciones visuales (cámaras, píxeles) sería apropiado una CNN (Red Convolucional).

¿Por qué se llama "Deep Learning"?

Los MLP tradicionales (años 80-90) tenían 2-3 capas ocultas. Los Deep Learning (2010 en adelante) usan 10, 50 o incluso miles de capas.

2014

Redes Generativas.

- ▶ GANs (Goodfellow): nacen las Redes Generativas Antagónicas para crear imágenes realistas.

- ▶ Deep Q-Networks (DQN): DeepMind usa deep learning + aprendizaje por refuerzo para entrenar IA en *videojuegos de Atari*.

Cho et al. propusieron Gated Recurrent Unit (GRU), que es similar a LSTM pero más simple y eficiente.

 **Nota**

En ML-Agents, si tu agente necesita recordar información pasada, sería apropiado utilizar una red recurrente (LSTM/GRU).

2017
OpenAI desarrolla Proximal Policy Optimization (PPO)

Un algoritmo de aprendizaje por refuerzo profundo que optimiza políticas de agentes de manera estable, usado sobre todo en robótica y juegos. Nacen los Transformers (paper de Google Attention Is All You Need). En lugar de CNNs, usa mecanismos de atención (attention mechanism, un mecanismo introducido en redes neuronales que permite a un modelo enfocarse en diferentes partes de la entrada de manera selectiva, dependiendo de su relevancia para la tarea). Un Transformer está compuesto por perceptrones, pero su arquitectura y mecanismos avanzados (como la atención) lo hacen mucho más poderoso que un MLP tradicional. Es como comparar una neurona individual con el cerebro humano: el Transformer usa miles de neuronas organizadas de manera óptima para resolver problemas complejos.

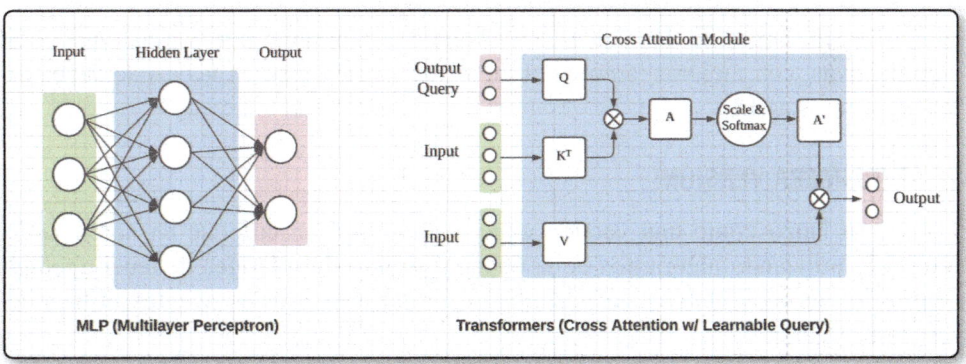

MLP vs Transformer

2020 EN ADELANTE
IA Generativa, GPT, Modelos Multimodales, PPO + Retroalimentación Humana.

3.2 ML-AGENTS & PYTORCH

3.2.1 ML-Agents

El paquete ML-Agents de Unity tiene su origen en la creciente demanda de herramientas accesibles para la investigación y el desarrollo de inteligencia artificial (IA) en entornos simulados en 3D.

3.2.1.1 PROPÓSITO

Unity lanzó ML-Agents por primera vez en 2017 como una respuesta a la necesidad de entornos visuales y ricos para probar algoritmos de IA, especialmente el aprendizaje por refuerzo. Unity, siendo uno de los motores de videojuegos más populares, ya proporcionaba un entorno gráfico. Sin embargo, los investigadores de IA no contaban con una herramienta sencilla para integrar agentes inteligentes en simulaciones complejas.

ML-Agents nació como un puente entre Unity y las técnicas de IA, *proporcionando una plataforma donde los agentes podían entrenarse en un entorno controlado, interactivo y visual.*

3.2.2 Fases del desarrollo

A lo largo de los años, ML-Agents ha pasado por varias versiones significativas, con mejoras tanto en el motor de Unity como en las capacidades de los algoritmos de IA:

2017 (PRIMERA VERSIÓN)

Se lanzó como una versión experimental con un enfoque en aprendizaje reforzado utilizando algoritmos de la época y se introdujo la idea de tener agentes dentro de entornos Unity y la posibilidad de entrenar a estos agentes utilizando scripts de Python.

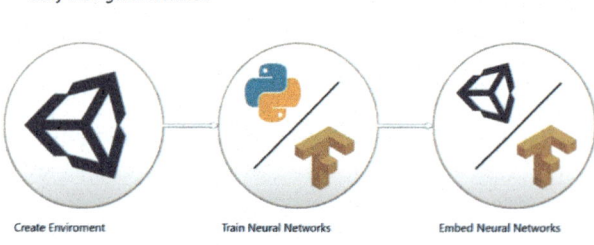

ML-Agents workflow

2018-2019

Se consolidó como una herramienta de desarrollo no solo para juegos, sino también para aplicaciones de robótica, simulaciones físicas, y entrenamiento de agentes autónomos. Unity hizo una gran inversión en mejorar la estabilidad del paquete.

2020 (VERSIÓN 1.0)

En diciembre de 2020, Unity lanzó la versión 1.0 estable de ML-Agents, marcando un hito importante. Esta versión incluyó un entrenamiento más eficiente, compatibilidad con plataformas modernas de aprendizaje profundo como *PyTorch*, mejoras en la comunicación entre Unity y Python, y la capacidad de entrenar múltiples agentes en paralelo de manera más eficiente.

2022 (VERSIÓN 2.0)

Unity actualizó ML-Agents a la versión 2.0, introduciendo mejoras significativas en la API para facilitar la integración y personalización. Esta versión también mejoró la compatibilidad con las versiones más recientes de Unity y optimizó el rendimiento en el entrenamiento de agentes.

2023 (VERSIÓN 3.0)

En octubre de 2023, se lanzó la versión 3.0.0-exp.1 de ML-Agents, que incluyó la actualización a Sentis 1.2.0-exp.2 respecto a la depreciación de Barracuda (que se utilizaba para ejecutar redes neuronales en dispositivos sin necesidad de un framework externo como TensorFlow o PyTorch). Además, se añadió la opción de sensor de raycast por lotes y se actualizó a PyTorch 1.13.1.

2024 (RELEASE 22)

Actualizó a Sentis 2.0.0 y ml-agents a PyTorch 2.1.1. También se añadió el monitor sin gráficos.

3.2.3 Impacto

ML-Agents ha facilitado que los avances en IA puedan ser *accesibles para desarrolladores de juegos*, permitiendo la integración de comportamientos complejos sin un profundo conocimiento matemático de los algoritmos de aprendizaje. Se ha convertido en una herramienta popular en la investigación académica y en la industria.

A diferencia de otras plataformas como ***OpenAI Gym***, que están más enfocadas en entornos 2D o simulaciones limitadas, ML-Agents ofrece un entorno 3D completo donde los investigadores pueden probar agentes en tareas complejas, como navegación en laberintos, juegos de estrategia, y tareas de control en robots simulados.

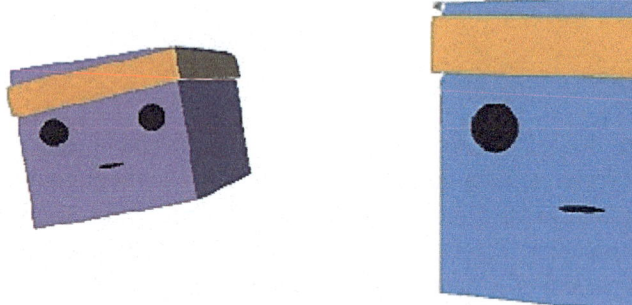

Agent GameObjects en los ejemplos de Unity

Vamos a ello. Procederemos primero con requisito previo de pytorch:

3.2.4 Instalación de pytorch

PyTorch es una biblioteca de Python de código abierto para ***Deep Learning***, desarrollada principalmente por el equipo de *Investigación en Inteligencia Artificial de Facebook* (FAIR). Se lanzó en 2016 como una alternativa a TensorFlow (de Google).

Características principales:

▶ **Tensores**: estructura de datos similar a los arrays de ***NumPy***, pero con soporte para GPU, lo que acelera los cálculos.

▶ **Grafos dinámicos**: PyTorch construye el grafo de computación en tiempo de ejecución, lo que facilita la experimentación y depuración.

▶ **Autograd**: sistema automático de diferenciación para calcular gradientes, esencial para entrenar redes neuronales.

▶ **Módulo *torch.nn***: facilita la construcción de redes neuronales con capas y funciones de pérdida predefinidas.

Desde su lanzamiento, PyTorch ha ganado popularidad tanto en investigación como en la industria por su simplicidad y capacidad de adaptación.

Como requisito previo necesitas instalar **Python**. Actualmente (2024) Vamos a optar por la versión 3.9.13 ya que es la recomendada por compatibilidad con la versión 2 de ml-agents: *https://www.python.org/downloads/release/python-3913/*

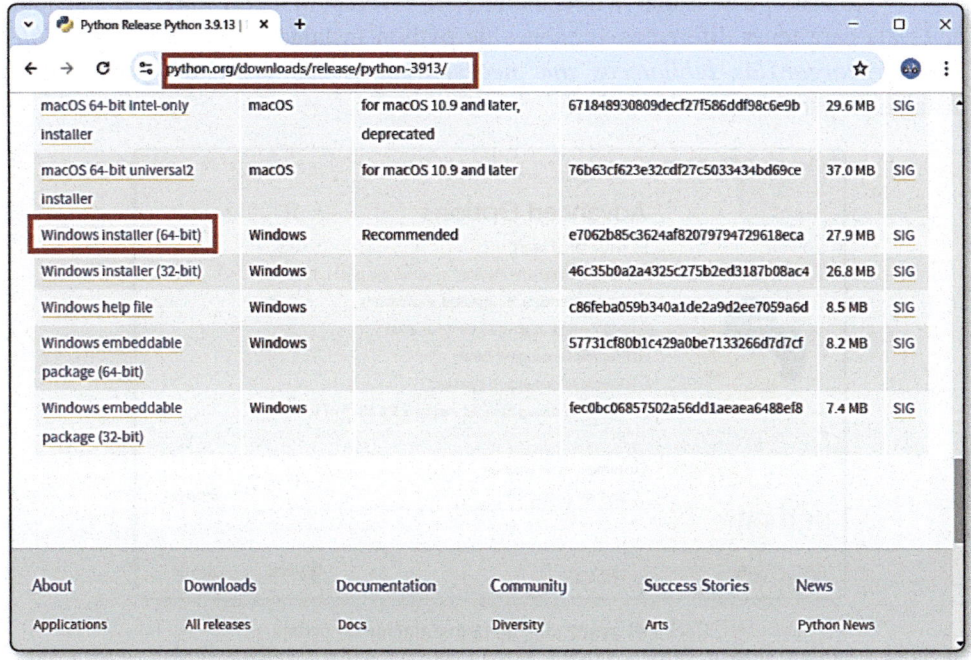

Seleccionando la versión de python para nuestro sistema operativo

Dale a "Custom Installation" para seleccionar las opciones más adecuadas:

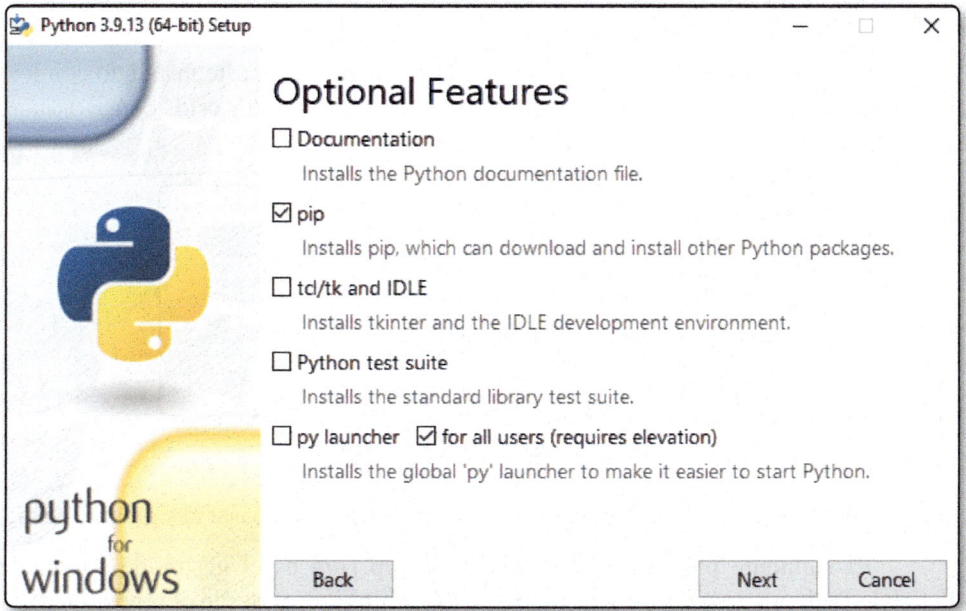

Instalación de python personalizada

No vamos a necesitar la documentación, ni *tcl/tk*, ni la *test suit*, ni el lanzador *py* (sería para tener diferentes versiones de python instaladas) *pip* (*imprescindible para descargar las bibliotecas que necesitaremos más adelante*) y queremos instalación para todos los usuarios.

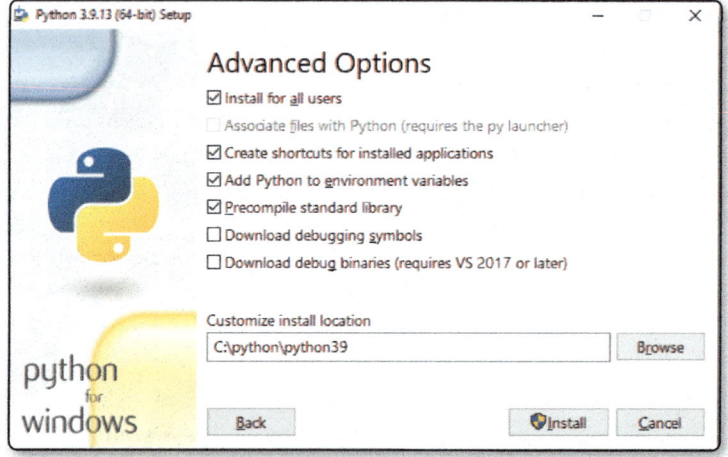

Opciones avanzadas de la instalación de python

Seleccionamos *install for all users*, *Create shortcuts for installed applications*, *Add Python to environment variables* (importante para su funcionamiento) y *Precompile standard library*, así como *Customize install location* a c:\python\python39 (podríamos tener múltiples versiones bajo c:\python)

Pulsamos *Install*. Para verificar que Python realmente esté instalado con los comandos python --version y comprobando con el típico "Hello world" con python -c "print('Hello world!')".

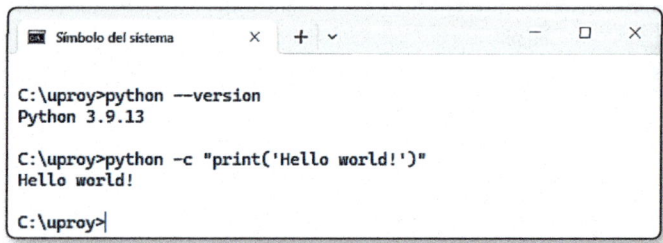

Comprobando la versión de python

Una vez que Python está instalado, estamos listos para pasar al siguiente paso.

El siguiente paso es la instalación de **pip** (*pip* es el gestor de paquetes oficial de Python y te permite descargar e instalar bibliotecas desde el repositorio de paquetes de Python, *PyPI*). En realidad, pip está incluido en Python por defecto, así que solo verifica que esté, por ejemplo, ejecutando el comando `pip list 2>null.` (nos podría salir un warning de que no es la última versión de pip instalada, pero no hay necesidad de actualizarla).

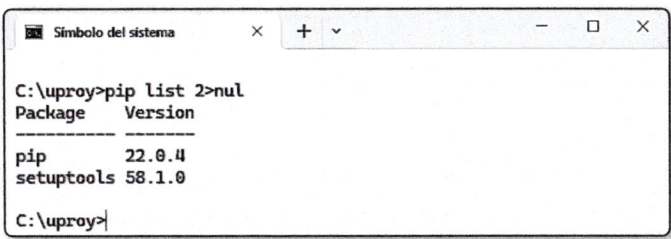

Comprobando la presencia de pip

El siguiente paso es la instalación de una herramienta que te permita trabajar con **entornos virtuales de Python**. Esto te permite tener *diferentes versiones con diferentes bibliotecas instaladas* de Python en el sistema al mismo tiempo, lo que *nos ayudará a manejar los requisitos específicos de Unity ML Agents* manteniendo separado ese entorno del resto. Para hacerlo, escribe `pip install pipenv`.

```
C:\uproy>pip install pipenv
Collecting pipenv
  Downloading pipenv-2024.4.1-py3-none-any.whl (3.0 MB)
                          ──────────────── 3.0/3.0 MB 7.7 MB/s eta 0:00:00
Collecting packaging>=22
  Downloading packaging-24.2-py3-none-any.whl (65 kB)
                          ──────────────── 65.5/65.5 KB 3.7 MB/s eta 0:00:00
Collecting certifi
  Downloading certifi-2024.12.14-py3-none-any.whl (164 kB)
                          ──────────────── 164.9/164.9 KB 10.3 MB/s eta 0:00:00
Collecting setuptools>=67
  Downloading setuptools-75.8.0-py3-none-any.whl (1.2 MB)
                          ──────────────── 1.2/1.2 MB 11.2 MB/s eta 0:00:00
Collecting virtualenv>=20.24.2
  Downloading virtualenv-20.29.1-py3-none-any.whl (4.3 MB)
                          ──────────────── 4.3/4.3 MB 8.3 MB/s eta 0:00:00
Collecting distlib<1,>=0.3.7
  Downloading distlib-0.3.9-py2.py3-none-any.whl (468 kB)
                          ──────────────── 469.0/469.0 KB 9.8 MB/s eta 0:00:00
Collecting platformdirs<5,>=3.9.1
  Downloading platformdirs-4.3.6-py3-none-any.whl (18 kB)
Collecting filelock<4,>=3.12.2
  Downloading filelock-3.17.0-py3-none-any.whl (16 kB)
Installing collected packages: distlib, setuptools, platformdirs, packaging, filelock, cert
ifi, virtualenv, pipenv
  Attempting uninstall: setuptools
    Found existing installation: setuptools 58.1.0
    Uninstalling setuptools-58.1.0:
      Successfully uninstalled setuptools-58.1.0
Successfully installed certifi-2024.12.14 distlib-0.3.9 filelock-3.17.0 packaging-24.2 pipe
nv-2024.4.1 platformdirs-4.3.6 setuptools-75.8.0 virtualenv-20.29.1
```

Instalación de virtualenv

Para verificar que funciona, escribe `virtualenv --version`. Si está instalado, estamos listos para crear un nuevo entorno.

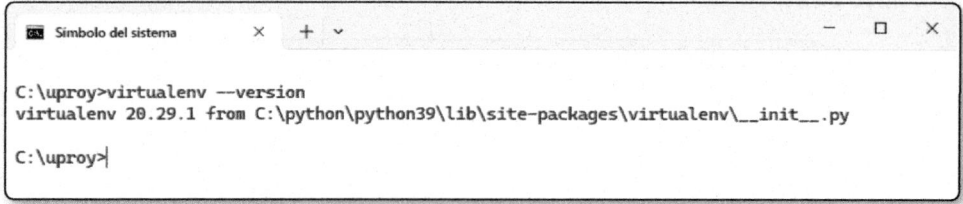

Comprobando la instalación de virtualenv

Procedemos a crear el entorno virtual en `c:\uproy`. Mediante el comando `virtualenv venv`.

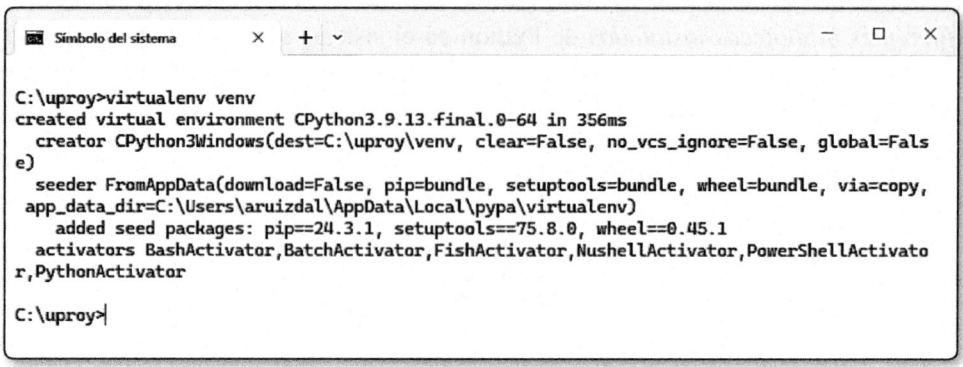

Creación del entorno virtual

Procedemos a activar el entorno con el comando `venv\Scripts\activate.bat`.

Entorno virtual activo

Aquí estamos, en el entorno virtual. El siguiente paso es la instalación de Unity ML Agents. Para hacerlo, es suficiente con escribir `pip install mlagents`.

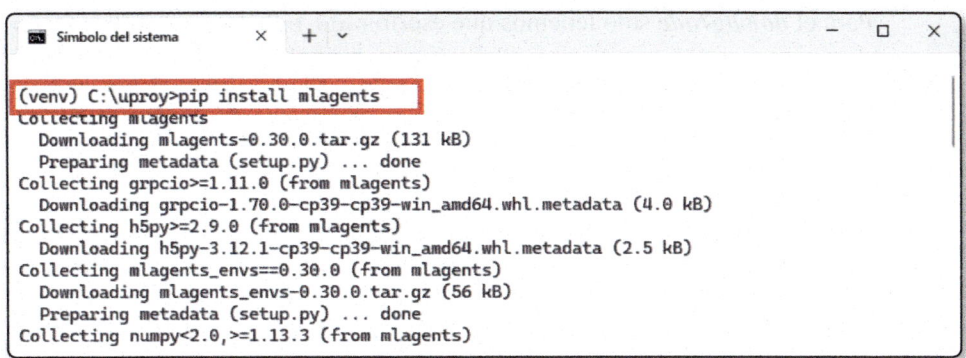

Instalación del paquete mlagents mediante pip

Vamos a instalar PyTorch con el comando `pip install torch`.

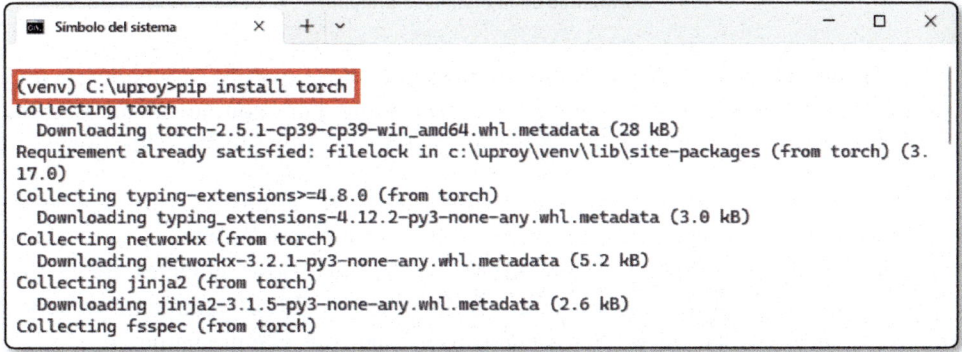

Instalación de pytorch

El último paso que debemos hacer es bajar de versión la biblioteca protobuf. La versión estable funciona mejor con una versión más baja de protobuf. Comprobamos la versión instalada con el comando `pip show protobuf`:

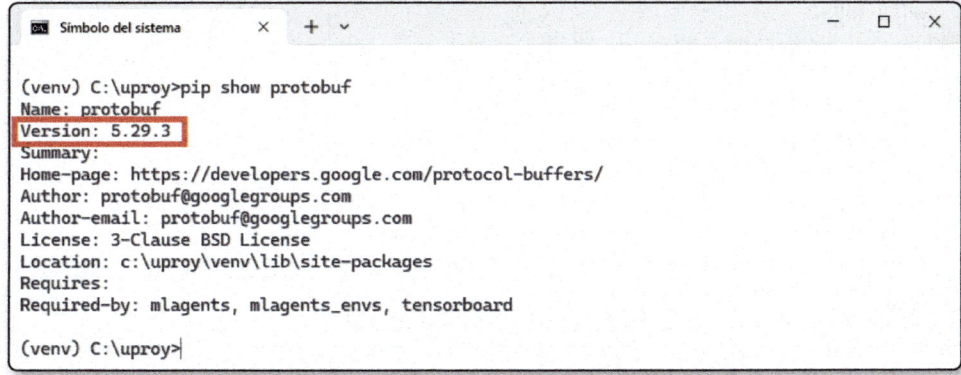

Comprobación de versión de protobuf

Para el *downgrade* solo tenemos que escribir `pip install protobuf==3.20.3`.

```
Símbolo del sistema          ×   + ∨                                 —   □   ×

(venv) C:\uproy>pip install protobuf==3.20.3
Collecting protobuf==3.20.3
  Downloading protobuf-3.20.3-cp39-cp39-win_amd64.whl.metadata (699 bytes)
Downloading protobuf-3.20.3-cp39-cp39-win_amd64.whl (904 kB)
━━━━━━━━━━━━━━━━━━━━━━━━━━━━━━━━━━━━━ 904.2/904.2 kB 10.4 MB/s eta 0:00:00
Installing collected packages: protobuf
  Attempting uninstall: protobuf
    Found existing installation: protobuf 5.29.3
    Uninstalling protobuf-5.29.3:
      Successfully uninstalled protobuf-5.29.3
Successfully installed protobuf-3.20.3
```

Downgrade de la biblioteca protobuf

Protobuf es una biblioteca más rápida y compacta que JSON ya que usa una codificación binaria. En ML-Agents, se usa Protobuf para comunicar datos entre Unity y el backend de aprendizaje en la transmisión de observaciones y acciones.

En este momento hemos completado todos los requisitos para comenzar a trabajar con ML Agents. Para verificar que todo funciona, escribe `mlagents-learn` y presiona enter. El primer inicio puede tardar un poco, los siguientes serán más rápidos. Si ves que escucha en algún puerto, todo ha pasado correctamente y puedes empezar a implementar tus primeros entornos y comenzar el entrenamiento.

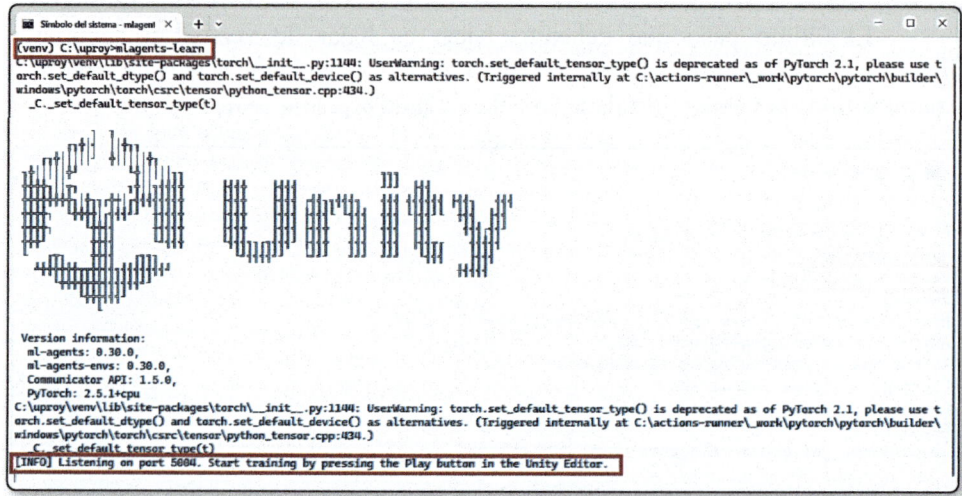

Lanzamiento de mlagents

3.3 ESCENA Y ENTORNO DE ENTRENAMIENTO (PLANTANDO)

Vamos a crear un proyecto 2d en Unity.

*Nota: los ejemplos son muy sensibles a la versión, **se recomienda** *Unity Editor versión 2021.3.29f1* que es con el que se ha desarrollado el ejemplo.

3.3.1 Instalación de "ML Agents" mediante el Package Manager

Primero, debemos de instalar el paquete ml-agents en el administrador de paquetes de Unity, para ello vamos al menú **Window > Package Manager**, seleccionamos **Packages: Unity Registry**, y buscamos "ML Agents". En el momento de escribir esto está en la versión del paquete es la 2.0.1 (Noviembre de 2021).

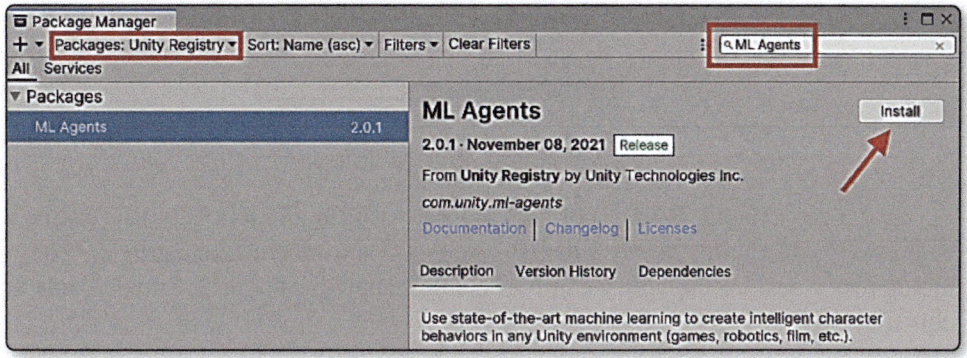

Instalación de ML Agents a través del Package Manager

3.3.2 Creación del entorno

Vamos a crear un nuevo objeto vacío en el juego y lo voy a llamar ***Env.*** ¿por qué está creando un entorno? Se va a utilizar para entrenar la IA más rápido. Si tuviera una sola IA intentando alcanzar el objetivo una y otra vez, sería muy lento. En cambio, puedo tener múltiples instancias de la IA en diferentes entornos al mismo tiempo, lo que acelera el proceso de entrenamiento.

3.3.2.1 FONDO

Ahora voy a crear un Sprite 2D y voy a hacer un nuevo objeto ***Hexagon Pointed***.

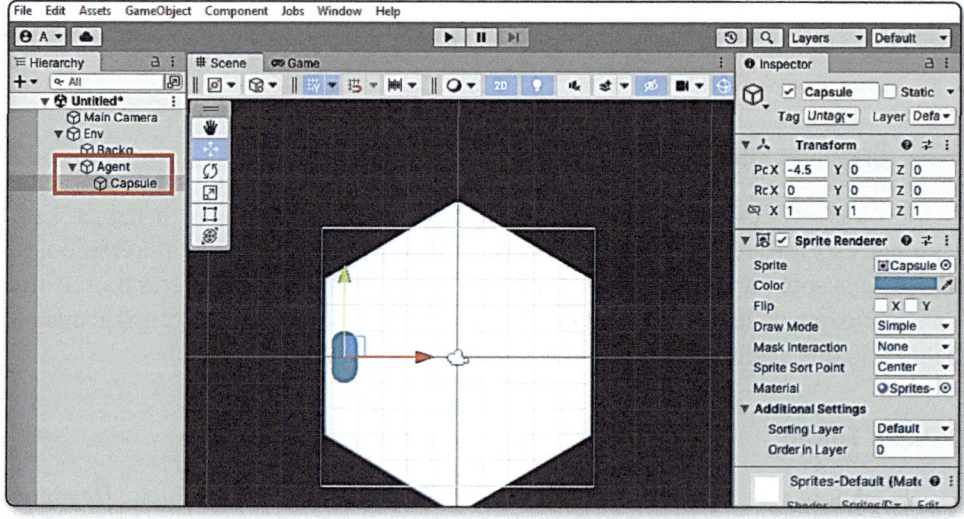

Creación de la arena hexagonal de fondo

Lo voy a llamar **Backg** -por background- y su tamaño será 12 x 12. Vamos a crear otro objeto vacío y lo voy a llamar "Agent". Vamos a crear un **Sprite 2D** como hijo de **Env** y será un **Capsule** y cambia su color a uno que te guste. Sitúalo hacia la izquierda.

Agente como cápsula

Ahora que tenemos el agente, necesitamos un objetivo para que se dirija a él. Vamos a crear un nuevo objeto vacío y lo llamaremos "Target". Vamos a crear un *Circle Sprite 2D*, del color que quieras.

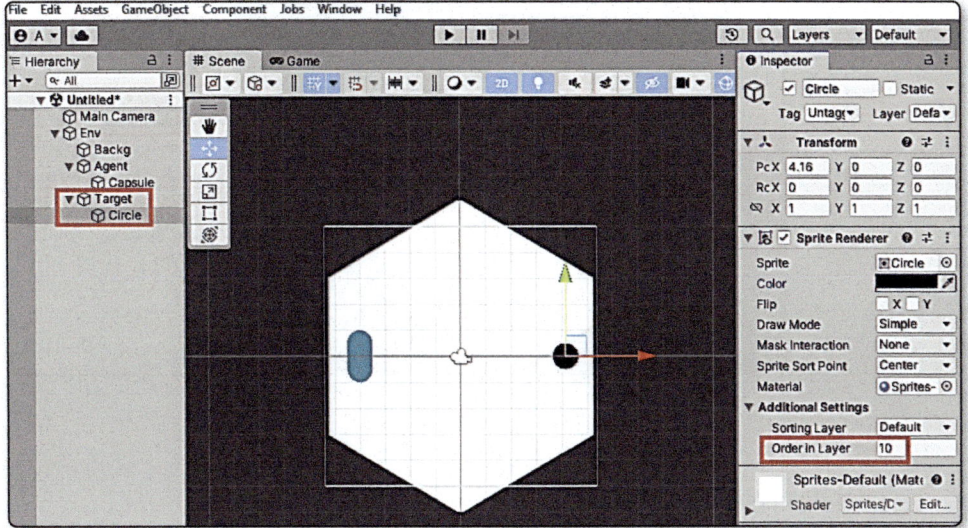

Target como Circle 2D

Si no vieses algún elemento, cambia su ***Order in Layer***.

3.3.2.2 PAREDES

Vamos a crear otro objeto vacío más y lo voy a llamar ***Walls***, ya que serán varias.

Vamos a hacer que sea un hijo del entorno ***Env***. Ponle un color clarito. Pared superior: Crear un objeto vacío llamado Topmmoverlo hacia la parte superior y ajustar su ***Transform*** -rota 30° en Z- para que coincida con el borde del hexágono. Agrégarle un ***Box Collider 2D*** de 6 x 1. No olvidemos marcar isTrigger para que se detecten colisiones con las paredes.

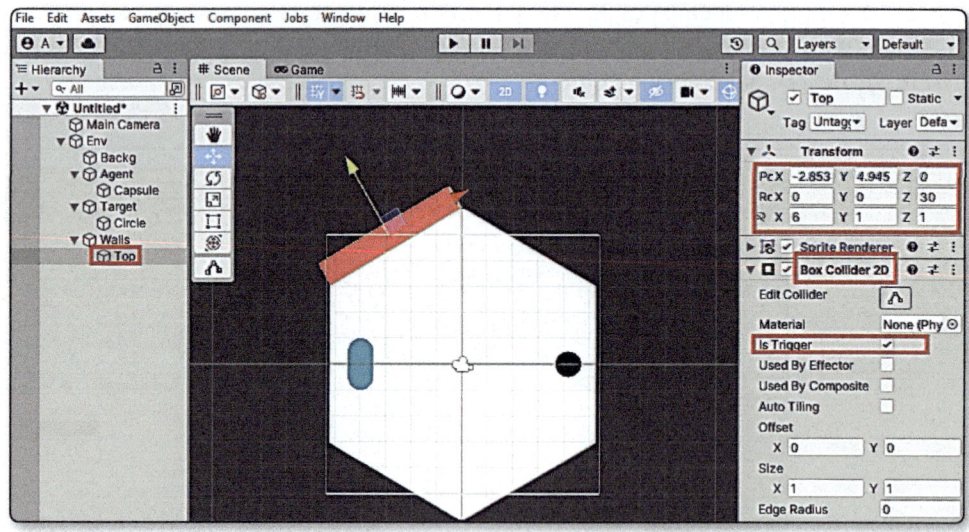

Top wall

Repite el proceso hasta completar las 6 paredes.

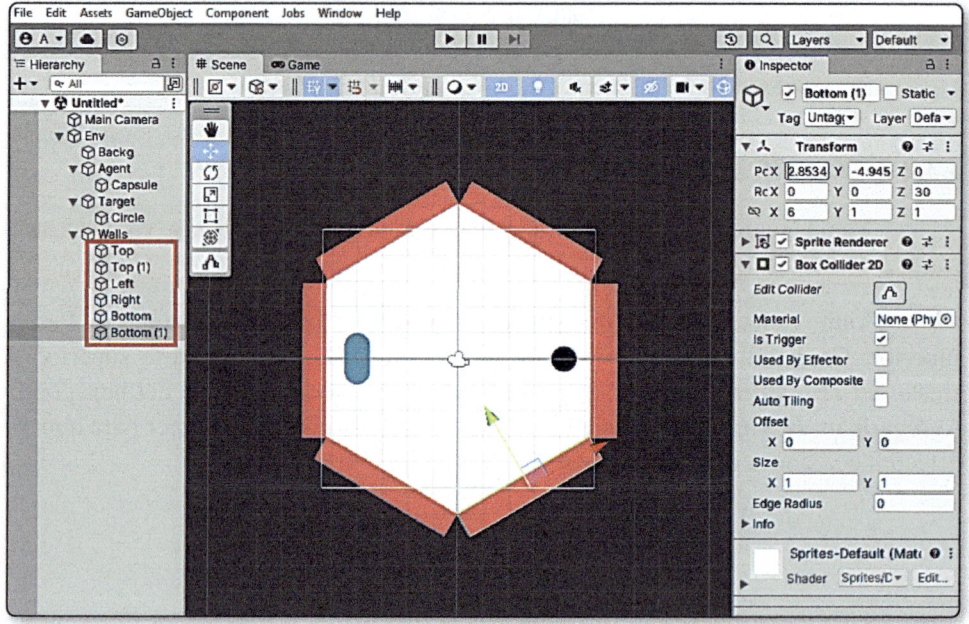

Todas las paredes

3.3.2.3 COLLIDERS DEL AGENT Y TARGET

Vamos a añadir un *Box Collider 2D* al *Agent* también, y lo marcaremos como *is Trigger*. Además, agregamos un Rigidbody 2D con un *Gravity Scale*=0, ya que de otra forma caería. Vamos a aplicar todas las *Constraints* (restricciones), por lo que la posición en X, Y y Z quedarán congeladas.

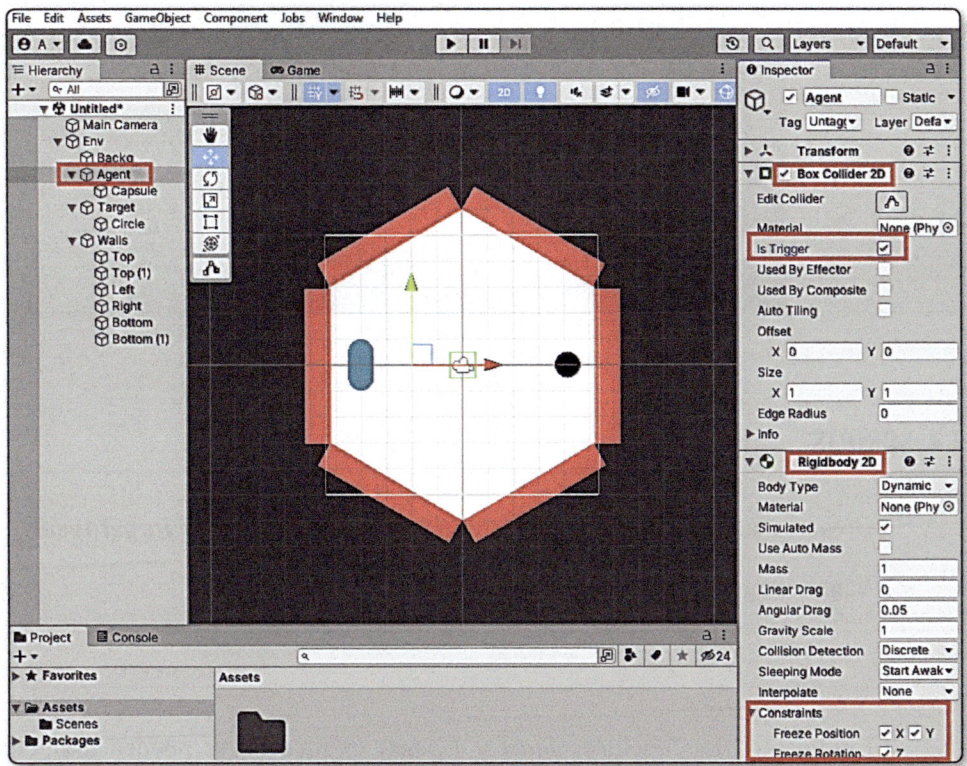

Box Collider & Rigidbody 2D al Agent

Vamos a añadir un *Circle Collider* al *Target* y lo marcamos como *is Trigger* también.

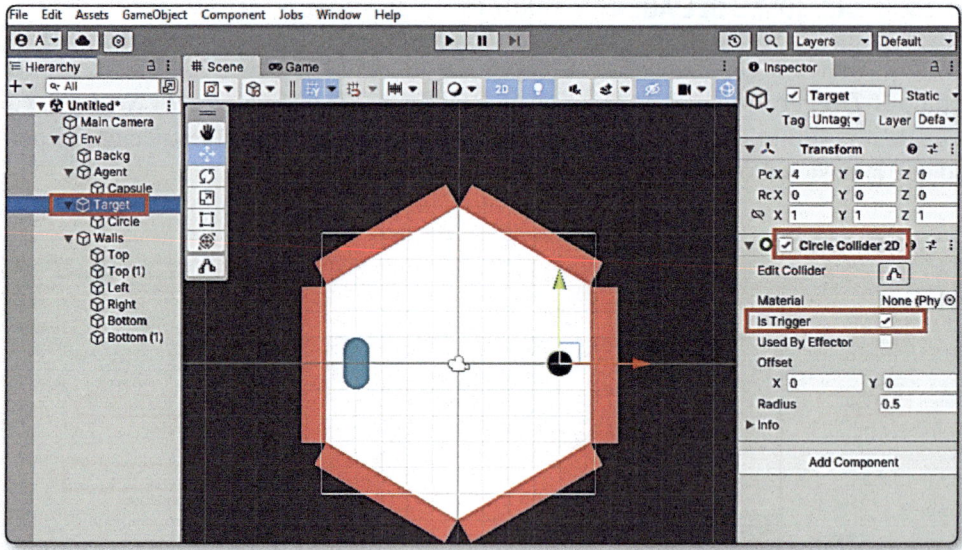

Circle Collider 2D al Target

3.4 SCRIPTS

Creamos la carpeta **Scripts**, y dentro de ella el script **MoveToTargetAgent**.

Vamos a agregar una nueva directiva:

```
using Unity.MLAgents;
```

Eliminamos las funciones **Start** y **Update**, porque no se pueden usar en este contexto. Vamos a reemplazar **MonoBehaviour** con **Agent** para que podamos comenzar a programar nuestro agente.

Script MoveToTargetAgent.cs:

```
using System.Collections;
using System.Collections.Generic;
using UnityEngine;
using Unity.MLAgents;

public class MoveToTargetAgent : Agent
{
}
```

Antes de escribir código, vamos a añadir este script a nuestro GameObject *Agent* en el editor de Unity.

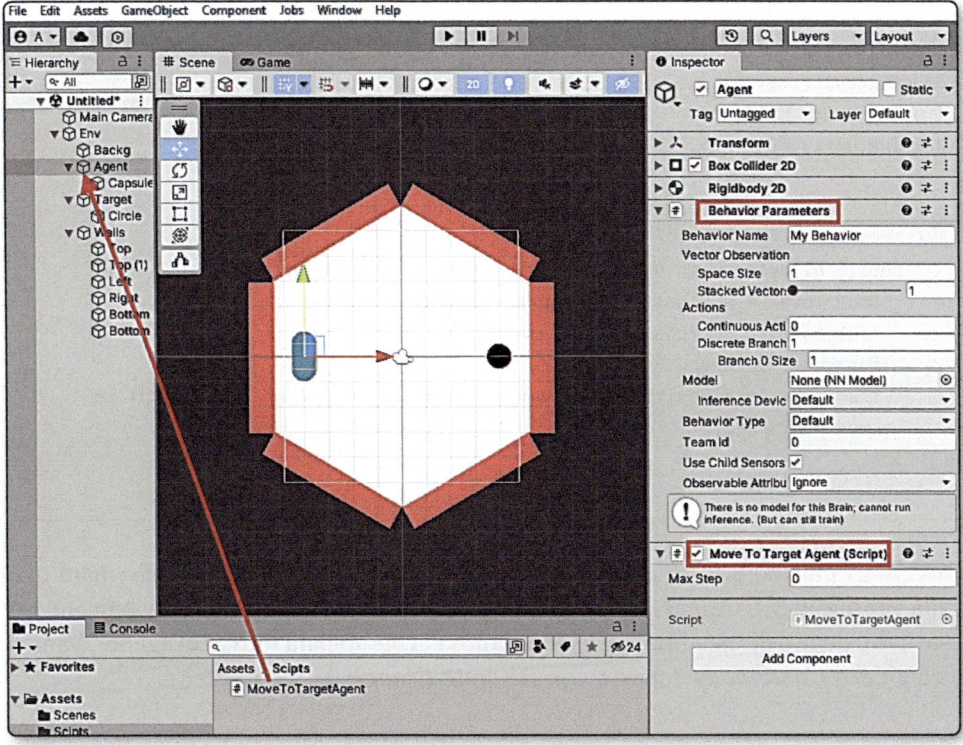

Agent con Behavior Parameters & Script

Cuando hagamos esto, Unity agrega automáticamente dos componentes:

*Behavior Parameters (*necesario para ML-Agents).

MoveToTargetAgent Script (el script que acabamos de crear).

Ajustaremos el tamaño de observación más adelante. Procedemos a ajustar las acciones.

3.4.1 Acciones

Script MoveToTargetAgent.cs:

```
using System.Collections;
using System.Collections.Generic;
using UnityEngine;
using Unity.MLAgents;
using Unity.MLAgents.Actuators;

public class MoveToTargetAgent : Agent
{
  public override void OnActionReceived(ActionBuffers actions) {
    float moveX = actions.ContinuousActions[0];
    float moveY = actions.ContinuousActions[1];
    float movementSpeed = 5f;
    transform.localPosition += new Vector3(moveX, moveY) * Time.deltaTime *
      movementSpeed;
  }
}
```

El método `public override void OnActionReceived(float[] actions)` hará que cada vez que el ML-Agent decida tomar una acción, se llamará automáticamente. En este caso, dentro de esta función escribiremos el código para mover el agente. Vamos a elegir *dos Continuous Actions*, con **Discrete Branch** 0.

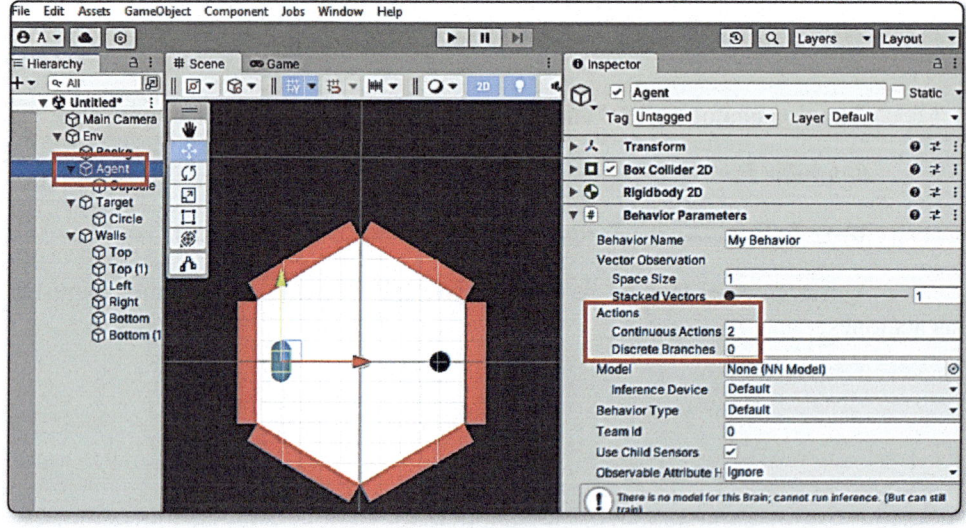

Configurando Continuous Actions

Se debe de incluir la directiva using Unity.MLAgents.Actuators; para poder utilizar las acciones. Después, se define una variable tipo float para la velocidad de movimiento:

```
float movementSpeed = 5f;
```

Modificar la posición local del agente como siempre, multiplicando por *Time.deltaTime* para que el movimiento no sea demasiado rápido y por la velocidad de movimiento.

Supongamos que tenemos varios entornos con agentes entrenando simultáneamente. Si un agente aprende que debe moverse hacia una posición específica en coordenadas globales, intentará hacerlo en cualquier entorno, aunque haya obstáculos que no existen en otras escenas. *Debemos usar localPosition*, para que el agente solo se mueva relativo a su propio entorno en lugar de depender de coordenadas globales.

3.4.2 Observaciones

Ahora, en lugar de seguir con las acciones, voy a configurar las observaciones usando la función CollectObservations().

Script MoveToTargetAgent.cs:

```
using System.Collections;
using System.Collections.Generic;
using UnityEngine;
using Unity.MLAgents;
using Unity.MLAgents.Actuators;
using Unity.MLAgents.Sensors;

public class MoveToTargetAgent : Agent
{
  [SerializeField] private Transform target;

  public override void CollectObservations(VectorSensor sensor) {
    sensor.AddObservation((Vector2)transform.localPosition);
    sensor.AddObservation((Vector2)target.localPosition);
  }

  public override void OnActionReceived(ActionBuffers actions) {
```

```
    float moveX = actions.ContinuousActions[0];
    float moveY = actions.ContinuousActions[1];
    float movementSpeed = 5f;
    transform.localPosition += new Vector3(moveX, moveY) * Time.deltaTime *
     movementSpeed;
  }
}
```

Para poder utilizar el objeto *sensor* que heredamos de la clase *Agent*, debemos de incluir la directiva using Unity.MLAgents.Sensors; Y ahora, en esta parte, voy a decirle al agente qué puede ver. Pero en realidad no va a "ver", lo que se hará es darle valores sobre ciertos elementos del entorno, y el agente aprenderá cómo usar esos valores que aprenderá a interpretarlos con la práctica.

Vamos a definir las observaciones que el agente recibirá:

▶ Su propia posición (X, Y).

▶ La posición del objetivo (X, Y).

Eso significa que necesitamos 4 valores en total como observaciones. Pensémoslo así: si le enviamos solo dos valores, el agente solo conoce su propia posición. Pero también necesitamos que conozca la posición del objetivo, por lo que debemos enviar otros dos valores. Entonces, en total, enviamos 4 valores de observación:

▶ Posición X del agente.

▶ Posición Y del agente

▶ Posición X del objetivo.

▶ Posición Y del objetivo.

Ajustamos pues *Vector Observation -> Space Size = 4* dentro de los *Behavior Parameters.*

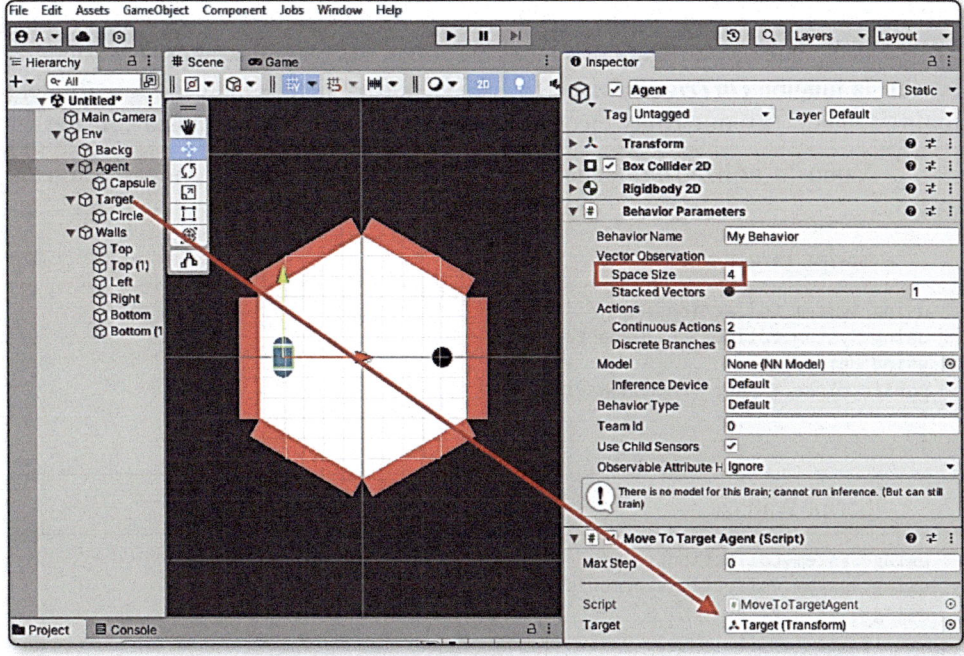

Vector Observation Space Size y asignando target

Pero hay un problema: *aún no tenemos una referencia al objetivo.*

Voy a solucionar esto agregando un campo privado Serializado para que podamos asignarlo en el Inspector de Unity:

3.4.2.1 SERIALIZEFIELD

¿Por qué usar [SerializeField] private en lugar de public? Si usáramos *public*, Unity lo mostraría en el Inspector, pero otros scripts podrían modificarlo accidentalmente.

Usar *[SerializeField]* private nos permite editarlo en el Inspector, pero evita que otros scripts lo cambien. Vamos a arrastrar y soltar el objeto objetivo en la propiedad target dentro del Inspector de Unity. De esta forma, el agente ahora tiene información suficiente sobre su entorno para comenzar a aprender. Ya le hemos dado al agente sus observaciones, y lo siguiente que debemos hacer es darle una recompensa cuando llegue al objetivo y una penalización cuando choque con las paredes, para lo cual debemos de detectar colisiones.

3.4.3 Colisiones

Dado que ya configuramos todas las colisiones en Unity, ahora necesitamos escribir la función ***OnTriggerEnter2D***. Esto es porque hemos marcado los colliders como "Trigger", así que Unity ejecutará esta función cuando ocurra una colisión.

Vamos a utilizar un pequeño truco. Creamos dos Scripts vacíos, Target y Wall:

Script Target.cs:

```
using System.Collections;
using System.Collections.Generic;
using UnityEngine;
public class Target : MonoBehaviour
{
}
```

Script Wall.cs:

```
using System.Collections;
using System.Collections.Generic;
using UnityEngine;
public class Wall : MonoBehaviour
{
}
```

Los asignamos respectivamente a Target y ***Wall***:

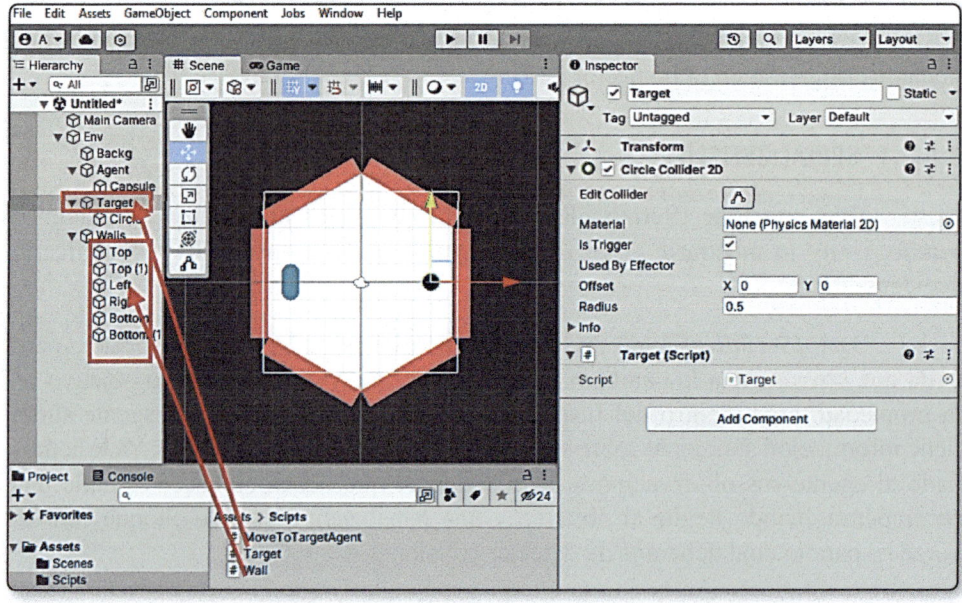

Target y cada Wall con el componente Target y Wall Script respectivamente

Script MoveToTargetAgent.cs:

```csharp
using System.Collections;
using System.Collections.Generic;
using UnityEngine;
using Unity.MLAgents;
using Unity.MLAgents.Actuators;
using Unity.MLAgents.Sensors;

public class MoveToTargetAgent : Agent
{
  [SerializeField] private Transform target;

  public override void CollectObservations(VectorSensor sensor) {
    sensor.AddObservation((Vector2)transform.localPosition);
    sensor.AddObservation((Vector2)target.localPosition);
  }

  public override void OnActionReceived(ActionBuffers actions) {
    float moveX = actions.ContinuousActions[0];
    float moveY = actions.ContinuousActions[1];
    float movementSpeed = 5f;
    transform.localPosition += new Vector3(moveX, moveY) * Time.deltaTime *
      movementSpeed;
  }
  private void OnTriggerEnter2D(Collider2D collision)
  {
    if (collision.TryGetComponent(out Target target))
    {
      AddReward(10f);
      EndEpisode();
    }
    else if (collision.TryGetComponent(out Wall wall))
    {
      AddReward(-2f);
      EndEpisode();
    }
  }
}
```

3.4.3.1 TRYGETCOMPONENT

Ventajas de este método de asignar Scripts vacíos para reconocer objetos:

Más seguro y escalable: si agregamos más paredes o más objetivos, no necesitamos cambiar el código.

Más organizado: separar objetos con scripts en lugar de nombres hace que el código sea más limpio y fácil de entender.

Evita errores con nombres duplicados: si hay múltiples paredes con nombres diferentes, este método sigue funcionando.

¿Y por qué es útil *TryGetComponent* en lugar de *GetComponent* o nombres de objetos? Evita trabajar con strings.

Si usáramos collision.name == "Target", podría haber errores como *error tipográfico*, y accidentalmente escribimos "target" en lugar de "Target", el código fallaría o *cambio de nombre*, si en Unity cambiamos el nombre del objeto, el código dejaría de funcionar. Con TryGetComponent, nos aseguramos de que el código sea *robusto* y no dependa de nombres de objetos.

3.4.4 Recompensas y penalizaciones

Si el agente toca el objetivo (Target), *recibe una recompensa de +10* y se termina el episodio.

Si el agente toca una pared (Wall), *recibe una penalización de -2* y se termina el episodio.

El entrenamiento consiste en múltiples episodios

El entrenamiento de ML-Agents se basa en episodios. En cada episodio, el agente puede fallar o tener éxito. Si llega al objetivo, recibe una recompensa y el episodio termina.

Si choca con una pared, recibe una penalización y el episodio termina. Con este sistema, el agente aprende que chocar con las paredes es malo y que moverse hacia el objetivo es bueno.

3.4.5 Episodios

Vamos a escribir la función ***OnEpisodeBegin***(), que es similar a ***Start***(), pero se ejecuta al inicio de cada episodio, no solo una vez.

Script MoveToTargetAgent.cs:

```
using System.Collections;
using System.Collections.Generic;
using UnityEngine;
using Unity.MLAgents;
using Unity.MLAgents.Actuators;
using Unity.MLAgents.Sensors;

public class MoveToTargetAgent : Agent
{
  // No other changes
  public override void OnEpisodeBegin() {
    transform.localPosition = new Vector3(Random.Range(-3.5f, -1.5f),
    Random.Range(-3.5f, 3.5f));
    target.localPosition = new Vector3(Random.Range(1.5f, 3.5f),
    Random.Range(-3.5f, 3.5f));
  }
}
```

No se recarga la escena en cada episodio, por lo que se utiliza ***OnEpisodeBegin*** para reiniciar las condiciones del episodio sin recargar el entorno. El agente se moverá aleatoriamente entre (-3.5, 3.5) en el eje X y (-3.5, 1.5) en el eje Y. El objetivo también se moverá aleatoriamente dentro del mismo rango. Así, el agente no aprende solo un camino específico, sino que aprende a navegar en general hacia el objetivo.

Antes de asegurarse de que todo funcione, es necesario añadir una última cosa: el *Decision Requester*.

3.4.6 Decisiones

El ***Decision Requester*** es un componente de ML-Agents que se encarga de solicitar decisiones al modelo de IA en intervalos regulares y le comunica al agente cuándo debe de realizar una acción dentro del entorno.

Seleccionamos el agente, ***Add Component*** y elegimos el componente:

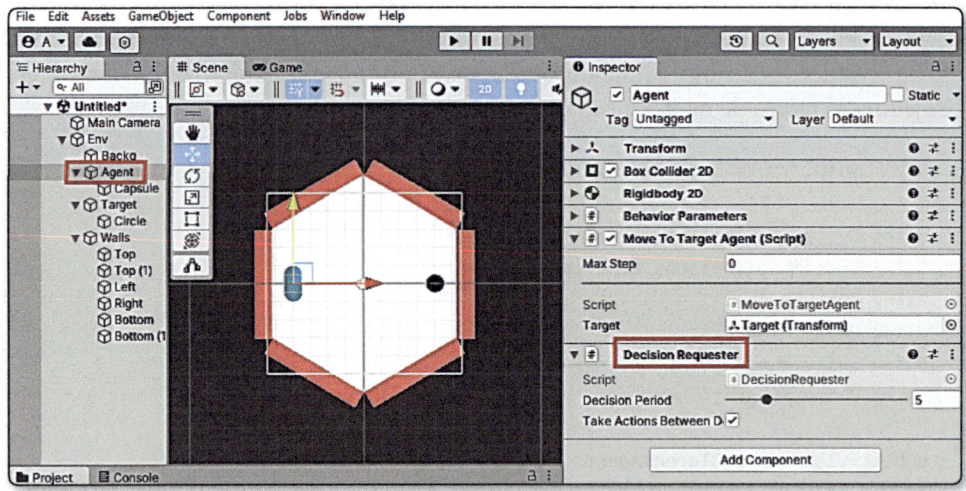

Añadiendo el Decision Requester al Agente

Dejamos los valores predeterminados. Luego, cambiamos dentro de *Behavior Parameters* el tipo de comportamiento a *Heuristic Only*.

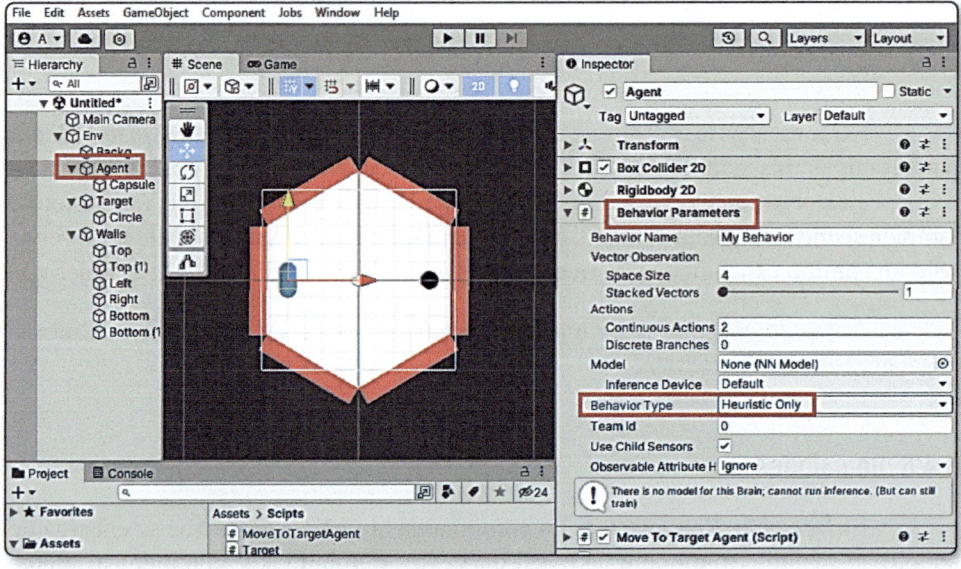

Cambiando el tipo de comportamiento a Heuristic Only

Esto significa que *podremos controlar el agente manualmente*. Sin embargo, antes de hacer esto, *es necesario sobreescribir el método Heuristic*:

Script MoveToTargetAgent.cs:

```
using System.Collections;
using System.Collections.Generic;
using UnityEngine;
using Unity.MLAgents;
using Unity.MLAgents.Actuators;
using Unity.MLAgents.Sensors;

public class MoveToTargetAgent : Agent
{
  // No other changes
  public override void Heuristic(in ActionBuffers ab) {
    ActionSegment<float> continuousActions = ab.ContinuousActions;
    continuousActions[0] = Input.GetAxisRaw("Horizontal");
    continuousActions[1] = Input.GetAxisRaw("Vertical");
  }
}
```

Lo que se hace es permitir que el usuario controle directamente al agente mediante la entrada del teclado. La variable continuousActions almacena las acciones que el agente puede tomar, mediante las letras WASD.

Guardemos los cambios y ejecutemos la simulación, debería de poder controlar al agente manualmente.

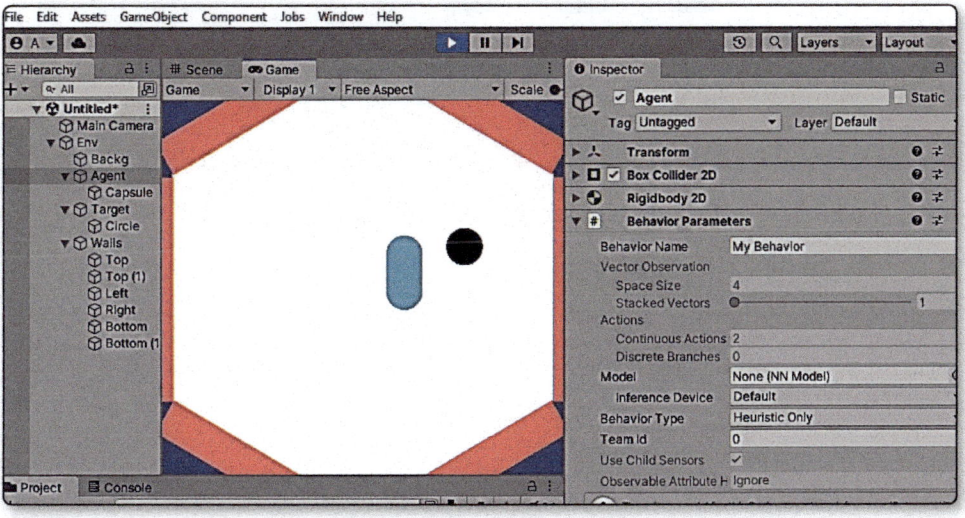

Controlando manualmente al agente

El siguiente paso será permitir que la IA controle el movimiento automáticamente. Para ello, cambiaremos el comportamiento de *Heuristic Only* a *Default* y abriré nuevamente la consola de comandos. Pero antes de continuar, *haremos que sea más fácil visualizar si el agente ha tenido éxito o no*.

3.4.7 Indicador visual de éxitos y fracasos

Vamos a hacer que sea más fácil ver si el agente tuvo éxito o si falló. Para ello vamos a superponer unos sprites, les llamaremos *failure* y *success*, puedes importar cualquier sprite que quieras (mejor transparente).

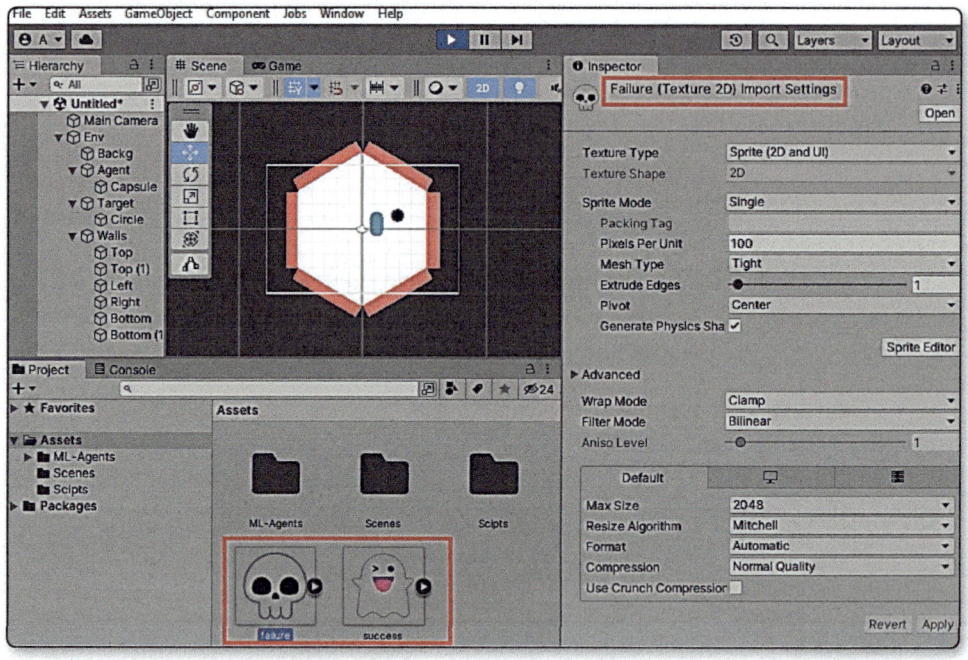

Sprites de éxito y fracaso a superponer

Script MoveToTargetAgent.cs:

```
using System.Collections;
using System.Collections.Generic;
using UnityEngine;
using Unity.MLAgents;
using Unity.MLAgents.Actuators;
using Unity.MLAgents.Sensors;

public class MoveToTargetAgent : Agent
{
```

```
[SerializeField] private Transform failure;
[SerializeField] private Transform success;

// No other changes
private void OnTriggerEnter2D(Collider2D collision){
  if (collision.TryGetComponent(out Target target)) {
    AddReward(10f);
    success.gameObject.SetActive(true);
    failure.gameObject.SetActive(false);
    EndEpisode();
  } else if (collision.TryGetComponent(out Wall wall)) {
    AddReward(-2f);
    success.gameObject.SetActive(false);
    failure.gameObject.SetActive(true);
    EndEpisode();
  }
 }
}
```

En nuestro caso, hemos escogido una calavera para mostrar cuando choca con paredes y un fantasma sonriente guiñando un ojo cuando tenga éxito. No debemos de olvidar asignar los sprites en el Inspector.

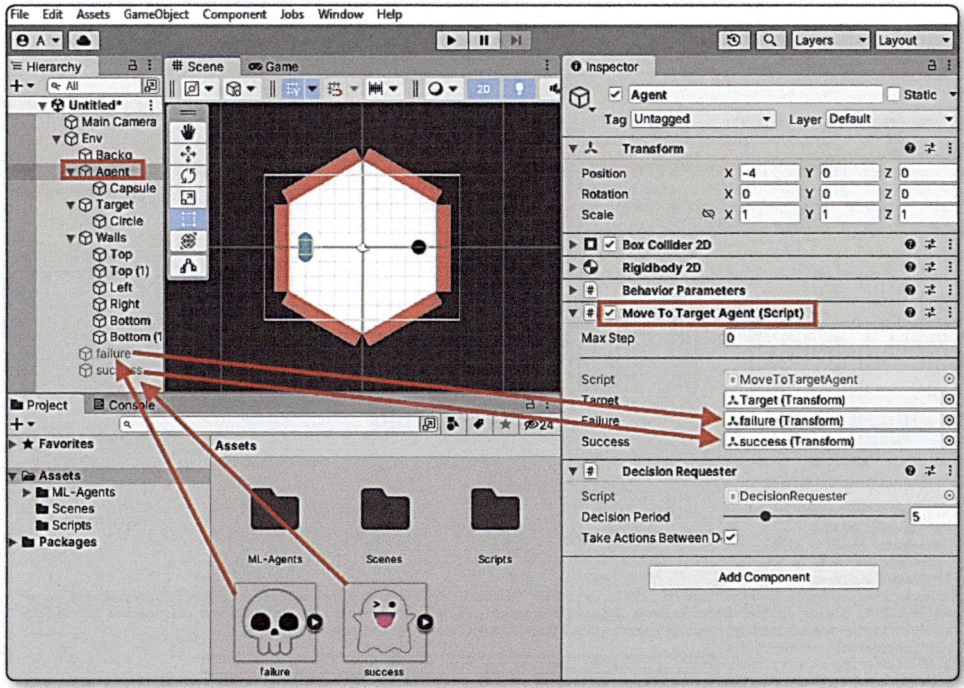

Asignando los sprites como indicadores de éxito o fracaso

Ahora dale al **Play** y comprueba si se muestran, chocando con el objetivo o con la pared. Con esto queda preparado nuestro entorno y el agente puede empezar a entrenar automáticamente y así aprender a moverse hacia el objetivo.

3.5 CICLO DE ENTRENAMIENTO (REGANDO)

En el agente, cambiamos el Behaviour Type dentro de Behavior Parametes a Default. Debemos de lanzar el entrenamiento, para ello procedo a activar el entorno virtual en la ruta que lo hayamos configurado.

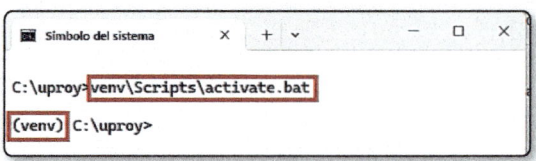

Activando el entorno virtual de python

A continuación, escribimos el siguiente comando: `mlagents-learn --run-id=Test1`

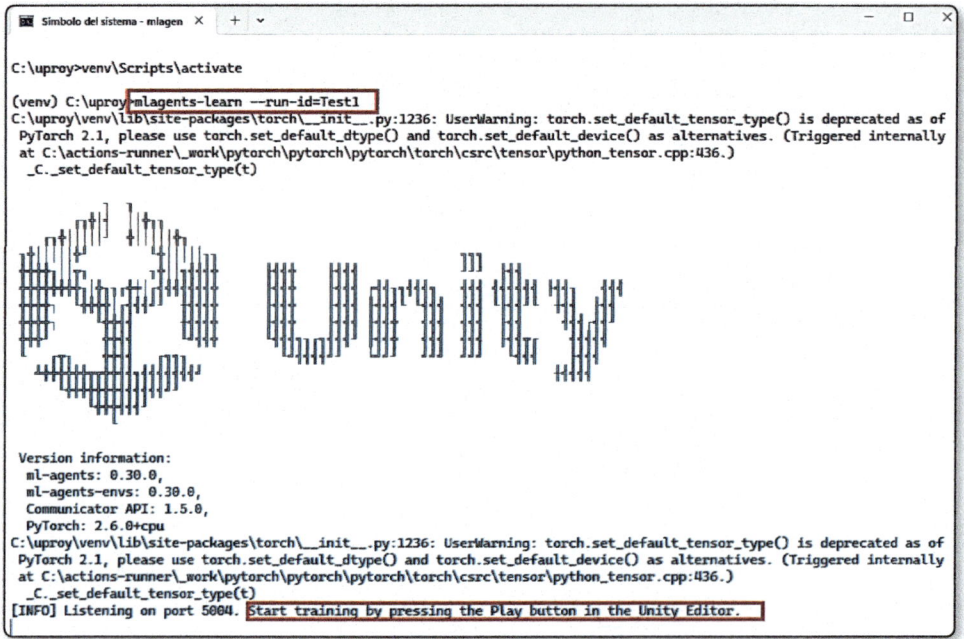

Línea de comandos de mlagents-learn

Esto lo que hará es iniciar el proceso de aprendizaje de ML-Agents, ejecutándolo con un identificador de ***Test1***. Al usar diferentes identificadores, podemos seguir el progreso de cada entrenamiento por separado.

Verás el logo de Unity y el mensaje que indica: ***"Start training by pressing the play button in the editor"***. En este punto, podemos ver cómo se entrena un agente. El proceso de entrenamiento nos parecerá rápido porque el proceso de prueba al azar se acelera.

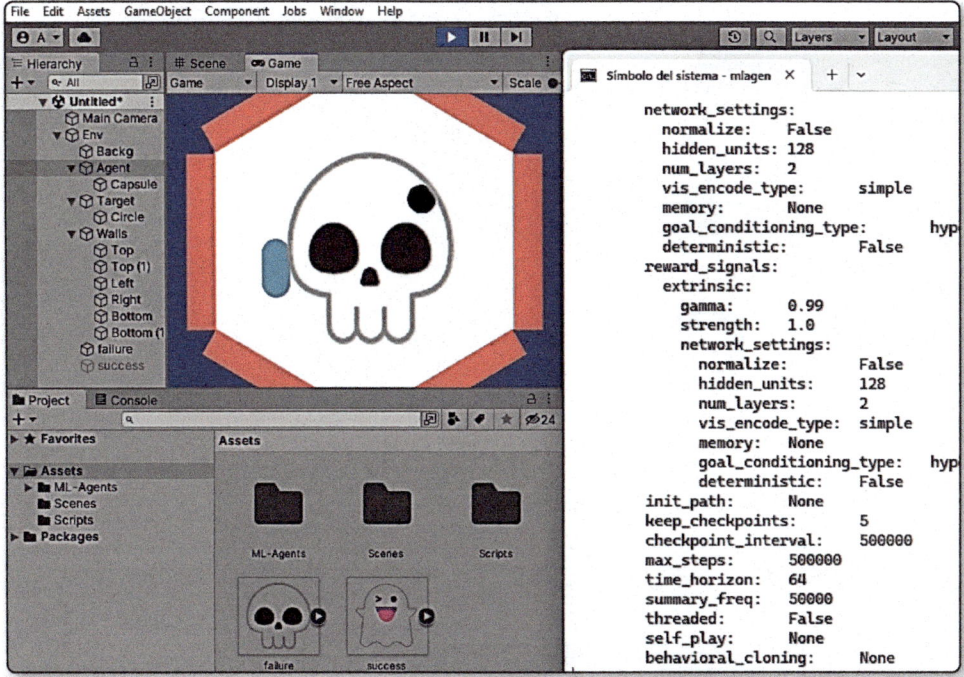

Unity editor y consola de python comunicándose

En mi caso me ha dado un fallo y me pide instalar una biblioteca más mediante `pip install onnx`

```
Símbolo del sistema          ×   +  ∨                                    —  □  ×

(venv) C:\uproy>pip install onnx
Collecting onnx
  Downloading onnx-1.17.0-cp39-cp39-win_amd64.whl.metadata (16 kB)
Requirement already satisfied: numpy>=1.20 in c:\uproy\venv\lib\site-packages (from onnx) (1.21.2)
Requirement already satisfied: protobuf>=3.20.2 in c:\uproy\venv\lib\site-packages (from onnx) (3.20.3)
Downloading onnx-1.17.0-cp39-cp39-win_amd64.whl (14.5 MB)
                    ─────────── 14.5/14.5 MB 28.5 MB/s eta 0:00:00
Installing collected packages: onnx
Successfully installed onnx-1.17.0

[notice] A new release of pip is available: 24.2 -> 25.0
[notice] To update, run: python.exe -m pip install --upgrade pip

(venv) C:\uproy>
```

Instalación de la biblioteca onnx

Para acelerar el proceso, *necesitaremos más de un entorno de entrenamiento*. Detenemos el entrenamiento. En lugar de duplicar directamente, crearemos un prefab para que cualquier cambio que haga se aplique a todos los entornos fácilmente.

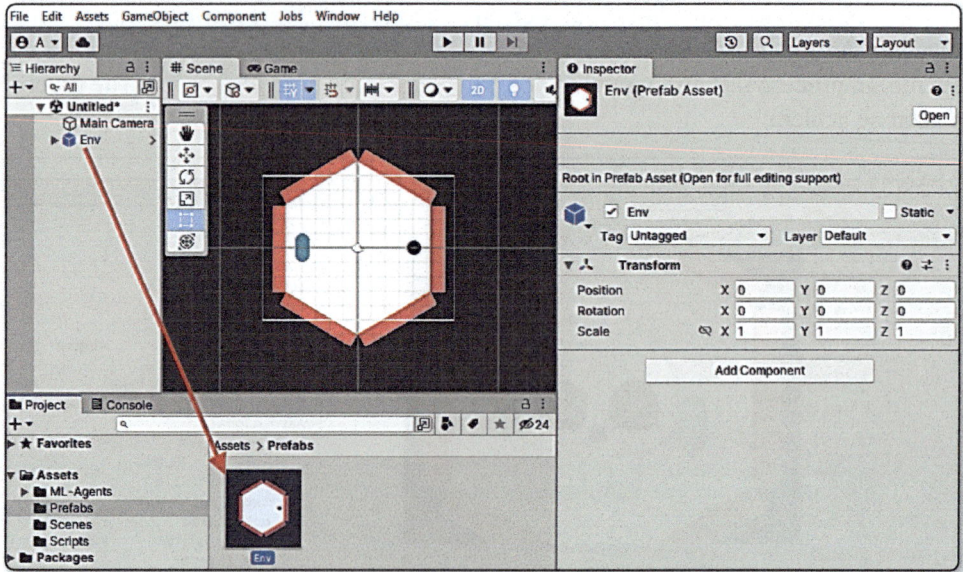

Guardando el prefab con el entorno de entrenamiento

Replico hasta tener 9 arenas.

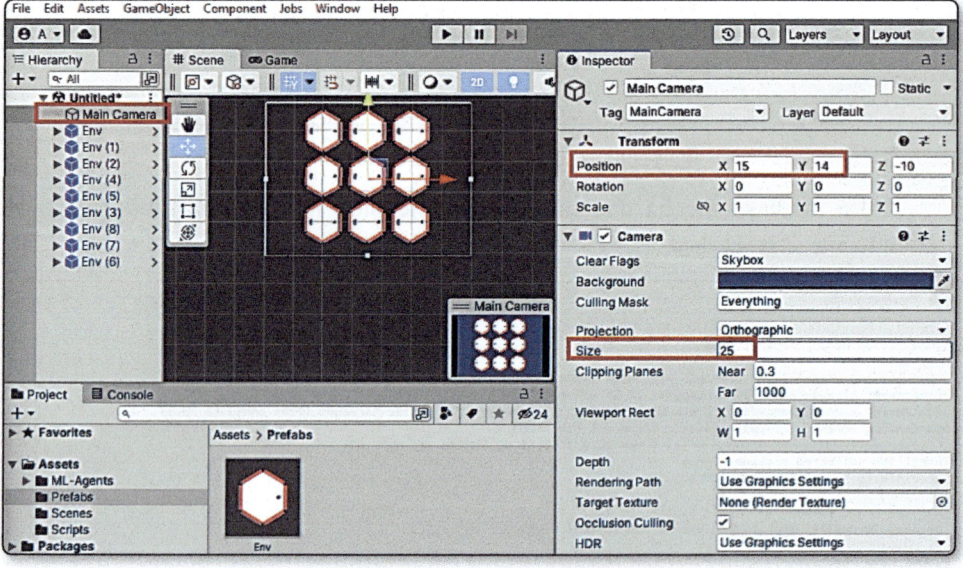

Múltiples entornos de entrenamiento

Para poder verlo con la cámara ajusto su posición X e Y a 15 y 14 y luego hago un zoom de 25 para verlos todos entrenando al mismo tiempo.

A continuación, escribimos el siguiente comando: `mlagents-learn --run-id=Test2` y pulso **Play**

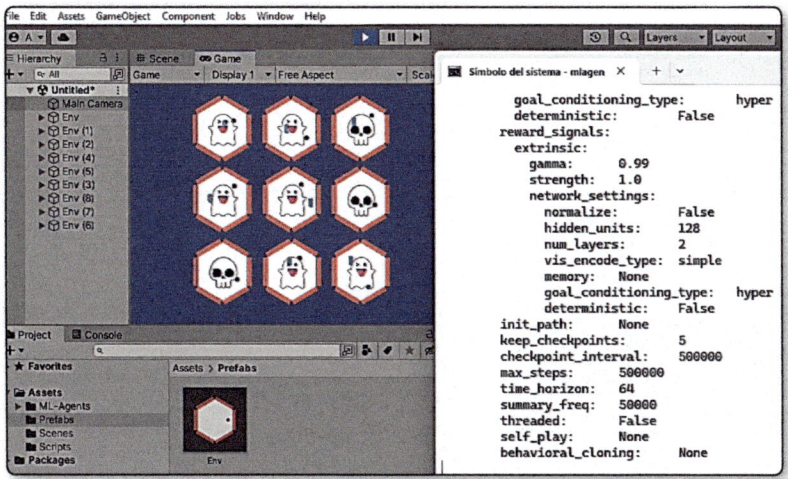

Entrenando con múltiples entornos

Lo dejamos funcionar por unos minutos y deberíamos de ir viendo como cada vez se consigue más veces la meta de forma consistente (fantasma) y cada vez se falla menos veces (calavera), lo que se traduce en la salida por consola:

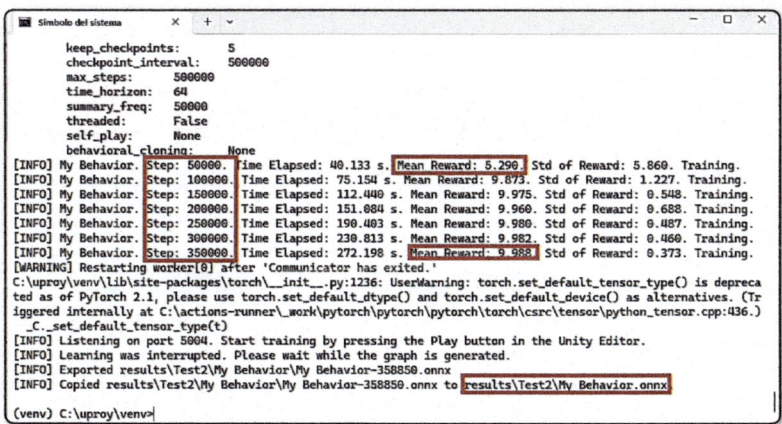

Entrenamiento Heurístico con convergencia de recompensa

Podemos observar: el número de pasos, la recompensa media, que va creciendo hasta llegar a 10 (que es el máximo que puede alcanzar según hemos programado) y donde deja la red neuronal en formato onnx.

3.6 CICLO DE INFERENCIA (COSECHANDO)

Aquí es útil acostumbrarnos a utilizar tensorboard. Podemos lanzarlo con el comando `tensorboard --logdir results`

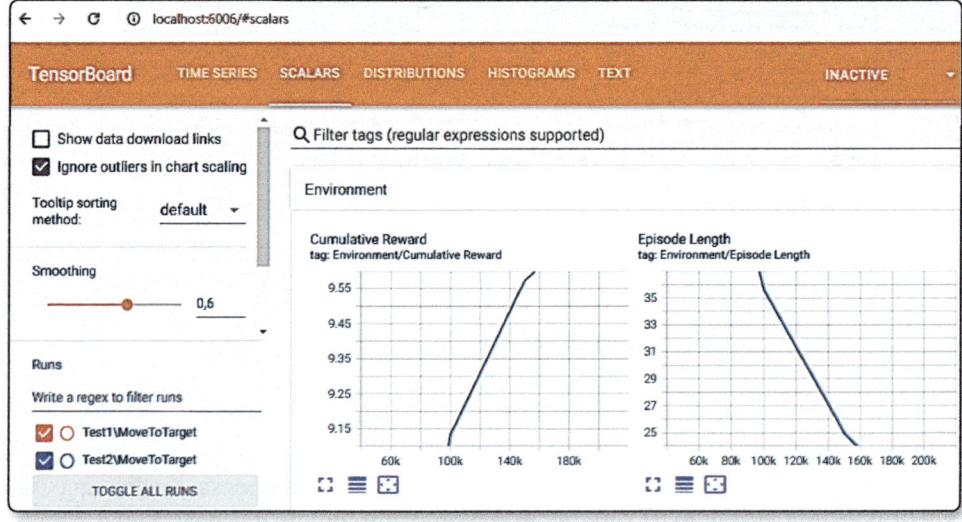

Lanzando tensorboard

TensorBoard es una herramienta para depuración y ajuste de modelos de TensorFlow y PyTorch, que es nuestro caso.

TensorBoard

Copiamos el *.onnx* desde consola con el comando

```
copy "results\Test2\My Behavior.onnx" c:\ruta\hasta\nuestro\proyecto\Assets\
```

o mediante el explorador de archivos.

Ahora que tenemos nuestra red neuronal -a veces en Unity se llama *cerebro*-, podemos modificar nuestro agente en su componente **Behavior Parameters** para que utilice el modelo que acabamos de generar y poner su **Behavior Type** a **Inference Only**, con lo que habremos completado el propósito inicial.

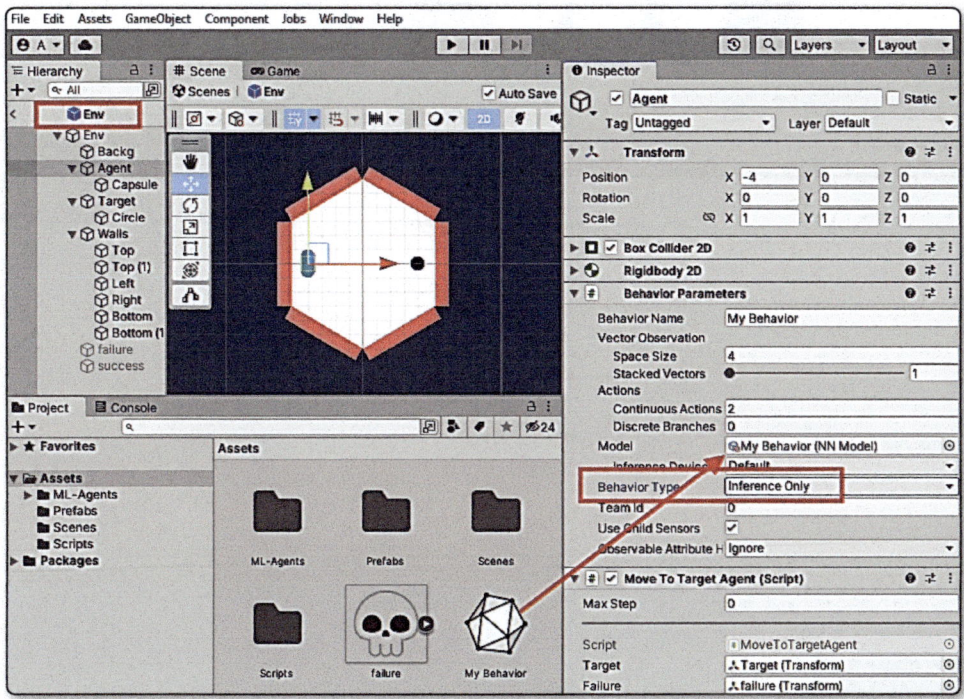

Asignación de la RRNN

Comprobamos que el agente llega a la meta:

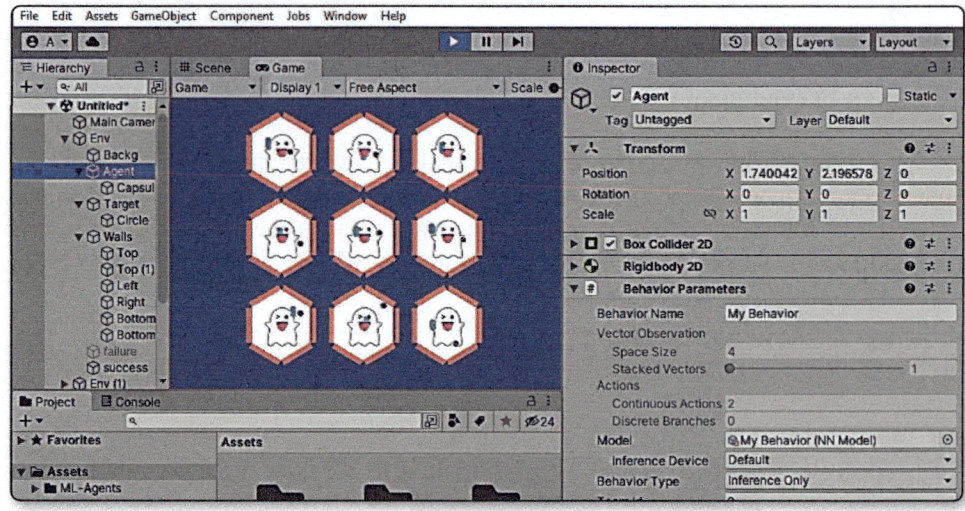

Agente en modo inferencia

4

CONECTANDO

El juego en red, o multijugador en línea, ha transformado la industria de los videojuegos, permitiendo que jugadores de todo el mundo interactúen en entornos virtuales compartidos. A través de internet o redes locales (LAN), los juegos en red posibilitan la cooperación, competencia y socialización en tiempo real.

Desde simples partidas de ajedrez en línea hasta mundos persistentes en gigantescos MMORPGs, el desarrollo del juego en red ha sido clave en la evolución de los videojuegos, adaptándose a los avances tecnológicos y cambios en la infraestructura de comunicación.

4.1 LÍNEA TEMPORAL

4.1.1 Los Primeros Pasos (1970-1980)

Los primeros experimentos con videojuegos en red surgieron en universidades y laboratorios de investigación, donde se aprovechaban redes locales para conectar computadoras. Algunos hitos importantes de esta época incluyen:

Maze War por Steve Colley

1973 - "Maze War"

Uno de los primeros juegos multijugador en red, permitía a jugadores en una red local (ARPANET) enfrentarse en un entorno 3D. El jugador se desplaza por un laberinto, lleno de enemigos que se mueven hacia atrás y adelante, y que giran a la izquierda y a la derecha. Los jugadores van ganando puntos conforme aciertan con sus disparos a otros jugadores y los pierden cuando son abatidos. La Imlac PDS-1 por ser una computadora central permitía hasta 72 jugadores jugar simultáneamente. Los demás jugadores tienen forma de ojos flotantes. Cuando un jugador ve a otro, puede disparar. Los jugadores van ganando puntos conforme aciertan con sus disparos a otros jugadores, y los pierden cuando son ellos los abatidos.

```
telnet://vividendMUD.org 8000
File  Edit  View  Options  Transfer  Script  Window  Help

>Score
+-------------------------------------+-----------------------------
|Name:  Vividend                      |Hit Points     : [100/1(
|Level: 33                            |Magic Points   : [0/0
|Class: Beat Maker                    |Move Points    : [11/10
|Album: Multi-User Dungeon            |Experience     : [817/9]
+-------------------------------------+-----------------------------
|Strength:       : [13/18]            |Alignment      : Neutra
|Intelligence    : [15/18]            |Status         : Medioci
|Wisdom          : [12/18]            |Save Throws    : [0
|Dexterity       : [21/19]            |Hours          : [28929(
|Constitution    : [18/18]            |
|Charisma        : [10/13]            |
+-------------------------------------+-----------------------------
|Equipment
|    Synth Sword +2               [Equipped]
|    Breastplate of Cool +1       [Equipped]
|    Pine Cones of Lightning Bolt (2)
+-------------------------------------------------------------------
>
>
>
>
>Look
>
You see a Gun Wand sitting on a table

Ready                                      ssh1: 3DES              24 Rows, 80
```

MUD por Roy Trubshaw & Richard Bartle

1978 - "MUD" (Multi-User Dungeon)

Primer juego en red basado en texto, precursor de los MMORPGs modernos. Se creó en la Universidad de Essex en un DEC PDP-10. Trubshaw nombró el juego Multi-User Dungeon en homenaje a la variante Dungeon de Zork, un juego que había disfrutado. A su vez, Zork se inspiró en un juego de aventuras de texto más antiguo conocido como Colossal Cave Adventure.

4.1.2 Experimentación (1980-1990)

Con la popularización de computadoras personales como el Commodore 64 y el IBM PC, se empezaron a experimentar juegos en red utilizando modems y BBS (Bulletin Board Systems).

Los Primeros Juegos en Línea Comerciales.

Islands of Kesmai, CompuServe

1984 - Islands of Kesmai

Primer MMORPG comercial, basado en texto y accesible a través de servicios en línea. El juego estaba disponible en CompuServe sin costo adicional, pero CompuServe cobraba $6 por hora por una velocidad de 300 baudios o $12 por hora por 1200 baudios. El juego procesaba un comando cada 10 segundos. Los jugadores también podían solicitar un manual opcional de 181 páginas de CompuServe por $16.50.

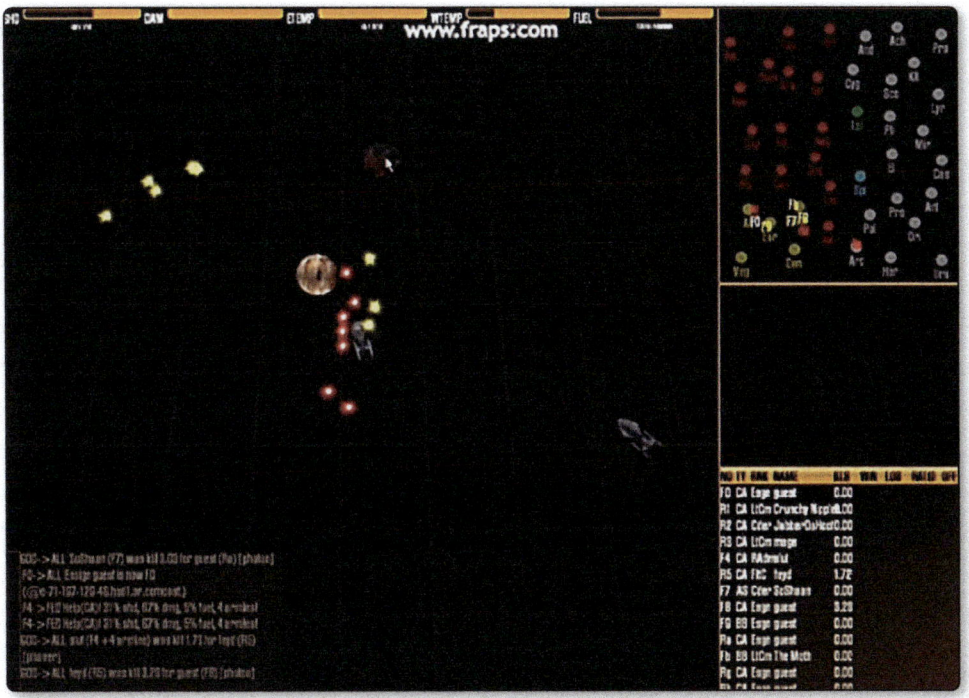

Nettrek por Kevin Smith Scott Silvey

1988 - Netrek

Uno de los primeros juegos multijugador en línea gráficos, basado en Star Trek. Hasta 16 jugadores, combina características de shooters multidireccionales y juegos de estrategia en tiempo real basados en equipos. Los jugadores intentan deshabilitar o destruir las naves de sus oponentes en combate en tiempo real, mientras toman control de planetas enemigos bombardeándolos y dejando ejércitos que recogen en planetas aliados. El objetivo del juego es capturar todos los planetas del equipo oponente.

4.1.3 Expansión en LAN y el Auge de los FPS (1990-2000)

Con la popularización de las redes LAN en los años 90, los juegos multijugador comenzaron a ganar terreno, especialmente en eventos de juego en red como las LAN parties.

Doom por John Romero

1993 - "Doom"

Popularizó el "deathmatch" en red a través de conexiones LAN. Dos modos multijugador disponibles para jugar en red: cooperativo, en el que de dos a cuatro jugadores se unen para completar la campaña principal, y deathmatch, en el que de dos a cuatro jugadores compiten para matar a los personajes de los otros jugadores tantas veces como sea posible.

Quake por John Carmack

1996 - "Quake"

Introdujo el juego en red a través de internet con servidores dedicados. La predicción del lado del cliente, que permitía a los jugadores ver su propio movimiento de inmediato sin esperar una respuesta del servidor, hizo que el código de red de QuakeWorld permitiera a los jugadores con conexiones de alta latencia controlar el movimiento de sus personajes casi con la misma precisión que al jugar en modo de un solo jugador. Los parámetros del Netcode podían ser ajustados por el usuario para que QuakeWorld funcionara bien tanto para usuarios con alta como baja latencia.

StarCraft por Bob Fitch

1998 - "StarCraft"

Demostró el potencial del juego en línea con su servicio Battle.net, de Blizzard. Los jugadores pueden competir en una variedad de modos de juego, incluyendo simplemente destruir a todos los otros jugadores, hasta juegos basados en objetivos como capturar la bandera.

4.1.4 Era de Internet y Consolas Online (2000-2010)

Con la expansión del internet de banda ancha, los videojuegos en red se volvieron masivos.

World of Warcraft por Blizzard

2004 - "World of Warcraft"

Definió el género MMORPG, alcanzando millones de jugadores en línea. Permite a los jugadores crear un avatar de personaje y explorar un mundo de juego abierto en vista de tercera o primera persona, explorando el paisaje, luchando contra varios monstruos, completando misiones e interactuando con NPCs u otros jugadores. Alcanzó un pico de 12 millones de suscriptores en 2010.

4.1.5 Juego en Red Moderno (2010-Actualidad)

Hoy en día, los videojuegos en red han evolucionado hacia experiencias de Battle Royale (Ej: Fortnite, Apex Legends): juegos con cientos de jugadores en línea simultáneamente.

Fortnite ofrece varios modos de juego multijugador, pero el más famoso es el Battle Royale, donde 100 jugadores se lanzan en paracaídas a una isla y luchan hasta que solo queda uno. Además del modo solo, los jugadores pueden formar equipos de dos (dúos) o cuatro (escuadrones) para competir contra otros equipos. Posibilita jugar entre distintas plataformas (PC, consolas, móviles).

Fortnite por Epic Games

4.1.6 Soluciones de comunicación en red para Unity

Las tres principales formas de implementar la comunicación en red en Unity son Mirror, Netcode for GameObjects (anteriormente conocido como MLAPI), y Photon. A continuación una breve descripción de cada una, para tener una visión más clara de sus diferencias y usos:

4.1.6.1 MIRROR

Mirror es una biblioteca de código abierto basada en la extinta UNet de Unity, y es una de las más populares en la comunidad de desarrolladores de juegos multijugador. Su principal ventaja es que está diseñada para ser simple y eficiente, y mantiene una estructura similar a UNet, lo que facilita la migración para aquellos que ya estaban familiarizados con ella.

Características:

▼ Sincronización automática de objetos: permite que objetos como los jugadores o los NPCs se sincronicen entre el servidor y los clientes.

▼ Es una solución peer-to-peer, lo que significa que los jugadores pueden actuar como servidor y cliente al mismo tiempo.

▼ Soporte para matchmaking y otros sistemas más complejos.

Ventaja: Mirror está muy bien documentado y tiene una comunidad activa, lo que lo hace ideal para proyectos de tamaño medio donde no se requiere una infraestructura muy compleja.

Desventaja: no tiene un servicio de alojamiento en la nube propio, lo que significa que deberás encargarte de eso por separado.

4.1.6.2 NETCODE FOR GAMEOBJECTS (NETCODE/NGO)

Netcode for GameObjects (anteriormente conocido como MLAPI) es la solución oficial de Unity para la creación de juegos multijugador. Está diseñada específicamente para la sincronización de objetos en Unity y ofrece una mayor flexibilidad en la forma de manejar las conexiones de red.

Características:

▼ Es un sistema muy personalizable que permite sincronizar objetos, RPCs (Remote Procedure Calls), y datos de manera eficiente.

▼ Ofrece compatibilidad total con Unity, dado que es su solución oficial para multijugador.

▼ Integración con Unity Gaming Services, que proporciona servicios en la nube como matchmaking y lobby para facilitar la creación de salas de juego.

▼ Está diseñado pensando en proyectos que pueden escalar desde pequeños juegos hasta títulos más grandes.

Ventaja: al ser la solución oficial de Unity, tiene soporte a largo plazo y es ideal si quieres algo integrado con otros servicios de Unity como el Lobby Service o el Relay para facilitar la creación de partidas en línea.

Desventaja: aún es relativamente nuevo y está en constante desarrollo, por lo que algunas características avanzadas podrían no estar tan maduras como en otras soluciones.

4.1.6.3 PHOTON

Photon es una solución popular de terceros para juegos multijugador que ofrece una infraestructura robusta basada en la nube. A diferencia de Mirror, Photon proporciona servicios de alojamiento en la nube, lo que simplifica la implementación de servidores sin necesidad de configurarlos manualmente. Photon tiene varias versiones, pero las dos principales son Photon PUN y Photon Fusion.

Características:

- Photon PUN (Photon Unity Networking): es la versión más conocida y se basa en un enfoque tradicional peer-to-peer. Ideal para juegos que no requieren una sincronización extremadamente precisa.

- Photon Fusion: más reciente, diseñada para juegos que necesitan baja latencia y sincronización precisa, como los shooters en primera persona. Es la versión más avanzada de Photon, que combina el poder de la sincronización en tiempo real con la infraestructura de la nube.

- Alojamiento en la nube: Photon ofrece servicios escalables para manejar las conexiones y servidores, lo que facilita el desarrollo de juegos multijugador a gran escala.

- Integración con salas y matchmaking, lo que facilita que los jugadores encuentren partidas activas.

Ventaja: Photon es muy escalable, tiene una excelente infraestructura en la nube, y ofrece soporte para cross-platform, lo que lo hace ideal para juegos que se lanzan en múltiples plataformas (PC, consola, móviles).

Desventaja: Photon puede ser costoso en proyectos grandes, ya que cobra en función del número de usuarios activos en los servidores, aunque hay opciones gratuitas o más baratas para proyectos pequeños.

4.1.7 Otras soluciones de Red

Existen varios proveedores de servicios en la nube que funcionan con ambos motores para gestionar la comunicación en red y otras funcionalidades multijugador. Aquí te menciono algunos de los más conocidos y robustos que son compatibles tanto con Unity como con Unreal:

Azure PlayFab

PlayFab, de Microsoft Azure, es una plataforma de servicios para juegos que funciona tanto con Unity como con Unreal Engine. Proporciona una gama completa de herramientas para el desarrollo de juegos multijugador, incluidos matchmaking, servidores dedicados, gestión de datos de jugadores, y analíticas.

Características:

- ◤ Matchmaking: facilita la creación de partidas equilibradas entre jugadores.

- ◤ Almacenamiento de datos de jugadores: para sincronizar estadísticas y progreso entre dispositivos.

- ◤ Sistemas de economía: para administrar monedas virtuales, artículos, etc.

- ◤ Integración con servidores dedicados y soporte para backend personalizado.

Ventaja: PlayFab es muy robusto y tiene una buena integración con Azure, por lo que si ya estás considerando usar Azure, esta puede ser una excelente opción.

Desventaja: es un servicio más completo y puede ser demasiado para proyectos pequeños si solo necesitas comunicación en red simple.

Amazon GameLift

AMAZON GAMELIFT

Amazon GameLift, parte de AWS (Amazon Web Services), es otra opción que puede utilizarse con Unity y Unreal para la creación de servidores dedicados y matchmaking de partidas multijugador. GameLift está diseñado para manejar la infraestructura de servidores dedicados en la nube y escalar según las necesidades del juego.

Características:

- Servidores dedicados en la nube: puedes crear servidores que escalen automáticamente según la demanda.
- Matchmaking: facilita la creación de emparejamientos entre jugadores.
- Baja latencia: diseñado para minimizar el lag en partidas multijugador.

Ventaja: AWS es una opción muy escalable y robusta, y GameLift ofrece todo lo necesario para manejar la infraestructura de juegos multijugador a gran escala.

Desventaja: puede ser más complejo de configurar para desarrolladores pequeños, aunque es extremadamente poderoso para proyectos grandes.

4.2 PROYECTO MULTIJUGADOR PARTE 1

En este proyecto, utilizaremos Netcode for GameObjects (NGO) para desarrollar un juego sencillo en Unity 2D con funcionalidad multijugador. NGO es la solución oficial de Unity para la comunicación en red, permitiéndonos sincronizar el estado de los objetos y manejar la interacción entre los jugadores de forma eficiente.

A lo largo de este desarrollo, exploraremos los conceptos básicos de NetworkManager, NetworkTransform y RPCs (Remote Procedure Calls) para crear una experiencia de juego fluida en red. Nuestro objetivo será implementar una mecánica simple en la que múltiples jugadores puedan conectarse y moverse dentro de un entorno compartido.

4.2.1 Idea de juego y configuración previa

La idea o **one-pager** del juego es la siguiente: "Un juego 2D de 2 jugadores (champiñones) que tienen que evitar que la pelota caiga al agua. Si la pelota cae en el agua, el punto se le dará al jugador que no haya tocado la pelota. Digamos que el jugador 1 ha tocado la pelota, entonces, se volverá un poco más transparente solo para que sepamos que es el turno del jugador 2. Y si la pelota, cae en el agua, se le da un punto al jugador 1 porque el jugador 2 no la tocó".

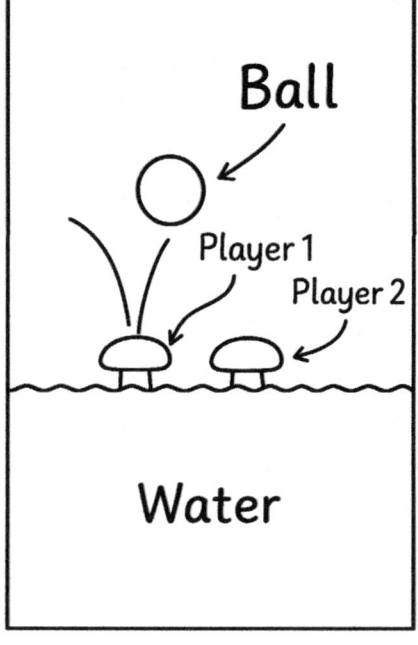

Boceto del escenario

El ejemplo se ha desarrollado en **Unity Editor versión 2022.2.1f1**, se recomienda utilizar la misma versión, sobre todo por la versión de la librería NGO (1.1.0), cuya instalación veremos más adelante. Vamos primero a configurar una resolución Full HD ya que el juego está pensado para las pantallas verticales de los móviles. **Game > Free Aspect > Add > 1080x1920** y lo llamamos fhd.

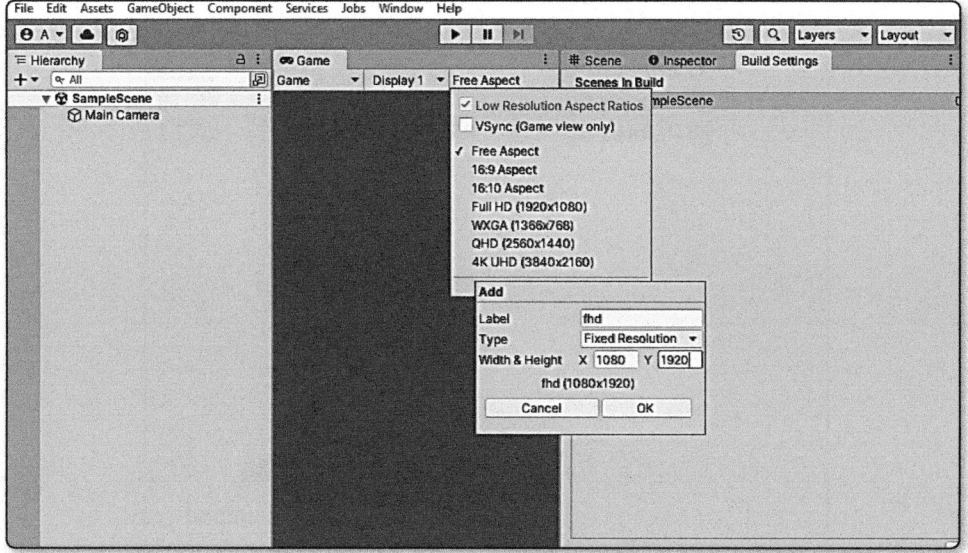

Configurando resolución 1080x1920

Vamos a hacer muchas pruebas para el modo multijugador así que es mejor mantenerse en Windows como las plataformas de "Build" por ahora. Lo primero que quiero hacer es importar algunos assets creados para esta unidad.

4.2.2 Añadiendo el *player*

Se pueden importar mediante **Assets > Import package > Custom Package**, junto al archivo con la extensión **.unitypackage** que se puede encontrar en el material adicional. Otra opción sería buscar *Sprites* en la Unity Store o en https://opengameart.org/. Respecto a los Sprites, tenemos un fondo básico, una pelota, un fondo con algunas montañas, un hongo (que será el *Player*).

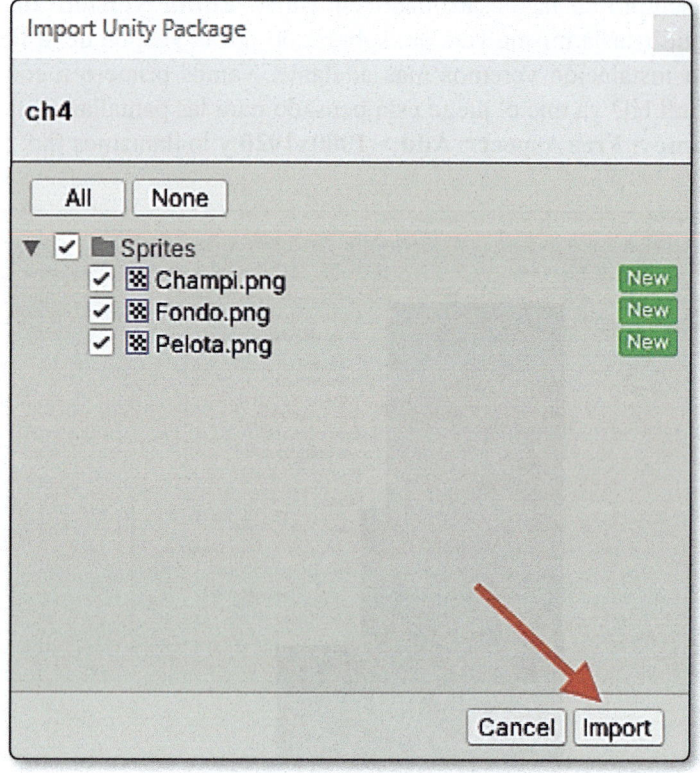

Importando Sprites del unitypackage

Añadimos el **Champi** (nuestro *player*) a la jerarquía. Será nuestro jugador, así que puedo renombrarlo a **Player Renderer**. Seleccionamos **Create Empty Parent** y lo llamamos **Player**. ¿Por qué? Porque es mejor separar la lógica de un objeto de juego de sus gráficos y puntos de renderizado ya que así evitamos problemas cuando trabajamos con el escalado y otros aspectos. De esta manera, puedes animar el renderizador sin afectar la lógica del juego o el escalado del objeto principal del juego.

La cámara actualmente está en proyección ortográfica, que es exactamente lo que queremos porque estamos creando un juego en 2D, pero queremos que sea un poco más grande. Así que voy a establecer un tamaño de 10 y moverla un poco más arriba, estableciendo el Y del Transform a 3.

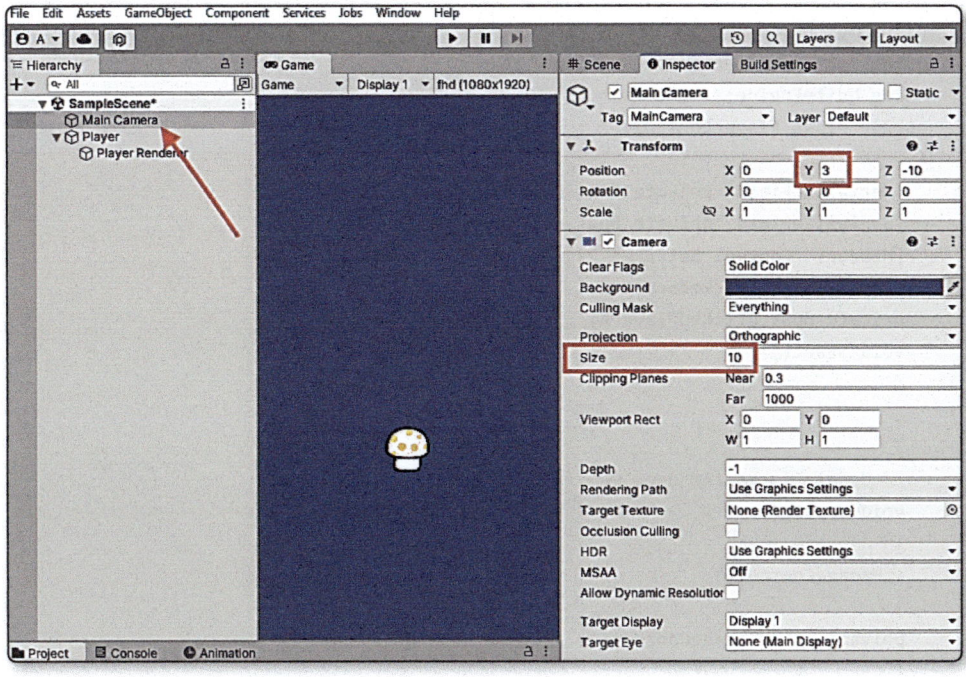

Opciones de la cámara

Creamos una nueva carpeta ***Scripts*** y creamos un nuevo script en C# ***PlayerController***, que será el controlador del jugador. Arrastramos el script y soltarlo sobre mi ***Player***. Ahora el script está adjunto al jugador, así que se puede usar.

 **Nota**

En dispositivos táctiles, como los móviles, Unity traduce los toques de pantalla como si fueran posiciones del mouse cuando se utiliza ***Input.mousePosition***. Si quisieras algo más avanzado puedes investigar la clase Input.touches en:

https://docs.unity3d.com/2022.2/Documentation/ScriptReference/Input-touches.html.

Esto significa que puedes obtener la posición del toque en pantalla utilizando ***Input.mousePosition*** de la misma manera que en una computadora con mouse. Al igual que en una PC, ***Input.mousePosition*** en Android devuelve la posición en píxeles de la pantalla desde la esquina inferior izquierda (0,0).

```
using System;
using System.Collections;
using System.Collections.Generic;
using UnityEngine;
public class PlayerController : MonoBehaviour
{
  [SerializeField] private float moveSpeed;
  [SerializeField] private float maxX;
  [Header(" Control Settings ")]
  private float clickedScreenX;
  private float clickedPlayerX;
  void Start()
  {

  }
  // Update is called once per frame
  void Update()
  {
    ManageControl();
  }
  private void ManageControl()
  {
    if (Input.GetMouseButtonDown(0)) {
      clickedScreenX = Input.mousePosition.x;
      clickedPlayerX = transform.position.x;
    }else if(Input.GetMouseButton(0)){
      float xDifference = Input.mousePosition.x - clickedScreenX;
      xDifference /= Screen.width;
      xDifference *= moveSpeed;
      float newXPosition = Mathf.Clamp(clickedPlayerX + xDifference,-maxX,maxX);
      transform.position = new Vector2(newXPosition, transform.position.y);
      Debug.Log("X difference = " + xDifference);
    }
  }
}
```

Explicación. Variables:

▶ **moveSpeed:** es una variable pública, lo que significa que puedes ajustarla desde el inspector de Unity. Define la velocidad de movimiento del jugador. Controla qué tan rápido responde el personaje a los clics o arrastres en pantalla.

▼ **clickedScreenX:** es una variable privada que almacena la posición en el eje X de la pantalla (en píxeles) en el momento en que el usuario hace clic. Esto permite calcular cuánto ha arrastrado el jugador desde la posición inicial del clic.

▼ **clickedPlayerX:** es una variable privada que almacena la posición en el eje X del jugador en el momento en que el usuario hace clic. Se usa para calcular la nueva posición del jugador en función de cuánto se ha movido el clic en la pantalla.

Método **ManageControl():** este método gestiona el control de movimiento del jugador en función de los clics y movimientos del mouse en pantalla:

Input.GetMouseButtonDown(0), esta condición detecta si se ha hecho clic (o tocado en una pantalla táctil) en la pantalla. Si es así, guarda la posición X del clic en clickedScreenX, almacena la posición X actual del jugador en clickedPlayerX.

Esto permite establecer una referencia inicial para calcular el movimiento del jugador.

Input.GetMouseButton(0): esta segunda condición detecta si el botón del mouse (o el dedo) está mantenido presionado en la pantalla. Si es así, calcula la diferencia entre la posición actual del clic (Input.mousePosition.x) y la posición original (clickedScreenX). Así mismo, utilizamos Clamp para que no se salga de la pantalla.

Este código permite al jugador moverse horizontalmente cuando el usuario hace clic y arrastra en el eje X, con la velocidad de movimiento ajustada por *moveSpeed*. La función *ManageControl*() calcula la nueva posición X del jugador en cada fotograma en función de la diferencia en la posición X del clic, y el ajuste de escala en relación con el tamaño de la pantalla garantiza un movimiento suave y proporcional.

En este caso, al agregar *[Header(" Control Settings ")]* antes de las variables privadas *clickedScreenX* y *clickedPlayerX*, Unity mostrará un encabezado en el Inspector llamado "Control Settings" encima de estas variables, pero solo si las variables fueran públicas o si utilizas *[SerializeField]* para hacerlas visibles en el Inspector. Esto es útil para organizar y hacer más comprensible la configuración del script, especialmente cuando tienes muchas variables.

Probando PlayerController

En las pruebas ***Move Speed*** = 10 y ***Max X*** = 4.5 resulta adecuado. Una vez encuentres valores apropiados con un poco de prueba y error, puedes quitar el Debug. Log("X difference = " + xDifference);

4.2.3 El script de la pelota

Vamos a crear la pelota con la que el jugador va a poder jugar. Ya que de otra forma era demasiado pequeño. Crearemos un ***Empty Parent*** al igual que hicimos con el ***Player***, ***Ball->Ball Renderer*** en la jerarquía.

Lo primero que vamos a hacer es añadir un ***RigidBody 2D*** al ***Ball***, esto nos ayudará a aplicar físicas. Cambiamos el parámetro de Rigidbody 2d->Colision detection a "Continuous", ya que queremos que se detecte en cualquier momento.

Unity permite configurar el comportamiento de reposo en el Rigidbody 2D mediante la propiedad ***Sleeping Mode***, que ofrece tres opciones, de la que elegiremos ***Never Sleep***, el Rigidbody nunca entra en reposo. Unity seguirá calculando la física del objeto todo el tiempo, incluso si está inactivo. Útil para objetos que deben responder instantáneamente a colisiones o fuerzas, aunque sea menos eficiente.

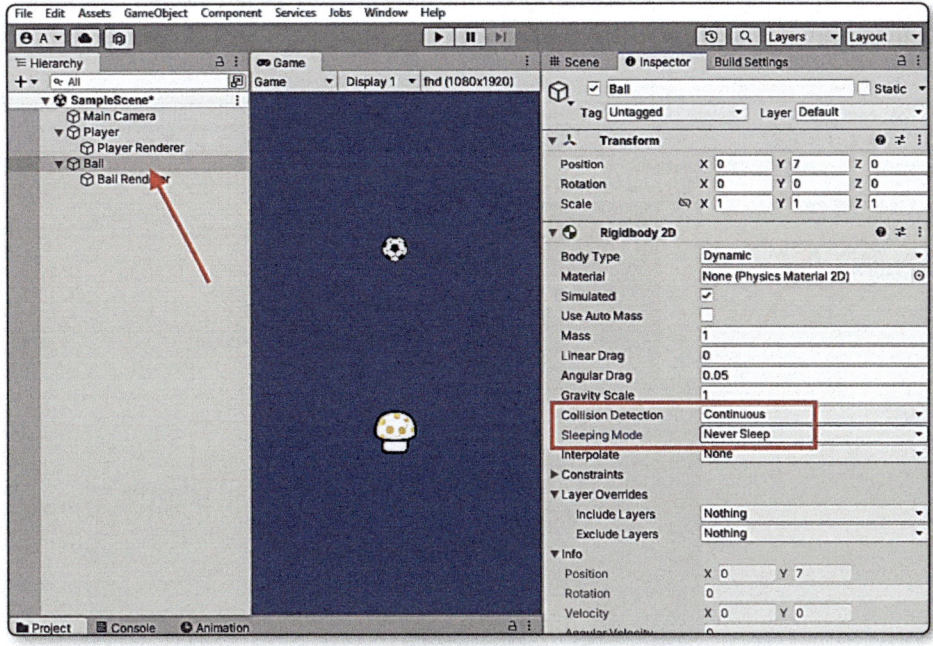

Rigidbody 2D para la pelota

Ya que deseamos detectar colisiones, añadimos un *Circle Collider 2D*:

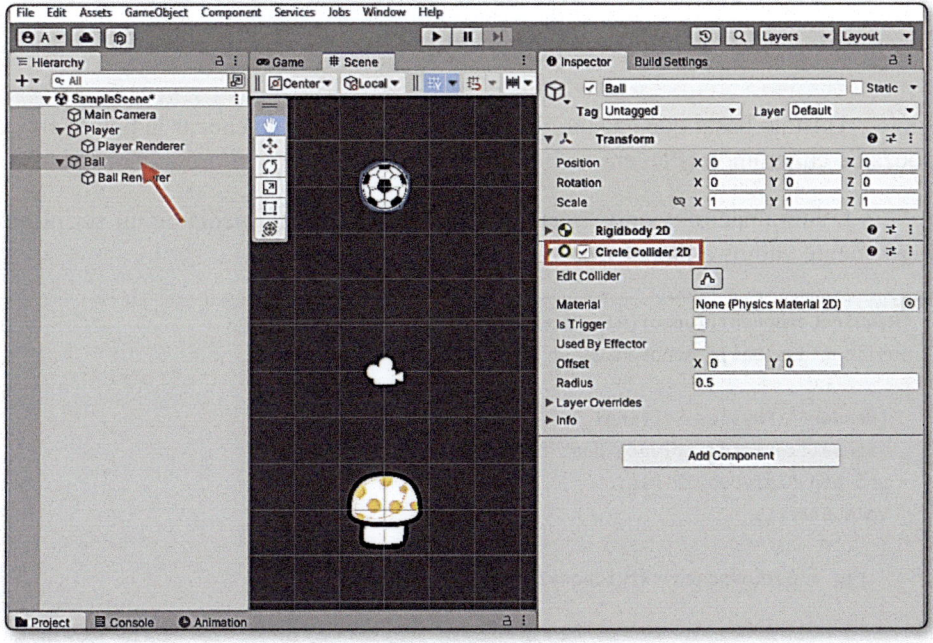

Circle Collider 2D de la Pelota

Con el jugador(el *Champi)* podemos utilizar un ***Circle Collider 2D***, aunque siéntete libre para utilizar el ***Poligon Collider.***

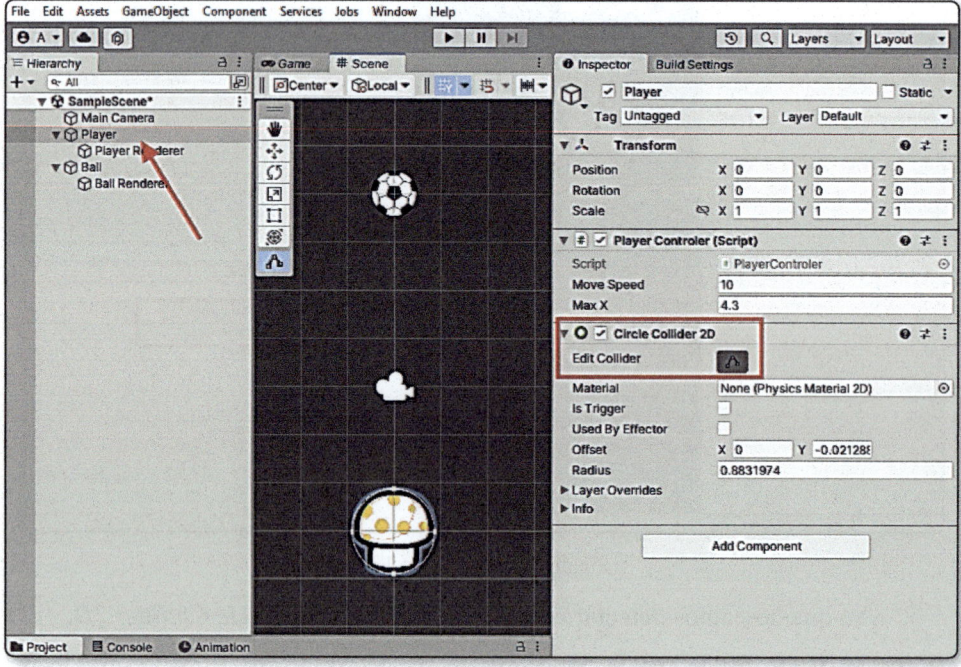

Circle Collider 2D del Jugador

Ajústalo hasta que encaje. Si pulsas **Play**, debería de chocar la pelota con la cabeza de champiñón (Player).

A continuación vamos a hacer que la pelota rebote mediante un script que simplemente vamos a llamar ***Ball***.

```
[RequireComponent(typeof(Rigidbody2D))]
public class Ball: MonoBehaviour
{
  [Header(" Physics Settings ")]
  [SerializeField] private float bounceVelocity;
  private Rigidbody2D rig;
  void Start()
  {
    rig = GetComponent<Rigidbody2D>();
  }
```

```
// Update is called once per frame
void Update()
{

}
private void Bounce(Vector2 normal) {
  rig.velocity = normal * bounceVelocity;
}
private void OnCollisionEnter2D(Collision2D collision) {
  if(collision.collider.TryGetComponent(out PlayerController pc)) {
    Bounce(collision.GetContact(0).normal);
  }
}
}
```

Lo primero que queremos hacer es intentar detectar colisiones, y cada vez que detectemos una colisión, verificaremos si es con el jugador. Si hemos colisionado con el jugador, entonces queremos que la pelota rebote.

Vamos a utilizar el método *OnCollisionEnter2D* que se llama cada vez que un *Rigidbody* colisiona. Si el collider con el que hemos colisionado tiene un componente del tipo *PlayerController* es el *Player*, que es el único que tiene ese Script y podremos llamar al método que hemos creado, *Bounce()*.

Para hacer que la pelota rebote, necesitaremos *la normal* de la colisión, que es una forma elegante de decir que es *el eje perpendicular a las superficies en el punto de colisión*. Nos ayudará a establecer una nueva velocidad para nuestra pelota configurando la nueva velocidad de la pelota a lo largo de esta normal específica.

La reflexión calcula la dirección en la que el objeto debería moverse después de la colisión, rebotando en la dirección opuesta a lo largo de la normal de la superficie de colisión. Es común en simulaciones de rebote. La inversa sería cambiar el signo del vector de velocidad (invertirlo), lo cual haría que el objeto se mueva en la dirección contraria sin considerar el ángulo de la colisión, resultando en un movimiento antinatural para un rebote. La reflexión es ideal para simular el rebote, ya que *respeta el ángulo de incidencia* y genera un efecto realista.

Desglosando el Script:

▼ **[RequireComponent(typeof(Rigidbody2D))]**

Esta línea asegura que el objeto al que se adjunte el script tenga un componente Rigidbody2D si no no podríamos llamar a *GetComponent<Rigidbody2D>();*

▼ **OnCollisionEnter2D (Collision2D collision)**

Este método se llama automáticamente cuando el objeto colisiona con otro objeto en el mundo 2D. En este caso, *se verifica si el objeto con el que colisionó tiene un componente PlayerController.*

▼ **Bounce (Vector2 normal)**

Hace que la pelota rebote en la dirección de la colisión, con una fuerza determinada por bounceVelocity.

No te olvides de añadir el *Script* Ball al *Player*. Dale a **Play** y prueba con diferentes valores (9 por ejemplo) de bounceVelocity:

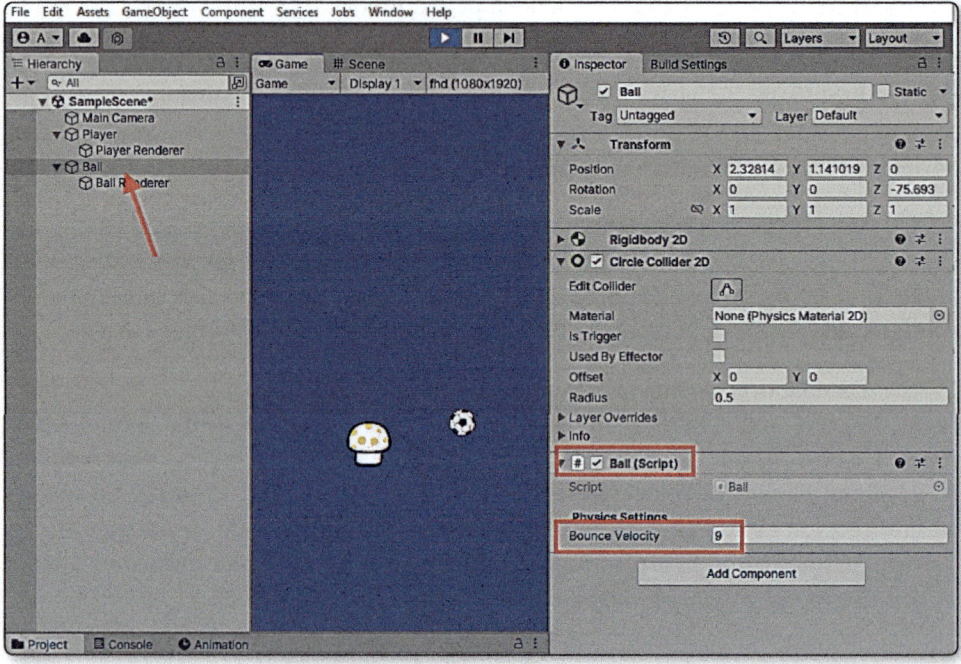

Probando con valores de Bounce Velocity

4.2.4 Las Paredes y la Escena

Vamos a añadir dos Objetos 2d *Square* añadiendo *Box Colliders 2D*, de modo que se pueda detectar paredes y colisionar con ellas. Posición x = 5,5, Scale y = 30 (da igual que se pase) para la pared derecha. Para la izquierda, lo mismo pero x = -5,5. Para añadir la pared superior, bastará con rotación en Z = 90 (grados) y desplazamiento (position) en x = 0 e y = 13. Estos valores pueden variar según tengas configurada la resolución FHD. Vamos a llamarlas, respectivamente, *Right Wall, Left Wall y Top Wall,* y añadirlas a un objeto padre *Walls*. No hay que olvidar añadir a las paredes el componente *Box Collider 2D*. Es adecuado para objetos estáticos que no necesitan moverse, no consume recursos adicionales al ser un colisionador sin cuerpo físico, por lo que es más eficiente para objetos estáticos mientras que si utilizáramos Rigidbody2D a la pared, convertiría la pared en un objeto móvil, lo que haría que respondiera a fuerzas físicas y se moviera, lo cual no es necesario para una pared estática.

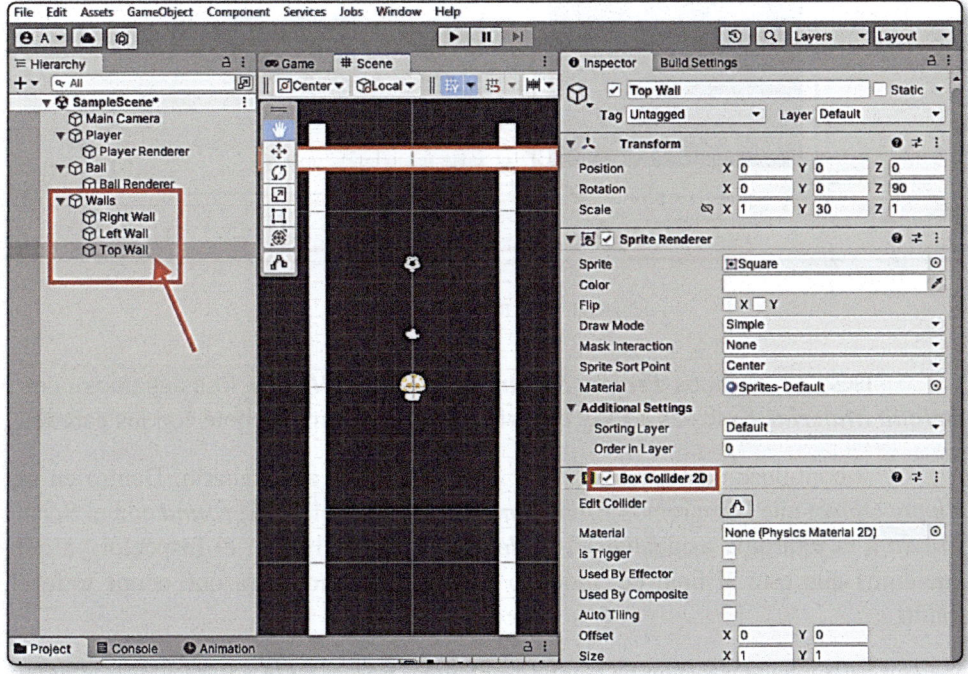

Añadiendo paredes

Para mejorar el rebote con las paredes, vamos a crear un nuevo *Physics Material 2D* mediante Create > 2D > Phisics Material 2D. Le podemos llamar "Bouncy

Material", con Friction = 0 (queremos un juego sin fricción, con preservación de la velocidad y rebotes predecibles) y Bounciness = 0.5;

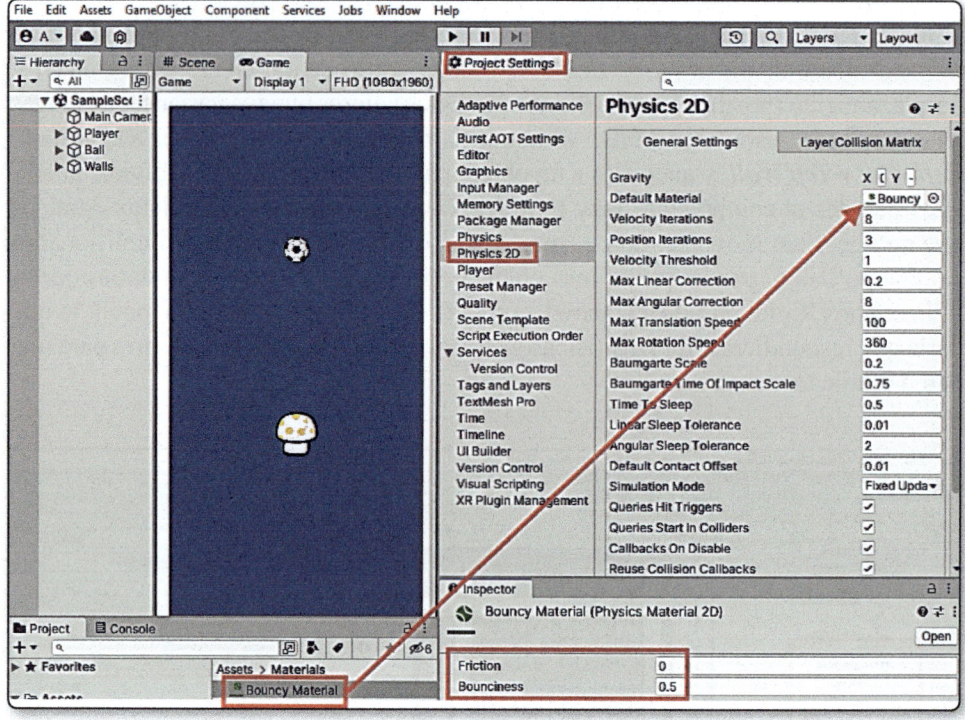

Asignación del material por defecto

Después abrimos **Project Settings** > **Physics 2D** > y lo asignamos como **Default Material.** Si le das a **Play** deberías de observar más rebote con las paredes.

A continuación vamos a añadir más elementos al escenario. Dentro en un **Empty Object** que llamaremos **Environment** añadimos el **Background** con el Sprite **Fondo** a la jerarquía asignando el **Order in Layer** = -100 en el Inspector ya que queremos que esté al final del todo, lo redimensionamos para que ocupe todo el fondo.

Después de eso, vamos a agregar el agua, porque si la pelota cae en el agua, el punto se le dará al jugador que no haya tocado la pelota. Va a haber dos jugadores. Digamos que el jugador A ha tocado la pelota, entonces, se volverá un poco más transparente solo para que sepamos que es el turno del jugador B. Y si la pelota, cae en el agua, se le da un punto al jugador A porque el jugador B no la tocó. Así de simple.

Vamos a hacer clic derecho nuevamente en el entorno, objeto 2D, *Square*, y vamos a llamarlo "Water". En un tono azulado, #55CDFF por ejemplo. Para que podamos diferenciarlo del fondo vamos a ponerlo en un *Order in Layer* = -50.

Definiendo el entorno

4.2.5 El Network Manager

Vamos a empezar a trabajar con Netcode.

Netcode for GameObjects (NGO) es la solución de Unity para implementar funcionalidades de red en juegos multijugador. Con NGO, los desarrolladores pueden sincronizar el estado de objetos y eventos entre clientes y servidores, facilitando el desarrollo de experiencias multijugador en tiempo real.

Clases y métodos:

- ▶ **NetworkManager**: gestiona la configuración de red y la sincronización de objetos.

- ▶ **NetworkedObjects**: objetos que pueden sincronizarse automáticamente entre jugadores.

- ▶ **RPCs** (Remote Procedure Calls): permiten ejecutar funciones específicas en clientes o servidores.

- ▶ **Sincronización de Variables**: asegura que variables específicas se mantengan actualizadas en todos los dispositivos conectados.

NGO se puede utilizar para proyectos pequeños y medianos de multijugador, para que los desarrolladores no tengan que crear manualmente cada parte de la lógica de red, como la gestión de conexiones, la sincronización de datos y la comunicación entre cliente y servidor.

De momento vamos a crear una nueva escena de inicio (bootstrap scene) que solo contendrá el administrador de red (Network Manager). Window > Package Manager> Unity Registry y buscamos netcode. En el momento de escribir esta lección está en su versión 1.1.0. (de 2022), pulsamos **Install**.

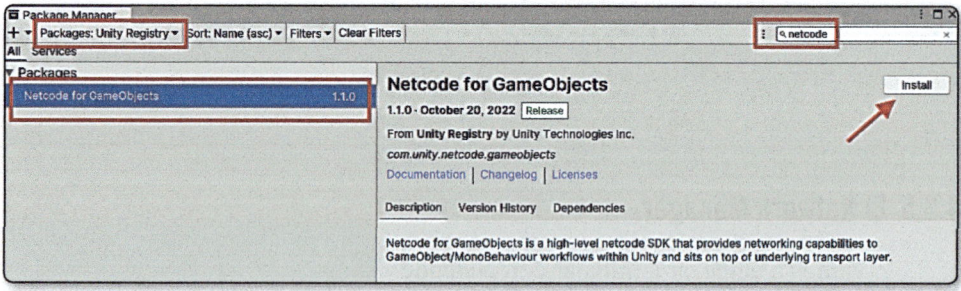

Instalación de Netcode

Una vez instalado, creamos la nueva escena "Bootstrap". Eliminamos la cámara principal porque no la vamos a usar. Creamos un nuevo objeto vacío llamardo "Network Manager", y reseteamos el *Transform*, añadimos un nuevo componente que estará en la categoría de Netcode y será el "Network manager".

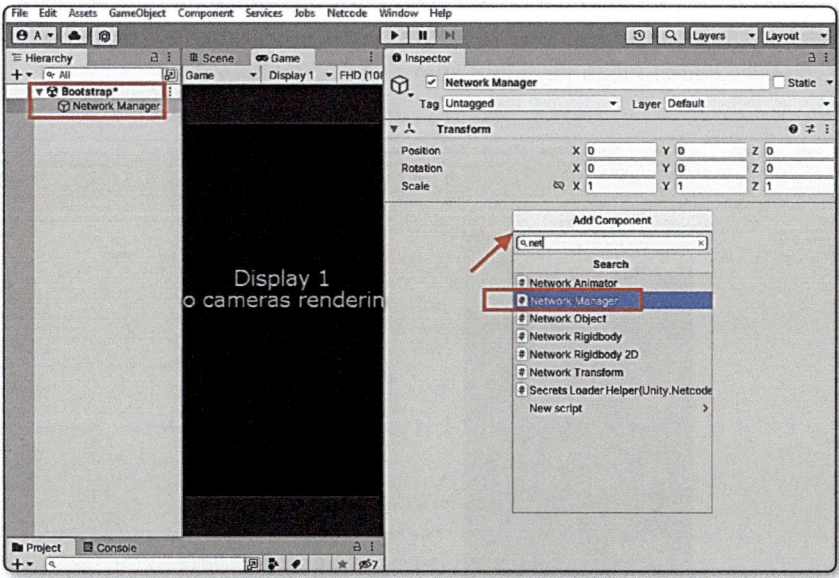

Añadiendo el componente Network Manager

Una vez que esté listo, lo primero que debes hacer aquí es seleccionar un transporte para el *Network manager* de Unity, para que funcione correctamente. Así que vamos a seleccionar un transporte de Unity:

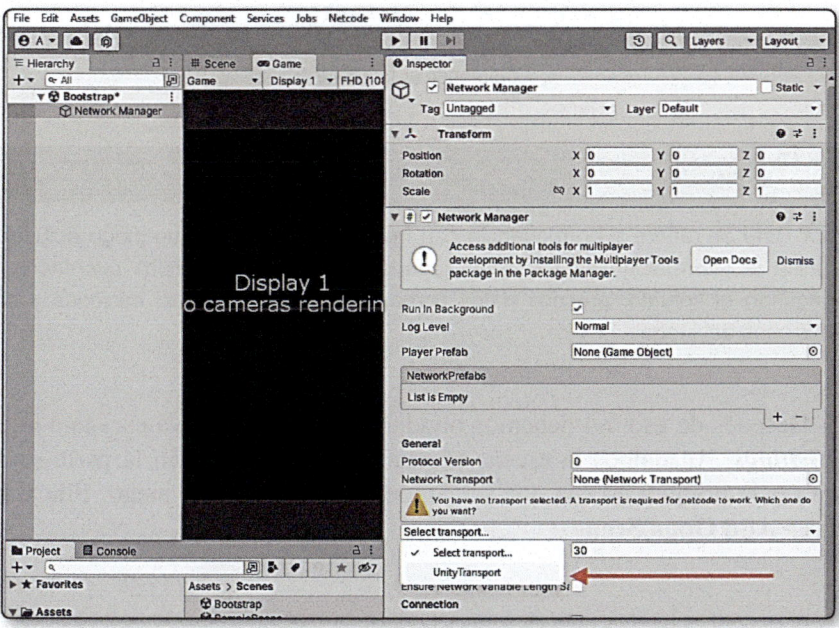

Seleccionando Unity Transport

y después de hacerlo, Unity habrá agregado un componente de transporte de Unity a este mismo objeto de juego. Este se utilizará para enviar datos. Pondremos el **Tick Rate** = 60 para que el juego vaya más suave.

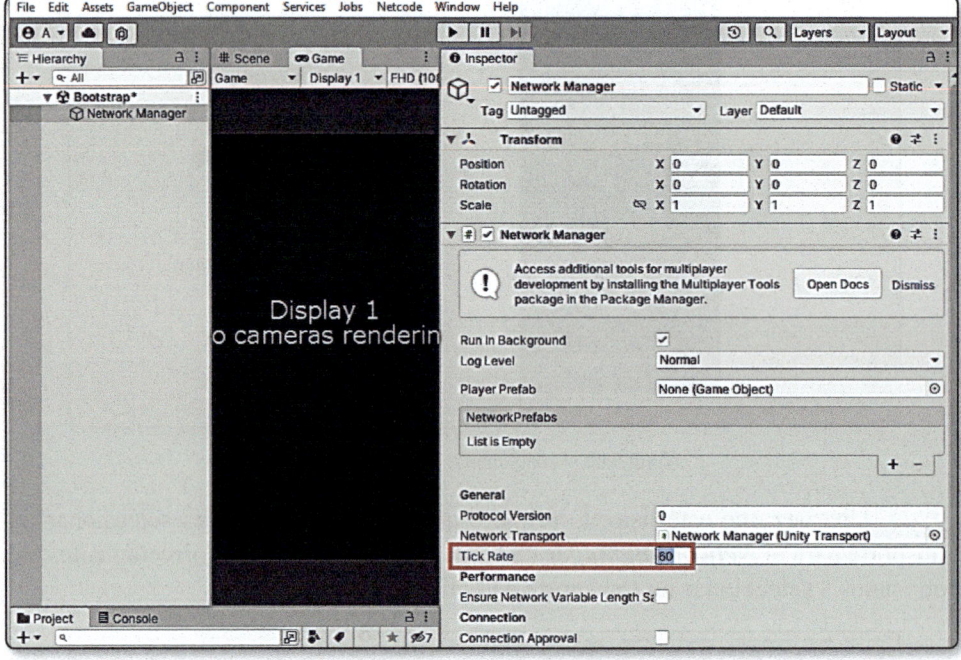

Cambiando el Tick Rate

Después de eso, no debemos olvidar agregar esta nueva escena a nuestros *Build Settings*. Añadamos la escena abierta y coloquémosla en la parte superior. Debería ser la primera escena que se cargue cuando lances el juego. **File > Build Settings > Add Open Scene**.

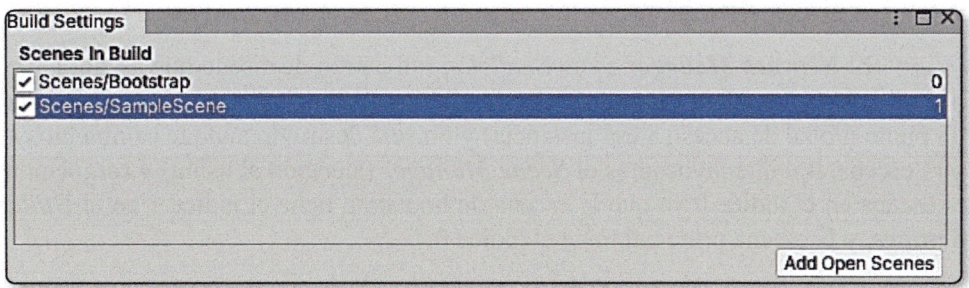

Añadiendo las escenas abiertas

Ahora, necesitamos una forma de cambiar de la escena de inicio **Bootstrap** a la escena principal. Para eso, vamos a crear un nuevo objeto de juego. **Create Empty.** Vamos a llamarlo **Boots**. Vamos a restablecer a 0 el **Transform** de este objeto de juego. En nuestra carpeta de scripts, clic derecho y crea un nuevo script en C# y llamado **Bootstrap**. Lo adjuntamos a este nuevo objeto de juego que hemos creado.

Podemos eliminar el método **Update**. Queremos usar el método **Start**.

```csharp
using System.Collections;
using System.Collections.Generic;
using UnityEngine;
using UnityEngine.SceneManagement;

public class Boots : MonoBehaviour
{
  void Start()
  {
    Application.targetFrameRate = 60;
    SceneManager.LoadScene(1);
  }
}
```

Queremos que el juego intente ejecutarse a 60 fotogramas por segundo. Esto es diferente del 60 que hemos especificado en el Network Manager. La velocidad de actualización de la red no es lo mismo que la tasa de fotogramas objetivo del juego, pero vamos a intentar que coincidan.

4.2.5.1 PATRÓN SINGLETON

El *Network Manager* es un *Singleton* (un patrón de diseño que asegura que una clase tenga **una única instancia** durante la ejecución del programa y proporciona un punto global de acceso a esa instancia) y no será destruido aunque cambiemos a otra escena. Así que invocamos el *Scene Manager* (atención al using) y carguemos la escena en el índice 0 ya que la escena de bootstrap tiene el índice 1 en el *Build Settings*, y la escena principal tiene el índice 0.

Presiona **Play** y deberías de notar que la escena principal se ha cargado. Sin embargo, tenemos el *Network Manager* en una escena marcada como *Don't Destroy On Load*, porque es un *Singleton* que no va a destruirse.

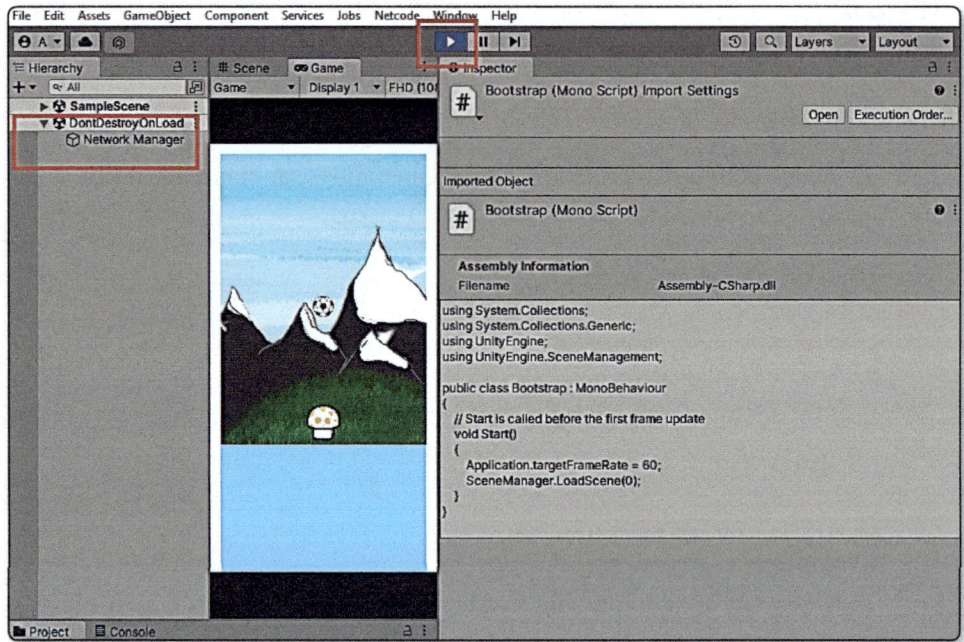

Mostrando el Don't Destroy On Load

Dos cosas que vamos a hacer ahora son agregar el jugador en el campo de *Player Prefab* y también agregar la pelota en el campo de *NetworkPrefabs* dentro del Inspector del *Network Manager*. ¿Por qué estamos haciendo esto? Al agregar el jugador al campo de prefab del *Player*, el gestor de red lo instanciará en la red siempre que el jugador se conecte como anfitrión (host) o como cliente.

Vamos a abrir la escena principal nuevamente. Creamos una nueva carpeta de Prefabs, arrastramos *Player y Ball* la carpeta; los podemos eliminar de la escena.

4.2.6 Sincronizando la posición

Ten en cuenta que cualquier objeto que desees usar en la red debe tener un componente específico, que es el *Network Object*. De esta manera, será reconocible en la red y tendrá un ID único. Después de eso, también vamos a agregar un GameObject *Network Transform* para que el *Transform* de este objeto específico se sincronice en todos los dispositivos que estén conectados a la red.

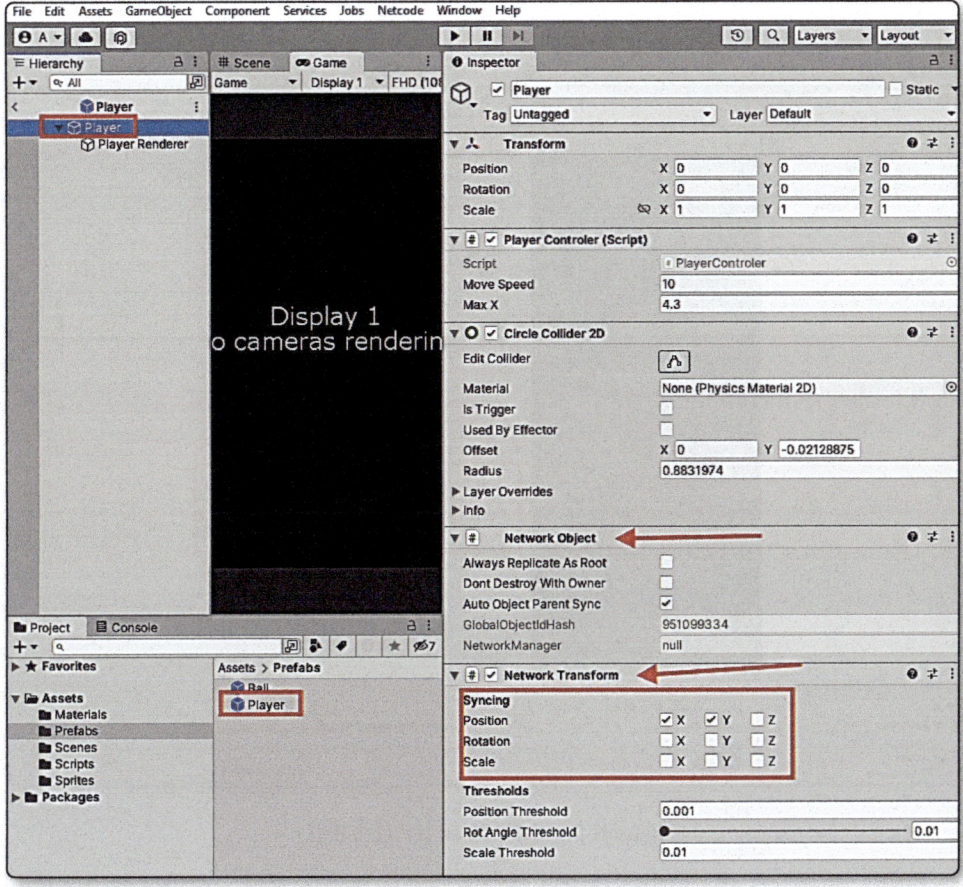

Añadiendo Network Object y Transform al Prefab Player

Cuanto más eficiente sea tu comunicación por red, más rápido funcionará tu juego; no necesitaremos sincronizar ciertos datos. En nuestro caso, no queremos sincronizar la escala porque no va a cambiar. Tampoco queremos sincronizar la rotación del jugador. Solo queremos sincronizar la posición en los ejes X e Y.

Lo siguiente que creo que vamos a hacer es lo mismo para la pelota. Así que seleccionemos el prefab *Ball* y vamos a añadir un *Network Rigidbody 2D*. Por cierto, al hacerlo, automáticamente se añade un componente de *Network Transform*. La simulación de física solo se ejecutará en el servidor para garantizar consistencia entre todos los clientes, simplemente obedecen las actualizaciones de posición y rotación enviadas desde el servidor. Los cambios, ya sea en la posición o la rotación, se aplicarán en el servidor y se sincronizan a través de la red para los demás clientes, evitando duplicidades en la simulación.

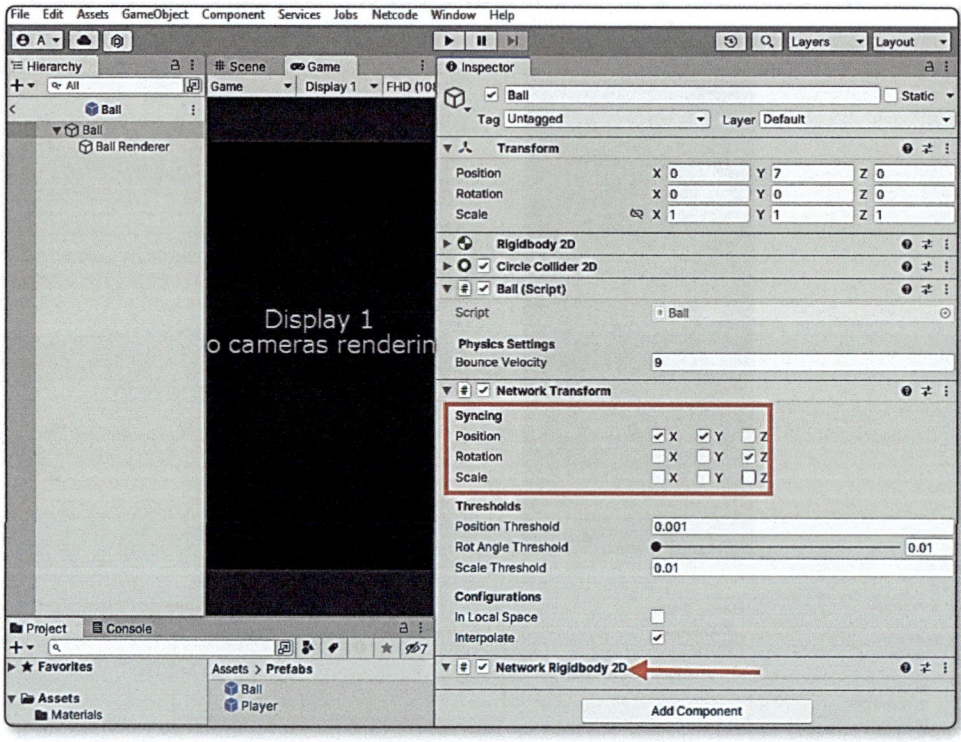

Network Rigidbody 2D en el Prefab Ball

En este caso, sí que mandaremos por la red la rotación de la pelota en el eje Z.

Y los añadimos al *Network Manager*. El *Network Manager* debe estar al tanto de cualquier *Prefab* que necesite instanciarse en tiempo de ejecución en la red.

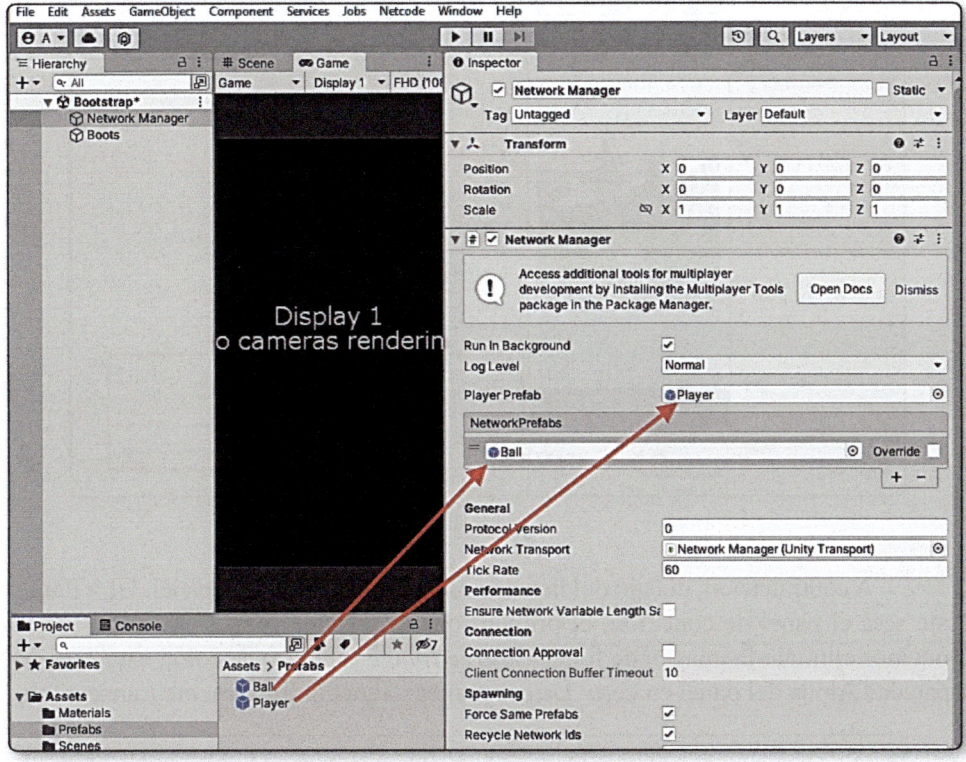

Prefabs Player y Ball añadidos al Network Manager

4.2.7 Inicialización del User Interface(UI)

A continuación vamos a añadir la Interfaz de Usuario para poder conectarnos como anfitrión o como cliente; lo primero que queremos hacer aquí es, en el inspector, *en la escena principal* crear un lienzo UI > Canvas. Un lienzo es un elemento que contiene todos tus elementos de interfaz de usuario. Justo debajo del *Canvas Scaler*, voy a seleccionar en *UI Scale Mode > Scale With Screen Size* para que sea "responsive" y en *Reference Resolution X = 1080 e Y = 1920*, y deseamos encajar con el *Heigth*, ya que va a ser un juego con orientación vertical.

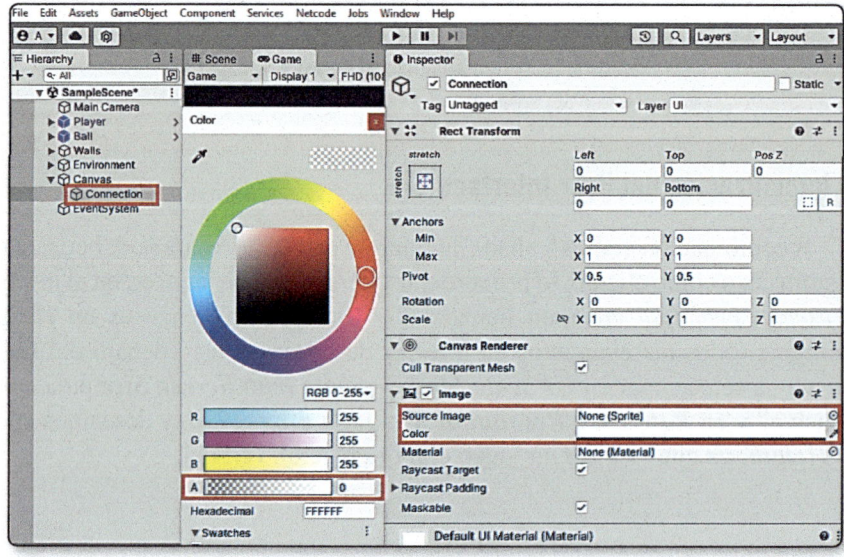

UI Canvas

A continuación, debajo del lienzo, vamos a crear un nuevo panel. UI > Panel. Este será el panel de conexión, el primero que el jugador verá al iniciar el juego. Podemos eliminar la imagen de fondo *Source Image* y, dentro de color, establecer la opacidad Alpha del panel en cero. De esa manera, será completamente transparente.

Panel Connection

En este panel de conexión habrá dos botones. Uno para conectarse como anfitrión y otro para conectarse como cliente; en redes, debes tener un servidor en algún lugar al que los clientes puedan conectarse. Cuando comienzas como anfitrión (Host), eres tanto un servidor como un cliente (Client) al mismo tiempo. Cualquier cliente puede conectarse a ti. Supongamos que quieres crear un juego 2D entre tu hermano y tú, puedes iniciar el juego como anfitrión, y él puede conectarse directamente a tu teléfono. Con NGO puedes elegir si deseas conectarte directamente, a través de *Unity Relay* o por *IP*.

A continuación añadiremos un botón con **UI > Button**. Aceptamos la importación de *TMPro Essentials*. Lo renombramos como *Host Button*. Establecemos el texto a "Host". El tamaño del *Rect Transform Width* = 300 y *Height* = 100, el texto a *Auto Size.*

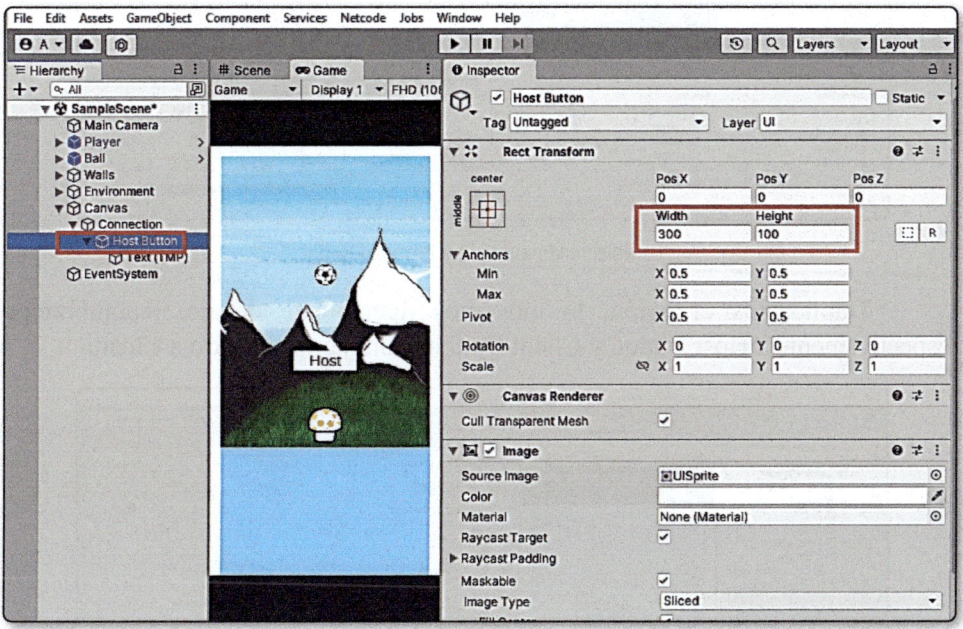

Estableciendo anchura y texto del Botón

Duplicamos el botón, lo movemos ligeramente debajo, renombramos respectivamente a Host Button y Client Button, cambiamos el texto a Client:

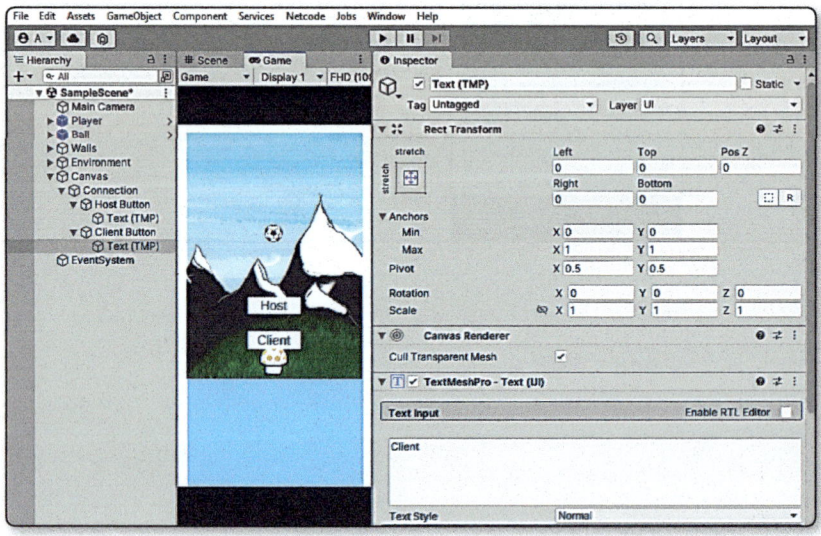

Client Button

Ahora hemos configurado nuestro panel de conexión. Vamos a agregar más paneles. Vamos a duplicar este panel de conexión, eliminar los botones y renombrarlo a *Waiting*, porque cuando el jugador vaya a presionar, sea anfitrión o cliente, no queremos que pueda presionar de nuevo así que más adelante deshabilitaremos este panel de conexión y habilitaremos el panel de espera. Borramos los botones, añadimos **UI > Text - Text Mesh Pro**. En el centro, de 400x100 de tamaño y con autosize, texto "Waiting…" y *Alignment* a *Center*.

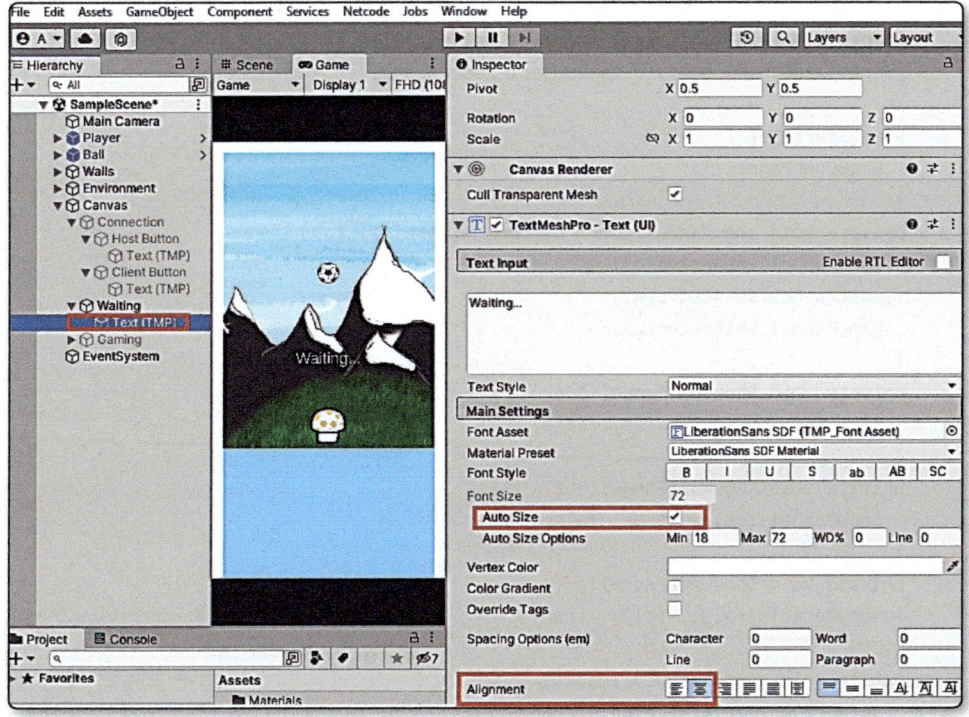

Panel de Waiting y Gaming

Podemos crear ahora un panel *Gaming*, vacío de momento.

4.2.8 UI Manager

Por cuestiones de organización, creemos un *Empty Object* en la jerarquía y llamémolos *Managers*. Anidado otro *Empty Object* llamado *UI Manager*. Creemos un script C# Llamado UIManager y asignémoselo. A continuación creamos el script:

```csharp
using System;
using System.Collections;
using System.Collections.Generic;
using Unity.Netcode;
using UnityEngine;

public class UIManager : MonoBehaviour
{
  [Header(" Panels ")]
  [SerializeField] private GameObject connPannel;
  [SerializeField] private GameObject waitPannel;
  [SerializeField] private GameObject gamePannel;

  void Start() {
    ShowConnPannel();
  }
  private void showPannels(bool c, bool w, bool g) {
    connPannel.SetActive(c);
    waitPannel.SetActive(w);
    gamePannel.SetActive(g);
  }
  private void ShowConnPannel() {
    showPannels(true, false, false);
  }
  private void ShowWaitPannel() {
    showPannels(false, true, false);
  }
  private void ShowGamePannel() {
    showPannels(false, false, true);
  }
  public void HostButtonCallback() {
    NetworkManager.Singleton.StartHost();
    ShowWaitPannel();
  }
  public void ClientButtonCallback() {
    NetworkManager.Singleton.StartClient();
    ShowWaitPannel();
  }
```

Donde mostramos el *Connection Pannel* al inicio, creamos las funciones auxiliares para habilitar y deshabilitar cada panel, añadimos el using Unity.Netcode; para poder utilizar   NetworkManager.Singleton.StartHost(); por supuesto, tendremos que asignar los Pannels a nuestras variables:

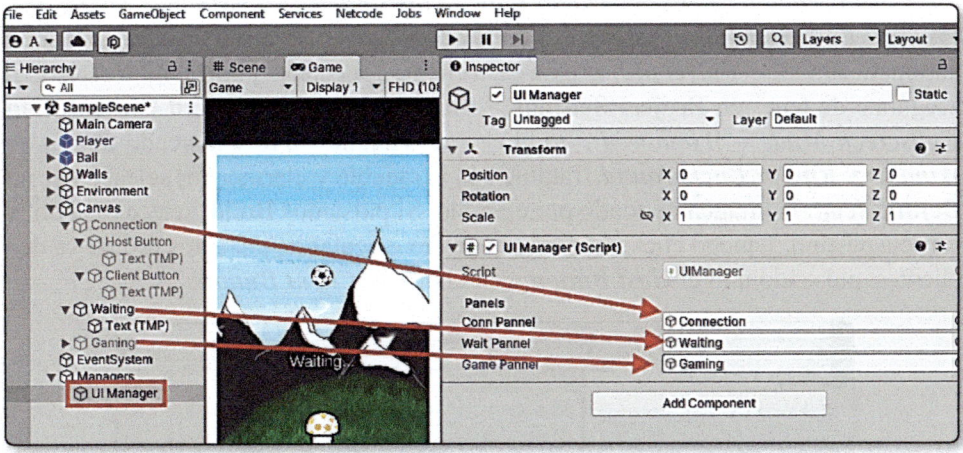

Así como las acciones de los botones Host Button y Client Button.

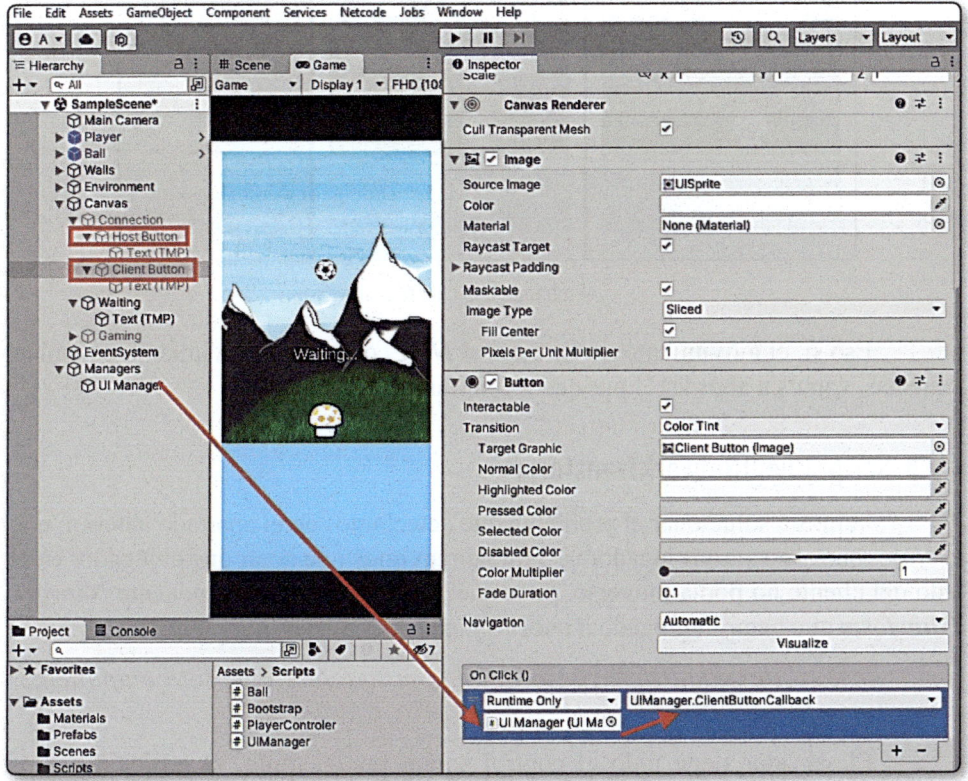

Asignando métodos a Onclick()

Procedemos a *eliminar tanto Player como Ball de la jerarquía, ya que son Prefabs*. En tiempo de ejecución, el **NetworkManager** se encargará de instanciar automáticamente el ***Player prefab*** para cada cliente conectado. Para facilitar el testing, asegúrate de tener en **Project Settings > Player > Resolutions and Presentation** *Fullscreen Mode = Windowed* , Width = 360, Height = 640 y marcado *Resizable Window* y *Run in Background.* También es agradable y clarificador seleccionar un *Default Icon*, la imagen de fondo por ejemplo. Si pulsamos **Build**, seleccionando la carpeta destino, y luego clickamos sobre nuestro ejecutable, podemos probar ya dos clientes, pulsando uno el *Host Button* y en el otro el *Client Button*:

Probando dos clientes

Eso sí, el movimiento no va bien, el **Host** controla el movimiento en ambas ventanas, vamos a abordar el por qué a continuación.

4.2.9 Script ClientNetworkTransform

Vamos a solucionar el problema que detectamos en el apartado anterior, que el **Host** controla a ambos jugadores. También tuvimos que notar que el jugador en el lado del cliente no podía moverse. ¿Por qué? Por defecto, el componente *Network Transform* que hemos agregado a nuestro jugador es *Server authoritative*.

https://docs-multiplayer.unity3d.com/netcode/current/components/ networktransform/

El servidor tiene todo el control sobre, por ejemplo, la posición de los jugadores. Queremos que sea *Client Authoritative* en su lugar, para que el cliente pueda moverse instantáneamente y luego envíe los datos al servidor para actualizarlos para el *Host*. Para eso, vamos a usar un ***Client Network Transform.*** Crear un nuevo script en C# llamado ClientNetworkTransform.

Si buscamos en el enlace anterior el apartado ***"Owner authoritative mode (a.k.a. ClientNetworkTransform)"*** encontramos:

```csharp
using Unity.Netcode.Components;
using UnityEngine;

namespace Unity.Multiplayer.Samples.Utilities.ClientAuthority {
  [DisallowMultipleComponent]
  public class ClientNetworkTransform : NetworkTransform {
    protected override bool OnIsServerAuthoritative() {
      return false;
    }
  }
}
```

ⓘ Nota para los más curiosos

Es heredar del componente de transformación de red **Network Transform** y sobrescribir el único booleano del servidor **Server Authoritative**, de manera que devuelva **false** para que el gestor de red **Network Manager** sepa que esto no es autoritativo del servidor.

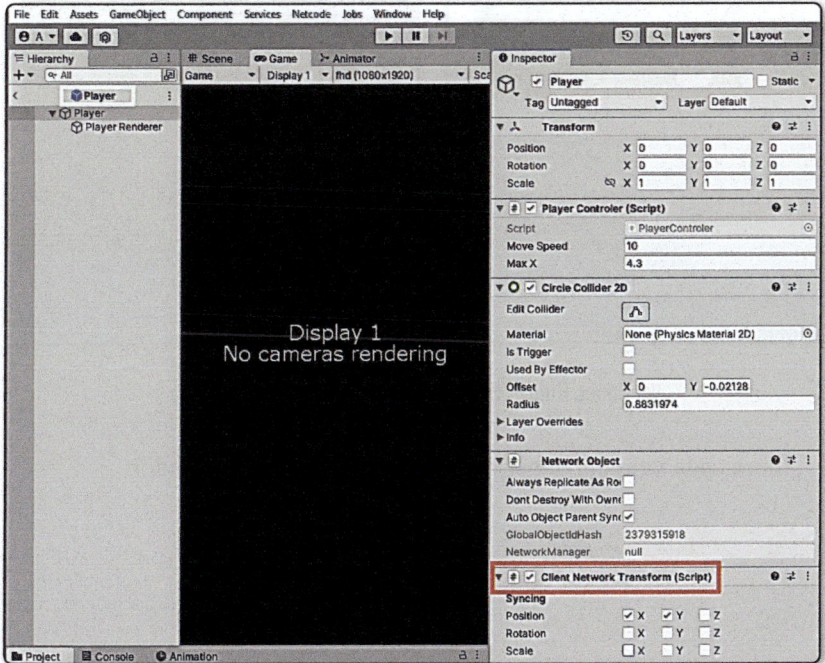

Cambiando el Prefab Player con ClientNetworkTransform

Tras borrar el *Network Transform* del *Player* y añadir el script *ClientNetworkTransform*, nos permite controlar al Player en el lado del cliente. Dejamos solo Position X e Y marcadas. Pruébalo pulsando **Play.**

Versiones Build y Unity Editor funcionando en paralelo

Ahora cada ventana debería de controlar su propio jugador.

5

JUGADORES EN LA RED

Damos por hecho que partimos de haber completado el Capítulo 4, con lo que partimos desde ese punto del código.

5.1 PROYECTO MULTIJUGADOR PARTE 2

Vamos a diferenciar a los jugadores por color dependiendo de su tipo. Si es el Host, por defecto (blanco). Si es el cliente, rojo.

5.1.1 Diferenciando jugadores mediante ServerRpc

Vamos a nuestra carpeta de *Scripts*, hacemos clic derecho, creamos un nuevo script y lo llamamos *PlayerColorizer*. Agregamos este script al *Player* prefab.

En este script necesitamos verificar si somos el servidor o el anfitrión, así que necesitaremos heredar de una clase específico (no de la habitual *MonoBehaviour)*. Así que añadimos using Unity.Netcode. Después de eso, heredamos de la clase *NetworkBehaviour*. Es básicamente como un *MonoBehaviour*, pero para la red. A continuación, necesitamos una referencia a nuestro *renderer* con el objetivo de poder cambiar su color.

```
using System.Collections;
using System.Collections.Generic;
using UnityEngine;
using Unity.Netcode;

public class PlayerColorizer : NetworkBehaviour
{
```

```
[Header(" Elements ")]
[SerializeField] private SpriteRenderer[] renderers;

public override void OnNetworkSpawn() {
  base.OnNetworkSpawn(); /* invocas la implementación del método
                        * OnNetworkSpawn en la clase base */
  if(!IsServer&& IsOwner) {
    ColorizeServerRpc(Color.red);
  }
}

[ServerRpc]
private void ColorizeServerRpc(Color color) {
  ColorizeClientRpc(color);
}

[ClientRpc]
private void ColorizeClientRpc(Color color) {
  foreach(SpriteRenderer renderer in renderers) {
    renderer.color = color;
  }
}
}
```

Agregamos un encabezado SpriteRenderer renderers como un array porque podríamos tener múltiples renderers más adelante. No olvidemos asignarlo en el editor.

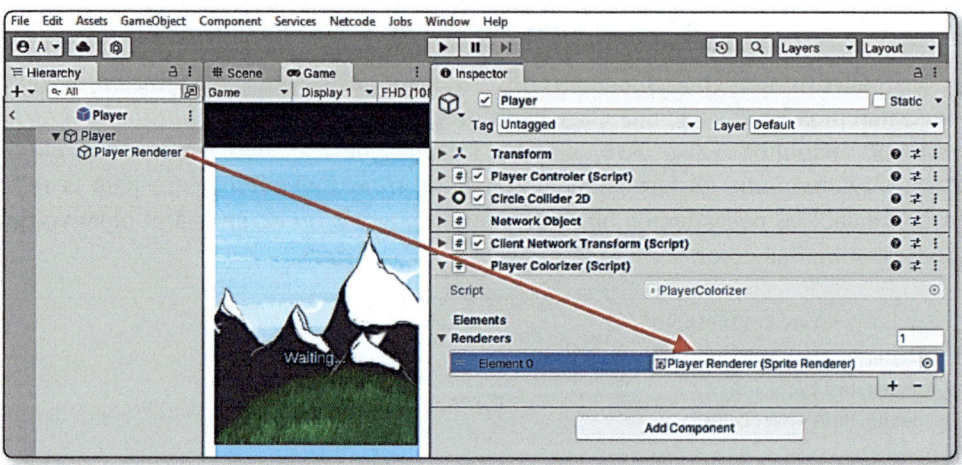

Asignando el renderer del prefab Player

Si estás interesado, puedes profundizar sobre el uso del método *serverrpc* en *NGO* en la documentación:

https://docs-multiplayer.unity3d.com/netcode/current/advanced-topics/ message-system/serverrpc/

Desglosando el código:

Agregamos una variable *SpriteRenderer renderers* como un **array** porque podríamos tener múltiples renderers más adelante.

Necesitamos un método que tomará un color como argumento: color. Y lo que hará es simplemente recorrer todos los *renderers*. Vamos a usar un bucle **foreach** para eso, para cada *SpriteRenderer renderer* en *renderers*, de esta manera recorreremos todos los renderers.

Después de eso, necesitamos verificar si esta instancia del jugador es en realidad el anfitrión o el cliente. Para hacer eso, queremos sobrescribir (override) un método que está en la clase *NetworkBehaviour*, el *OnNetworkSpawn*. Este método se llama básicamente cuando cualquier objeto es creado en la red. Cuando se crea, queremos verificar si este no es el servidor y este es el propietario.

Queremos enviar un mensaje al servidor diciéndole algo como: "Oye, mr. servidor, por favor diles a todos los clientes que coloreen al cliente en rojo".

Paso a paso:

Queremos crear un método con el atributo *ServerRpc*. ¿Qué es un *ServerRpc*? Un mensaje enviado desde un cliente al servidor. En nuestro caso, el cliente quiere decirle al servidor que coloree al jugador en rojo. Creamos un método para eso: private void *ColorizeServerRpc* y pasamos el color: *Color color*.

Bien, ahora queremos llamar un *ClientRpc*. ¿Qué es un *ClientRpc*? Lo contrario: un mensaje enviado desde el servidor a todos los clientes. Cuando el servidor recibe este mensaje, enviará un mensaje a todos los clientes para colorear al jugador en rojo. Llamaremos al método *ColorizeClientRpc* con el atributo `[ClientRpc]`.

Pulsando Play debería de mostrarse en rojo tanto en el Host como en el Client.

Probando las llamadas con [ServerRpc] y [ClientRpc]

5.1.2 Conceptos Clave de los Eventos en C#

Es importante conocer los eventos ya que son como avisos que le dicen al juego cuándo ocurren cosas importantes, como que un jugador se conecta, recoge objetos o gana puntos. Estos eventos pueden suceder en cualquier momento y de forma independiente. Al ser eventos que pueden ocurrir en distintos momentos (asincrónos) podrían generar conflictos, como que dos jugadores intenten recoger el mismo objeto al mismo tiempo o que una acción llegue en un orden inesperado. Debes tener en mente esto a la hora de diseñar tu juego.

5.1.2.1 EVENTOS

En **Unity**, los eventos en **C#** son una forma poderosa de implementar un sistema de comunicación entre componentes o scripts sin necesidad de que estos estén directamente acoplados entre sí. Esto es particularmente útil para gestionar acciones como clics de botones, interacciones del usuario, cambios de estado, etc.

- Los **Eventos** son declaraciones en C# que permiten que una clase notifique a otras cuando ocurre una acción específica.
- Los **Delegados** son tipos que representan referencias a métodos, y los eventos utilizan delegados como base.
- Los **Suscriptores y Publicadores**: el *publicador* es el que define y dispara (invoca) el evento. Los *suscriptores* son los que escuchan el evento y responden a él.

5.1.2.2 DECLARAR Y USAR UN EVENTO EN UNITY

Ejemplo 1. Declarar un delegado y un evento.

```
public delegate void OnPlayerDied();
public event OnPlayerDied PlayerDiedEvent;
```

Ejemplo 2. Utilizando un delegado simplificado.

```
public event Action PlayerDiedEvent;
```

(Para usar ***Action***, necesitas importar la librería ***System con using System;***).

Ejemplo 3. Utilizando un delegado simplificado que acepta parámetros.

```
public event Action<Vector3> PlayerDiedEvent;
```

En C#, **Action<>** es un delegado genérico que se utiliza cuando quieres definir métodos que no retornan ningún valor (void) pero que pueden aceptar parámetros. *Es muy común* en sistemas de eventos porque simplifica la declaración de delegados y elimina la necesidad de crear un delegado personalizado.

5.1.2.3 DESUSCRIBIRSE DEL EVENTO

Es importante para evitar referencias colgantes y posibles errores.

```
void OnDestroy() {
  Player player = FindObjectOfType<Player>();
```

```
    if (player != null) {
      player.PlayerDiedEvent -= OnPlayerDiedHandler;
    }
}
```

5.1.2.4 EJEMPLO COMPLETO DE EVENTOS EN C#

Imagina que tienes un sistema de salud que notifica cuando el jugador muere:

Clase Player (Publicador):

```
public event Action<Vector3> PlayerDiedEvent;

public void Die(Vector3 position) {
  Debug.Log("Player has died at " + position);
  PlayerDiedEvent?.Invoke(position); // Dispara el evento con un parámetro
}
```

Clase GameStateManager (Suscriptor):

```
void Start() {
  Player player = FindObjectOfType<Player>();
  if (player != null) {
    player.PlayerDiedEvent += OnPlayerDied;
  }
}

void OnPlayerDied(Vector3 position) {
  Debug.Log($"Player died at position {position}");
}
```

Ventajas de Usar Eventos en Unity.

▼ Desacoplamiento: los scripts no necesitan referenciarse directamente.

▼ Mantenibilidad: puedes agregar nuevos suscriptores sin modificar el código del publicador.

▼ Flexibilidad: facilita la interacción entre múltiples objetos y sistemas en un proyecto complejo.

Ahora que hemos hecho esta breve introducción a los eventos en C#, podemos continuar con el siguiente script, que los va a utilizar.

5.1.3 Game State Manager

Vamos a crear un Script llamado *GameStateManager* y asignarlo dentro de un *Empty Object* debajo de nuestros *Managers.*

Script GameStateManager.

```csharp
using System.Collections;
using System.Collections.Generic;
using UnityEngine;
using Unity.Netcode;
using System;

public class GameStateManager : NetworkBehaviour {
  // Singleton para acceder globalmente al gestor de estado del juego
  public static GameStateManager instance;
  // Estados posibles del juego
  public enum State { Menu, Game, Win, Lose }
  private State gameState; // Estado actual del juego

  private int connectedPlayers; // Número de jugadores conectados

  // Evento que notifica los cambios de estado del juego
  [Header("Events")]
  public static Action<State> onGameStateChanged;

  public void Awake() {
    // Configura el singleton o destruye si ya existe una instancia
    if (instance == null)
      instance = this;
    else
      Destroy(gameObject);
  }

  public override void OnNetworkSpawn() {
    // Configuración inicial cuando el objeto se "activa" en la red
    base.OnNetworkSpawn();
    // Suscribirse al evento del servidor
    NetworkManager.OnServerStarted += NetworkManager_OnServerStarted;
  }
```

```
private void NetworkManager_OnServerStarted() {
  // Lógica que ocurre cuando el servidor comienza
  if (!IsServer)
    return;

  connectedPlayers++; // Cuenta el servidor como el primer jugador
  // Suscribir al evento de conexión de clientes
  NetworkManager.Singleton.OnClientConnectedCallback +=
    Singleton_OnClientConnectedCallback;
}

private void Singleton_OnClientConnectedCallback(ulong obj) {
  // Lógica cuando un cliente se conecta al servidor
  connectedPlayers++; // Incrementa la cuenta de jugadores conectados
  // Si hay al menos dos jugadores conectados
  if (connectedPlayers >= 2)
    StartGame(); // Inicia el juego
}

private void StartGame() {
  // Llama al método cliente para cambiar el estado del juego
  StartGameClientRpc();
}

[ClientRpc]
private void StartGameClientRpc() {
  // Cambia el estado del juego y notifica a los suscriptores
  gameState = State.Game;
  // Dispara el evento si hay suscriptores
  onGameStateChanged?.Invoke(gameState);
}

void Start() {
  // Inicializa el estado del juego en el menú al iniciar
  gameState = State.Menu;
}

void Update() {
}
}
```

Al añadirlo nos debería de pedir añadir la clase NetworkObject, lo que aceptamos.

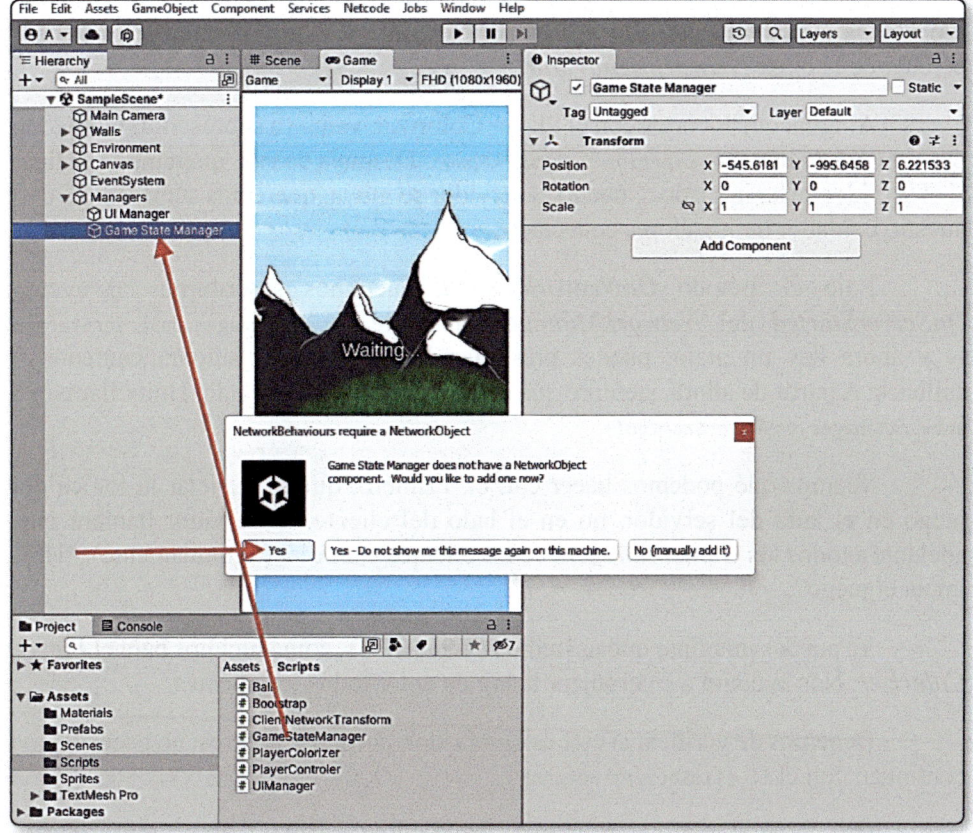

Añadiendo NetworkObject

Primero, lo que queremos hacer es añadir un **enum**. Esto nos ayudará a manejar los estados del juego: un estado de juego, un estado de victoria, derrota porque o el anfitrión gana o el cliente gana. Entonces tendremos los estados: *MenuState, GameState, WinState* y *LoseState.*

También creamos una variable privada de tipo State y la llamamos *gameState*.

Al inicio, el estado del juego debería ser *MenuState*.

Ahora, ¿qué queremos hacer? Queremos verificar siempre que ambos jugadores estén conectados. Si ese es el caso, queremos cambiar del estado *MenuState* al *GameState*.

¿Cómo podemos saber si ambos jugadores están conectados a la red? Para eso vamos a usar nuevamente la librería **Netcode** de Unity. Y también vamos a heredar de la clase *NetworkBehaviour*.

Al igual que hicimos con el Player Colorizer, vamos a sobrescribir el método *OnNetworkSpawn* con `override OnNetworkSpawn`. Después de eso, queremos verificar si el servidor se ha iniciado. Cuando el servidor se inicia, queremos sumar uno a uno nuestro contador de jugadores conectados.

Bajo el método *OnNetworkSpawn*, queremos suscribirnos al evento *OnServerStarted* del *NetworkManager* mediante `NetworkManager.OnServerStarted +=` y ahora hay un atajo: puedes presionar Tab y generará automáticamente el callback. A partir de ahora, siempre que el servidor se haya iniciado, Unity llamará a `NetworkManager_OnServerStarted()`.

Veamos qué podemos hacer con él. Primero, quiero manejar la lógica del juego en el lado del servidor, no en el lado del cliente. El servidor llamará más adelante a todos los *GameManagers* de los clientes y les dirá (figuradamente): "Hey, inicia el juego".

Ya puedes imaginar que usaremos *Client RPCs*, como hicimos para el *Player Colorizer*. Nos ayudará a sincronizar la lógica entre todos los clientes.

Debemos de verificar si este es el servidor, porque si no lo es, no necesitamos continuar, con el `if (!IsServer) return;`.

Pero si es el servidor, toda la lógica aquí se ejecutará. Nos suscribimos al evento *NetworkManager.Singleton.OnClientConnectedCallback* porque, como el servidor ya está conectado, ya contamos con un jugador. Entonces nos suscribimos al método. `+= [Tab]` de nuevo.

Además, necesitamos incrementar el contador de jugadores conectados porque el anfitrión también cuenta como jugador. Así que ahora tenemos uno, y cuando otro jugador o cliente se conecta al juego, aumentamos el contador de jugadores conectados.

Después verificamos si el contador es mayor o igual a dos. Si es así, iniciamos el juego.

Ahora vamos a crear el método *StartGame*. ¿Qué hará este método? Necesita informar a todos los *GameManagers* en los demás clientes y en este cliente que el juego ha comenzado, para que todos cambien el estado del juego a GameState. Para ello, utilizaremos un *Client RPC*.

Dentro de este método simplemente estableceremos: `gameState = State.Game`.

También necesitamos informar al ***UIManager*** que debe mostrar el panel de juego. Puedes hacerlo agregando una referencia al ***UIManager*** o, una mejor práctica, creando un evento para notificar el cambio de estado. Vamos a definir un evento llamado ***OnGameStateChanged*** y pasaremos el estado actual. Definimos esto usando System.Action y un argumento de tipo State.

Hacemos que el ***GameStateManager*** sea un singleton para que otras clases puedan suscribirse a este evento.

En el método Awake, configuramos `instance = this` y el manejo de estados del juego queda listo por ahora. Aquí tienes un gráfico para mostrar la secuencia habitual de eventos:

GameStateManager Logic

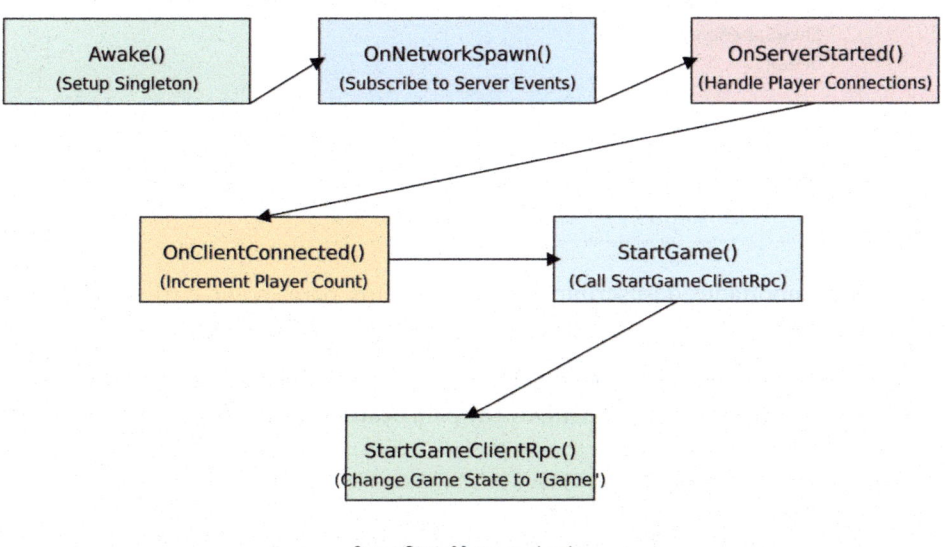

GameStateManager Logic

5.1.4 UI Manager

Vamos a adaptar nuestro *UI Manager* que creamos anteriormente al nuevo *Game State Manager* que acabamos de definir.

Queremos mostrar el **Gaming panel** del juego (dentro de **Canvas** en nuestra jerarquía) cuando ambos jugadores se hayan conectado a la red, aunque de momento ese panel esé vacío. Para ello necesitamos suscribirnos al evento **OnGameStateChanged** del **Game State Manager** y mostrar el panel del juego.

Cambios en el script **UIManager**:

```
void Start() {
    ShowConnPannel();
    GameStateManager.onGameStateChanged += GameStateChangedCallback;
}

private void GameStateChangedCallback(GameStateManager.State s) {
    switch (s) {
        case GameStateManager.State.Game:
            ShowGamePannel();
            break;
    }
}
public void OnDestroy() {
    GameStateManager.onGameStateChanged -= GameStateChangedCallback;
}
```

Es importante desuscribirse de los eventos para evitar errores cuando se destruyen objetos. Para eso, implementamos el método **OnDestroy**:

Respecto al script **GameStateManager**, como hereda de **NetworkBehaviour**, debemos sobrescribir el método OnDestroy para desuscribirnos de los eventos de red:

```
public override void OnDestroy() {
    base.OnDestroy();
    NetworkManager.OnServerStarted -= NetworkManager_OnServerStarted;
    NetworkManager.Singleton.OnClientConnectedCallback -=
    Singleton_OnClientConnectedCallback;
}
```

Probamos la funcionalidad con una instancia Build and Run y otra pulsando **Play** en el editor de Unity. Hacemos un unload de la escena principal, solo para la prueba, para garantizar que el NetworkManager esté disponible antes que el resto, si no el **GameStateManager** intentaría acceder al **NetworkManager** antes de que estuviera creado.

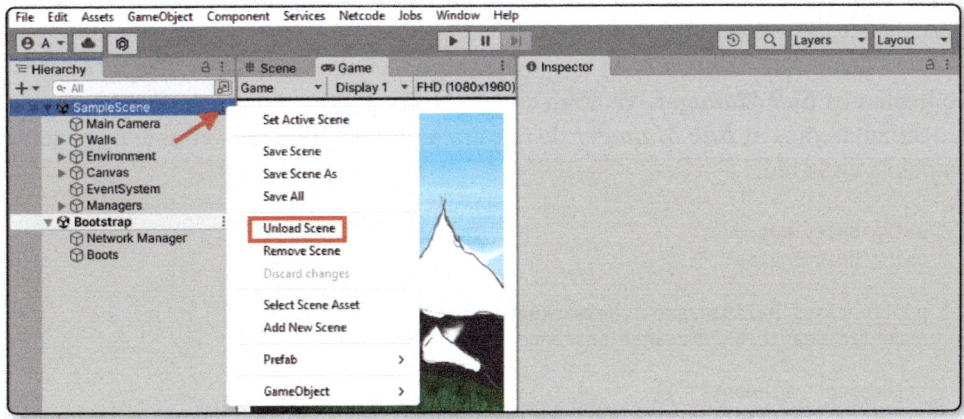

Unload de la escena principal

Verificamos si el panel Gaming se muestra correctamente cuando ambos jugadores están conectados. No olvides quitar el texto *"Waiting…"*

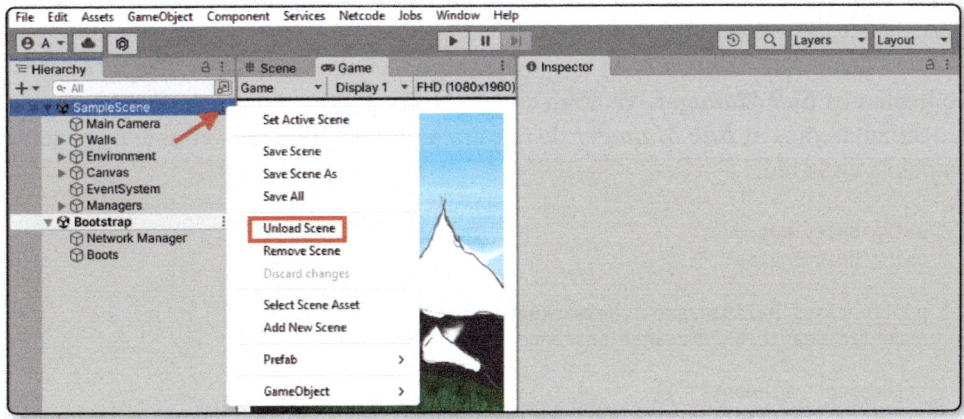

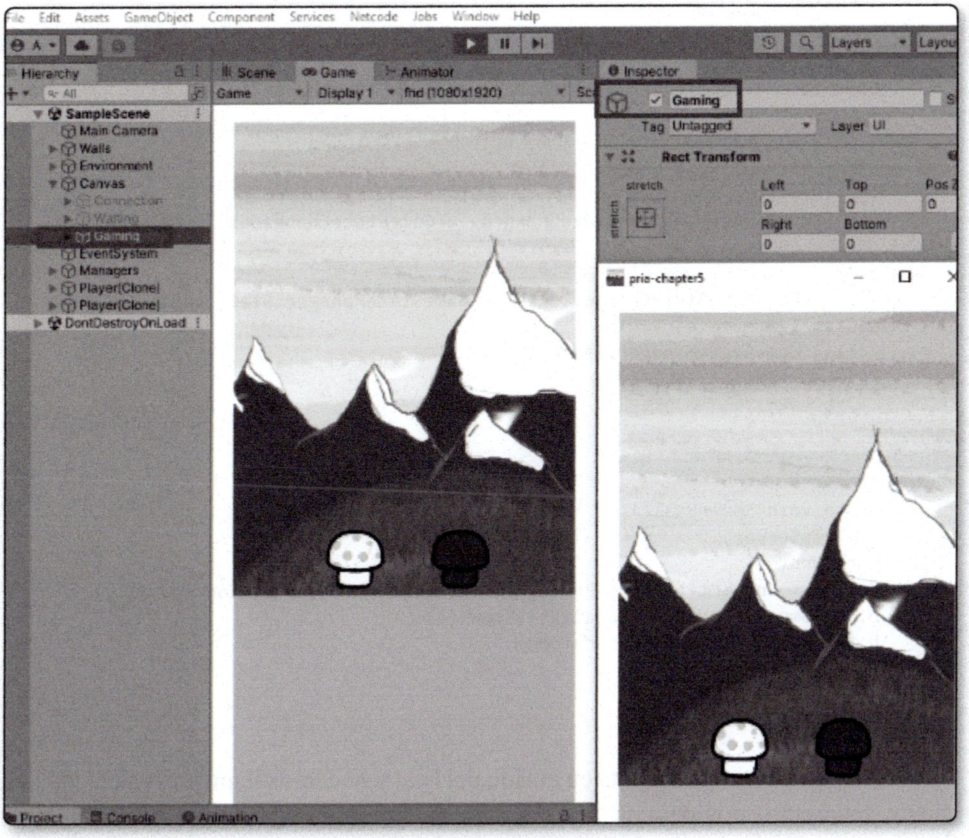

Mostrando el panel de juego

5.1.5 Ball Manager

Dentro de **Managers** en nuestra jerarquía, creamos un nuevo **Empty Child** y lo llamamos **Ball Manager**. Vamos a crear un nuevo script y llamarlo **BallManager**. Lo adjuntaremos al **Ball Manager** de nuestra jerarquía. Será responsable de generar la pelota en la red.

```
using Unity.Netcode;
using UnityEngine;

public class BallManager : NetworkBehaviour {
  public static BallManager instance;

  [Header(" Elements ")]
  [SerializeField] private Ball ballPrefab;

  private void Awake() {
    if (instance == null)
      instance = this;
    else
      Destroy(gameObject);
  }
  void Start() {
    GameStateManager.onGameStateChanged += GameStateChangedCallback;
  }

  public override void OnDestroy() {
    base.OnDestroy();
    GameStateManager.onGameStateChanged -= GameStateChangedCallback;
  }

  private void GameStateChangedCallback(GameStateManager.State gameState) {
    switch (gameState) {
      case GameStateManager.State.Game:
        SpawnBall();
        break;
    }
  }

  private void SpawnBall() {
    if (!IsServer)
      return;
    Ball b = Instantiate(ballPrefab, Vector2.up * 5, Quaternion.identity);
    b.GetComponent<NetworkObject>().Spawn();
    b.transform.SetParent(transform);
  }
}
```

Si generamos una pelota en el lado del host y hacemos lo mismo en el lado del cliente, tendremos dos pelotas. Eso no es lo que queremos. *Solo queremos generar la pelota en el lado del servidor*, es decir, para el **Host**, y este se encargará del resto.

Como estamos trabajando con red nuevamente, necesitamos importar la biblioteca de red con using Unity.Netcode; también necesitamos heredar de la clase **NetworkBehaviour**.

Después de eso, dado que este script será responsable de generar la pelota, necesitamos una referencia a esa pelota con [SerializeField] private Ball ballPrefab;. Podría ser una clase de tipo **GameObject**, pero es preferible usar la clase **Ball**, ya que el código queda más limpio.

¿Cuándo queremos crear la pelota? Queremos generar la pelota cuando comienza el juego, es decir, cuando ambos jugadores están conectados. Así que *necesitamos suscribirnos al Callback de cambio de estado del juego* en el **GameStateManager**.

Por supuesto, también necesitamos desuscribirnos cuando se destruya el objeto.

Vamos a implementar el método para generar la pelota con el método **SpawnBall()** donde invocamos a **Instantiate** y asegurarnos de que la pelota sea parte de la red con ballInstance.GetComponent<NetworkObject>().Spawn(); esto asegura que solo el servidor genere la pelota y que se sincronice en la red.

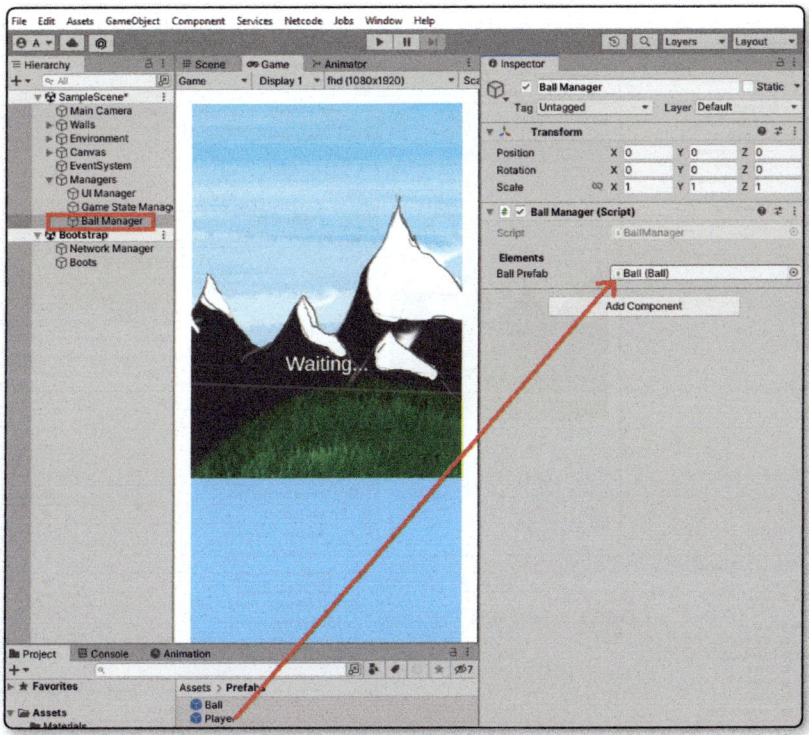

Añadiendo el Prefab Ball al Ball Manager

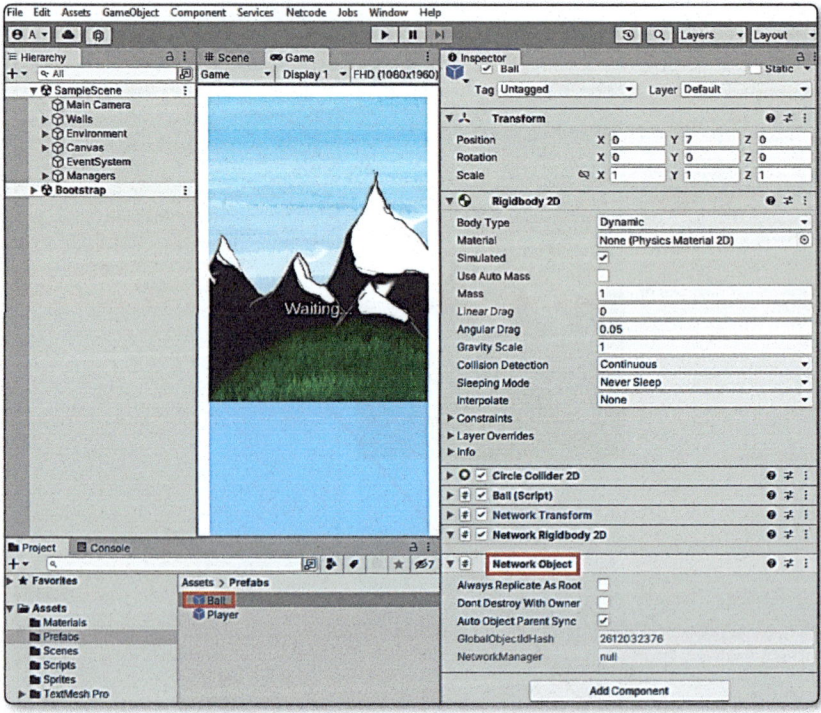

NetworkObject en nuestro Ball Manager

Además necesitaremos añadir un **Network Object** al **Ball** prefab y al Ball Manager. Cuando trabajas en Unity con NGO, el **NetworkObject** es crucial porque registra y sincroniza el objeto entre el servidor y los clientes en la red, sin él se impediría su sincronización y manejo.

Añadiendo el Network Object al Ball Prefab

5.2 SELECCIONANDO EL JUGADOR ACTIVO

Antes de poder trabajar con el Player Selector, vamos a necesitar un Script auxiliar, el ***PlayerStateManager***, *que adjuntaremos al Player Prefab.*

```
using System.Collections;
using System.Collections.Generic;
using UnityEngine;
using Unity.Netcode;

public class PlayerStateManager : NetworkBehaviour
{
  [Header(" Elements ")]
  [SerializeField] private SpriteRenderer[] renderers;
  [SerializeField] private Collider2D collider;

  public void Enable() {
    EnableClientRpc();
  }

  [ClientRpc]
  private void EnableClientRpc() {
    collider.enabled = true;
    foreach (SpriteRenderer renderer in renderers) {
      Color color = renderer.color;
      color.a = 1; // opaque
      renderer.color = color;
    }
  }
  public void Disable() {
    DisableClientRpc();
  }

  [ClientRpc]
  private void DisableClientRpc() {
    collider.enabled = false;
    foreach (SpriteRenderer renderer in renderers) {
      Color color = renderer.color;
      color.a = .2f; // semitransparent
      renderer.color = color;
    }
  }
}
```

No olvidemos que para poder agregar el atributo [*ClientRc]* necesitamos agregar la librería de Netcode. Así que usamos using Unity.NetCode; también necesitamos hacer que esta clase herede de *NetworkBehaviour*. Para enviar el mensaje a todos los clientes.

Por supuesto, tenemos que añadir el script al *Player* Prefab, el renderer del *Prefab Player* así como el *Cicle Collider 2D*.

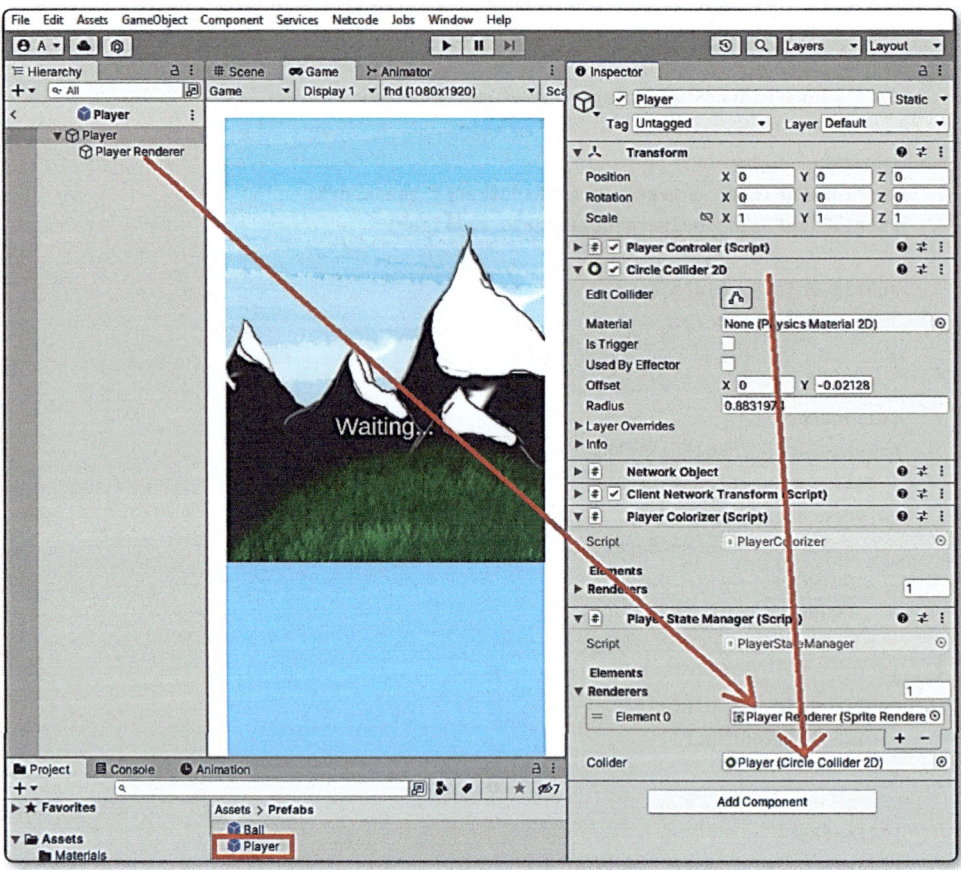

Añadiendo el renderer y collider del prefab Player

Ahora vamos a trabajar con el selector de jugadores. Crea un nuevo script llamado **PlayerSelector**. Crea un nuevo objeto de juego al que vamos a adjuntar este script. En nuestra jerarquía, debajo de "Managers", creamos un objeto vacío y lo llamamos *Player Selector Manager*. Adjuntamos el script que acabamos de crear.

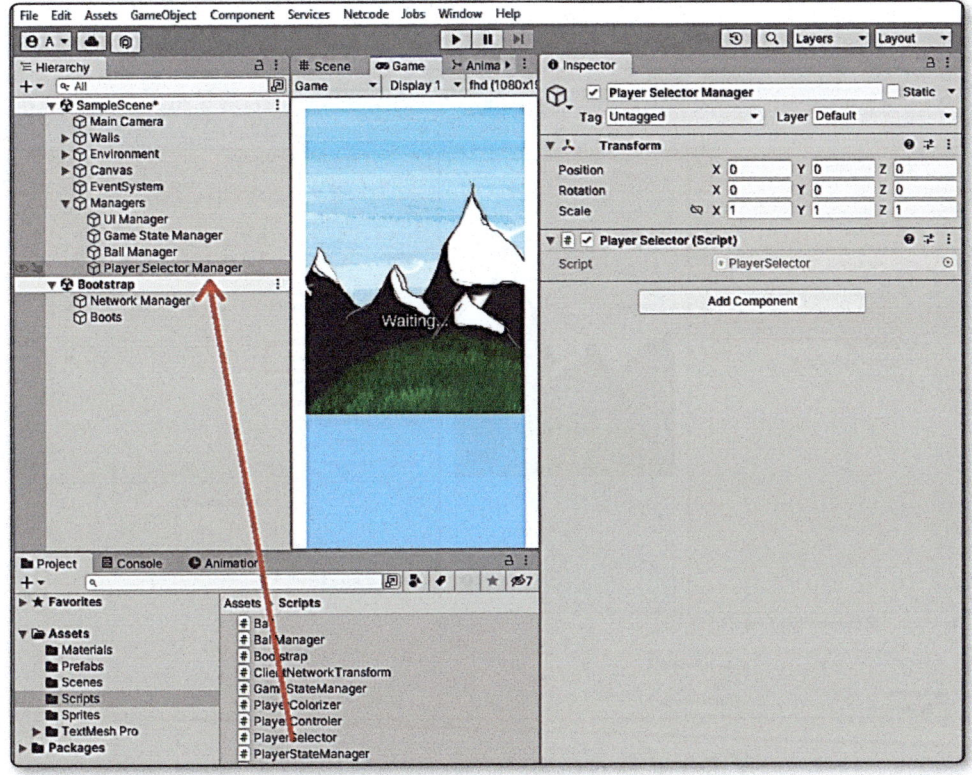

Creando el Player Selector

¿Qué hará este selector de jugadores? *Solo habrá una instancia del selector de jugadores* que se encargará de todo, y será la que esté en el lado del servidor. De nuevo, vamos a aplicar la misma lógica que aplicamos al ***Game Manager***.

Así que vamos a suscribirnos al evento ***OnServerStarted*** de la red, verificar si es el servidor o no, y si es el caso, podremos manejar los jugadores, habilitarlos o deshabilitarlos.

Usamos la librería de **NetCode** con `using Unity.Netcode;`

Y vamos a heredar de ***NetworkBehaviour***.

Añadimos el objeto de juego de la red a este script *NetworkObject*:

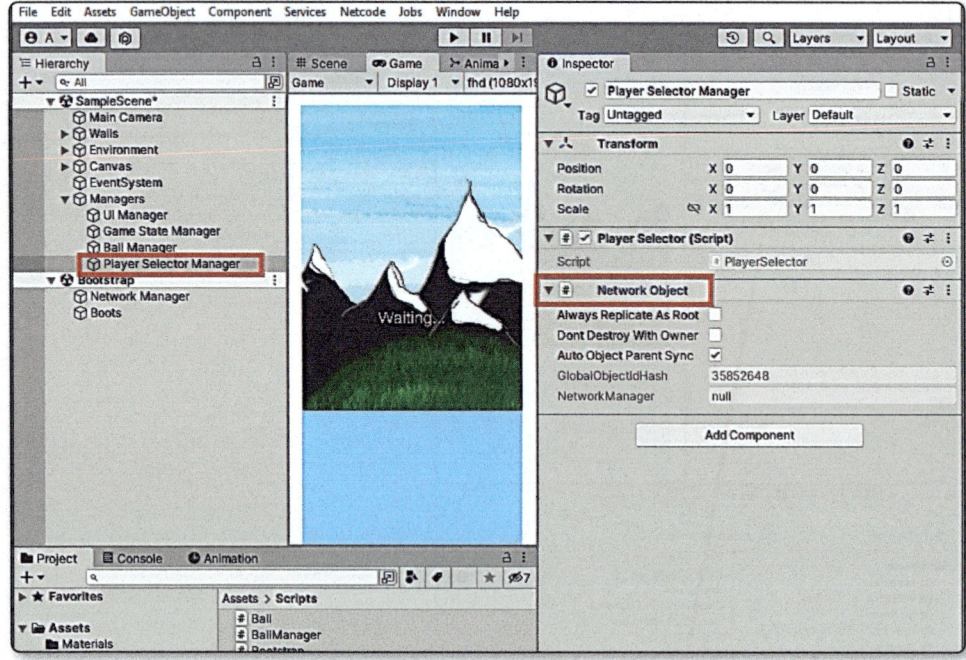

NetworkObject en nuestro Player Selector Manager

Ahora podemos sobrescribir el método *OnNetworkSpawn* dentro del scrip *PlayerSelector*.

```csharp
using System.Collections;
using System.Collections.Generic;
using UnityEngine;
using Unity.Netcode;
using System;

public class PlayerSelector : NetworkBehaviour
{
    private bool isHostTurn;

    public override void OnNetworkSpawn() {
        base.OnNetworkSpawn();
        NetworkManager.OnServerStarted += NetworkManager_OnServerStarted;
    }
```

```csharp
private void NetworkManager_OnServerStarted() {
  if (!IsServer)
    return;
  GameStateManager.onGameStateChanged += GameStateChangedCallback;
}

public override void OnDestroy() {
  base.OnDestroy();
  NetworkManager.OnServerStarted -= NetworkManager_OnServerStarted;
  GameStateManager.onGameStateChanged -= GameStateChangedCallback;
}

private void GameStateChangedCallback(GameStateManager.State gameState) {
  switch (gameState) {
    case GameStateManager.State.Game:
      InitializePlayers();
      break;
  }
}

private void InitializePlayers() {
  // Look for every player in the game
  PlayerStateManager[] playerStateManagers =
   FindObjectsOfType<PlayerStateManager>();

  for(int i = 0; i < playerStateManagers.Length; i++) {
    if(playerStateManagers[i].GetComponent<NetworkObject>().IsOwnedByServer){
      if (isHostTurn)
        playerStateManagers[i].Enable();   // Is the host and its turn
      else
        playerStateManagers[i].Disable(); // Is the host but not its turn
    } else {
      if(isHostTurn)
        playerStateManagers[i].Disable(); // Is the client but not its turn
      else
        playerStateManagers[i].Enable(); // Is the client and its turn
    }
  }
}
```

Nos suscribimos al evento *OnServerStarted* del *NetworkManager*.

Cuando el servidor haya iniciado. Si no es el servidor, simplemente retornamos. De lo contrario, nos suscribimos a algunos eventos. Son *OnServerStarted* del *NetworkManager* y *OnGameStateChanged* del *GameManager*. No hay que olvidar desuscribirse en el *OnDestroy().*

Cada vez que comencemos el juego, *OnServerStarted()* se dispara. Entonces, cada vez que iniciemos el juego, queremos habilitar al host y deshabilitar al cliente. Así que *el host será el que juegue primero*.

Si sigues la lógica de *IntitializePlayers()* verás que simplemente se habilita o deshabilita el jugador dependiendo de si *IsOwnedByServer* e *isHostTurn.* Si pulsas **Play** deberías de ver como el host se vuelve transparente y no tiene collider:

Probando el Ball spawning

Comprobarás que hay una diferencia entre el rebote la pelota en el servidor y el cliente. Es debido a la **interpolación** del Network Transform, vamos a eliminarla. La interpolación en un Network Transform es una técnica utilizada para suavizar la transición de la posición de un objeto entre dos puntos (en este caso, entre el servidor y el cliente). Esto ayuda a evitar que los objetos se muevan de manera brusca o salten de un lugar a otro cuando las actualizaciones de la red son asincrónicas o tardan en llegar, incluso si hay cierta latencia o retraso en las actualizaciones. Sin embargo, en nuestro caso, como deseamos una sincronización exacta entre servidor y cliente, la quitaremos. Sin la interpolación, cada cliente y el servidor se actualizan directamente en tiempo real con la posición exacta del objeto. Esto es importante cuando se busca precisión, especialmente cuando la interacción con otros objetos (como un jugador tocando una pelota) es crítica. Si la interpolación está activada, los clientes podrían ver una posición interpolada que no coincide con la real.

Procedemos a deshabilitar la interpolación en el *Network Transform* del prefab *Ball* en el *Network Client Transform* del prefab Player:

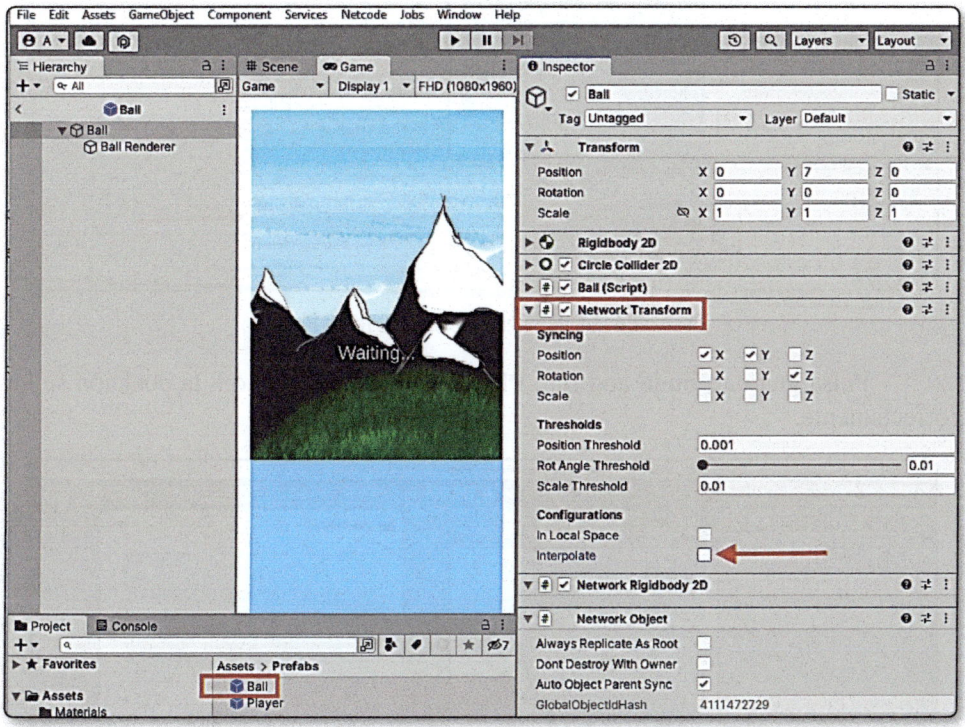

Deshabilitando la interpolación del Prefab Ball

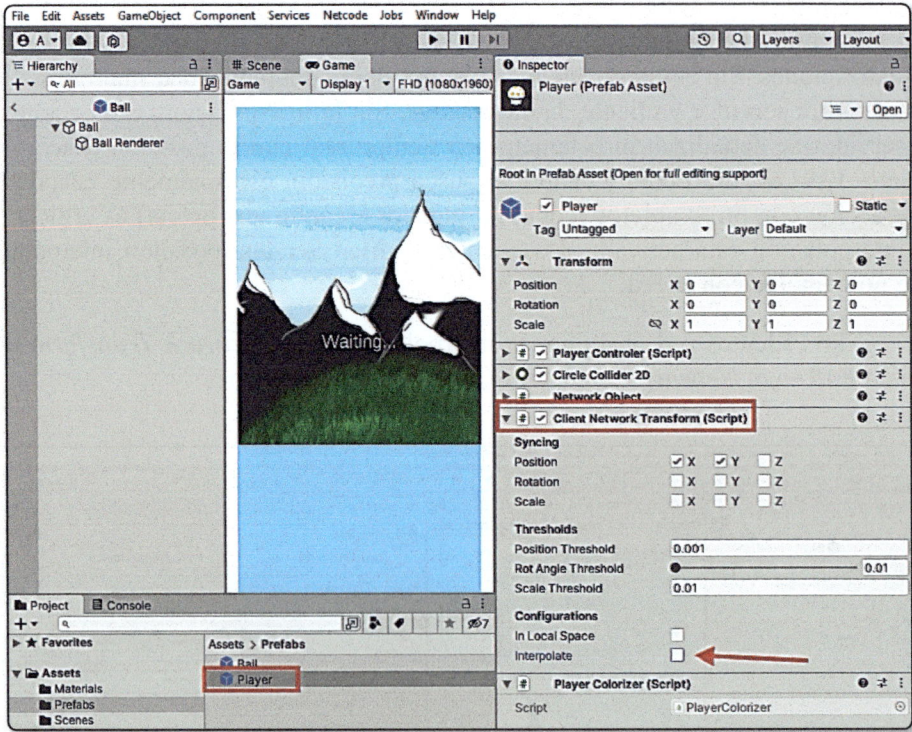

Deshabilitando la interpolación del Prefab Player

Pulsa guardar, build and run, **Play** y comprueba si ahora la posición se ve correctamente.

Pelota y jugador en ausencia de Interpolación

5.3 ALTERNANDO TURNOS

También necesitamos decirle al *Player Selector* que la pelota se ha tocado, para que esté al tanto de que necesita cambiar qué jugador debe estar jugando. Así que *vamos a crear nuestro segundo evento* para eso. Para ello es necesario añadir la librería *System*.

*Recapitulando eventos: hasta ahora solo habíamos creado uno, *onGameStateChanged* dentro del script *GameStateManager*. Lo que sí nos hemos suscrito a los predefindos por NGO como el *NetworkManager.OnServerStarted* (en los scripts *GameStateManager y   PlayerSelector*) y al también predefinido *OnClientConnectedCallback* (en el *GameStateManager* , por supuesto).

Script Ball.cs

```
using System;
using System.Collections;
using System.Collections.Generic;
using UnityEngine;

[RequireComponent(typeof(Rigidbody2D))]
public class Ball: MonoBehaviour
{
  [Header(" Physics Settings ")]
  [SerializeField] private float bounceVelocity;
  private Rigidbody2D rig;

  [Header(" Events ")]
  public static Action onHit;

  void Start()
  {
    rig = GetComponent<Rigidbody2D>();
  }

  // Update is called once per frame
  void Update()
  {

  }
  private void OnCollisionEnter2D(Collision2D collision) {
    if(collision.collider.TryGetComponent(out PlayerController
PlayerController)) {
      Bounce(collision.GetContact(0).normal);
```

```
      onHit?.Invoke();
    }
  }

  private void Bounce(Vector2 normal) {
    rig.velocity = normal * bounceVelocity;
  }
}
```

Se marca en negrita las modificaciones, `public static Action onHit;` es una declaración de un delegado de tipo *Action* -un evento-. Otros scripts pueden suscribirse a este evento y ejecutar código cuando se dispare (mediante *Invoke()*) el evento *onHit*. Se disparará dentro del método *OnCollisionEnter2D()*.

En el script *PlayerSelector.cs* vamos a tocar el método *NetworkManager_OnServerStarted()*, suscribiéndonos al evento que acabamos de crear; el método que ejecutaremos cuando se desencadene este evento es *SwitchPlayers()*, que cambia la variable boolean *isHostTurn* e invoca a *InitializePlayers()* (para que active/desactive el que toca) y por supuesto nos desuscribimos en el método *OnDestroy()*.

```
// No changes before

private void NetworkManager_OnServerStarted() {
  if (!IsServer)
    return;
  GameStateManager.onGameStateChanged += GameStateChangedCallback;
  Ball.onHit += SwitchPlayers;
}

private void SwitchPlayers() {
  isHostTurn = !isHostTurn;
  InitializePlayers();
}

public override void OnDestroy() {
  base.OnDestroy();
  NetworkManager.OnServerStarted -= NetworkManager_OnServerStarted;
  GameStateManager.onGameStateChanged -= GameStateChangedCallback;
  Ball.onHit -= SwitchPlayers;
}

// No changes after
```

Ahora pulsando **Play** deberías ver cómo se alternan turnos entre jugadores:

Prueba de alternancia de jugadores al golpear la pelota

5.4 SCORE MANAGER

Vamos a añadir el texto de la puntuación a nuestra interfaz de usuario (UI). Lo primero que vamos a hacer es abrir nuestro Canvas->Panel *Gaming*. Para trabajar con el, vamos a habilitarlo y deshabilitar el panel *Connection*. Y bajo este panel, vamos a agregar un Text Mesh Pro. **UI > Text > Text Mesh Pro**.

Lo vamos a centrar o alinear al centro, anclar en la parte superior y vamos a ajustarlo.

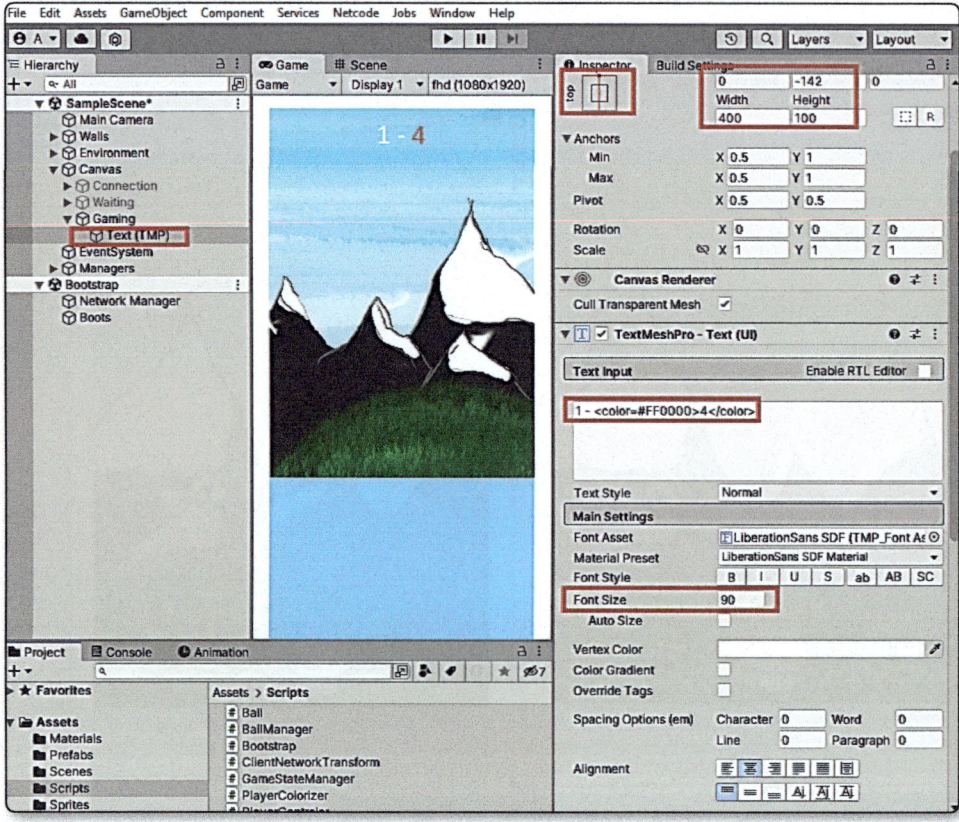

Añadiendo el marcador

Dejamos el segundo número del mismo color del cliente (rojo en nuestro caso). Si queremos hacer algo así, *podemos usar rich text*. Es una característica muy útil que está disponible aquí para nosotros. Poniendo

```
1 - <color=#FF0000>4</color>
```

5.4.1 Detección de la caída al agua

Para poder actualizar el marcador, lo primero que debemos de hacer es detectar cuándo la pelota cae al agua. Para eso, vamos a usar un evento nuevamente, lanzado desde la clase ***Ball***; además del ***onHit***, el nuevo ***onFellInWater***.

Script Ball.cs

```
using System;
using System.Collections;
using System.Collections.Generic;
using UnityEngine;

[RequireComponent(typeof(Rigidbody2D))]
public class Ball: MonoBehaviour
{
  [Header(" Physics Settings ")]
  [SerializeField] private float bounceVelocity;
  private Rigidbody2D rig;
  private bool isAlive;

  [Header(" Events ")]
  public static Action onHit;
  public static Action onFellInWater;

  void Start()
  {
    rig = GetComponent<Rigidbody2D>();
    isAlive = true;
  }

  private void OnCollisionEnter2D(Collision2D collision) {
    if (!isAlive)
      return;
    if(collision.collider.TryGetComponent(out PlayerController
     PlayerController)) {
      Bounce(collision.GetContact(0).normal);
      onHit?.Invoke();
    }
  }

  private void Bounce(Vector2 normal) {
    rig.velocity = normal * bounceVelocity;
  }

  private void OnTriggerEnter2D(Collider2D collider) {
    if (!isAlive)
      return;
    if (collider.CompareTag("Water")) {
```

```
    isAlive = false;
    onFellInWater?.Invoke();
    }
  }
}
```

Añadimos la variable *isAlive* para marcarla a falso cuando entra en colisión con objetos con el tag "Water", que crearemos más adelante. Además añadimos el evento *onFellInWater* para permitir la suscripción de métodos.

A continuación pasamos a implementar el *Score Manager* en nuestro juego.

Pero antes de eso, vamos a renombrar el texto a *Score Text*, y también *añadiremos una etiqueta al agua* para que la pelota pueda detectarlo. Vamos a agregar un *Box Collider 2D* a ella y activar la casilla *Is Trigger*. De esa manera, la pelota no chocará con ella, pero sí la activará. Después de eso, podemos crear una, haz clic en el botón + y escribe water.

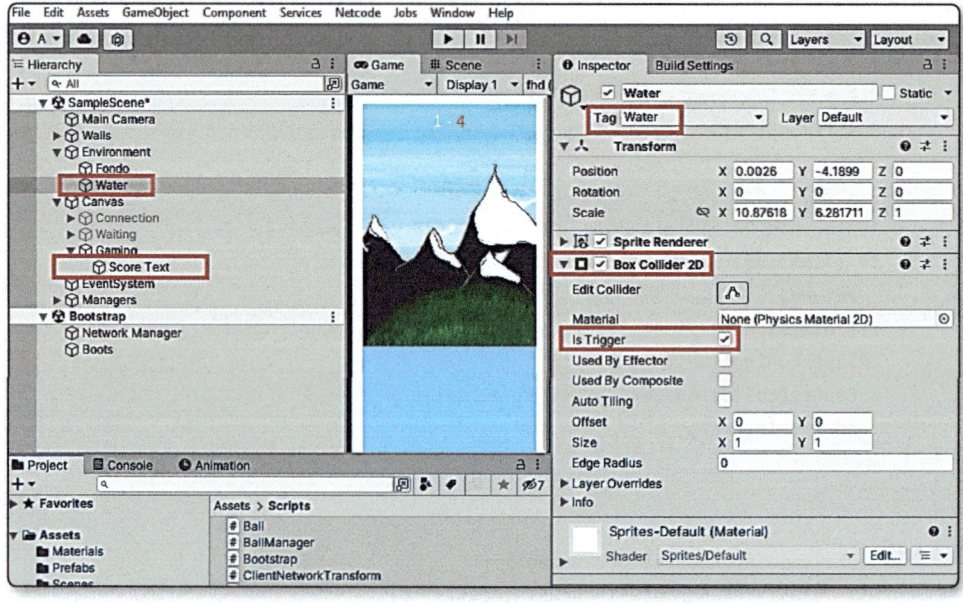

Score Text, Tag Water y añadiendo un Box Collider 2D

Vamos a crear un nuevo GameObject debajo del *Manager* en la jerarquía. Haz clic derecho, Create Empty, y llámalo Score Manager. Añadimos un script que creemos *ScoreManager.*

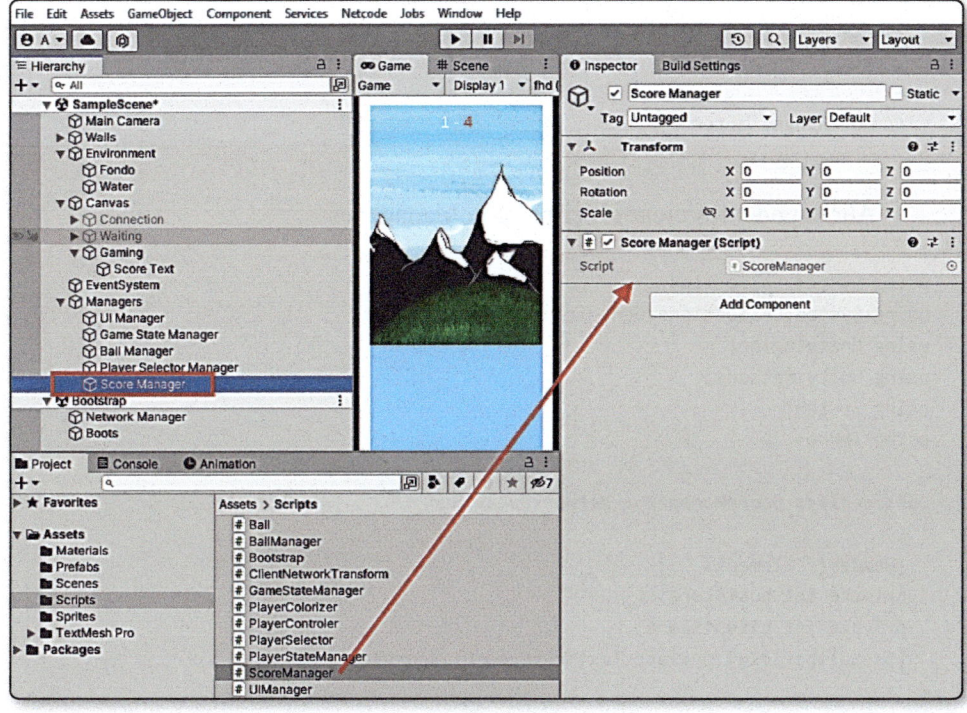

Creando el Score Manager

Antes de poder crear nuestro script, debemos de convertir nuestro *PlayerSelector.cs* en un **Singleton**, ya que debe de haber una única instancia desde la que podamos acceder al valor de la variable *isHostTurn*. Convertir en Singleton, recordamos, se hace declarando una variable del tipo de la clase e inicializándola en el método Awake().

Script PlayerSelector.cs

```
public class PlayerSelector : NetworkBehaviour
{
  public static PlayerSelector instance;
  private bool isHostTurn;

  private void Awake() {
    if (instance == null)
      instance = this;
    else
      Destroy(gameObject);
  }
```

```
public bool IsHostTurn() {
  return isHostTurn;
}
// No changes after
```

Ahora podemos crear el script ScoreManager.cs

```
using System.Collections;
using System.Collections.Generic;
using UnityEngine;
using Unity.Netcode;
using System;
using TMPro;

public class ScoreManager : NetworkBehaviour
{
  [Header(" Elements ")]
  private int hostScore;
  private int clientScore;
  [SerializeField] private TextMeshProUGUI scoreText;

  public override void OnNetworkSpawn() {
    base.OnNetworkSpawn();
    NetworkManager.OnServerStarted += NetworkManager_OnServerStarted;
  }

  private void NetworkManager_OnServerStarted() {
    if (!IsServer)
      return;
    Ball.onFellInWater += BallFellInWaterCallback;
    GameStateManager.onGameStateChanged += GameStateChangedCallback;
    Debug.Log("Event Subscribed");
  }

  public override void OnDestroy() {
    base.OnDestroy();
    NetworkManager.OnServerStarted -= NetworkManager_OnServerStarted;
    Ball.onFellInWater -= BallFellInWaterCallback;
    GameStateManager.onGameStateChanged -= GameStateChangedCallback;
  }

  private void GameStateChangedCallback(GameStateManager.State gameState) {
    switch (gameState)
    {
```

```
        case GameStateManager.State.Game:
          ResetScores();
          break;
    }
  }

  private void ResetScores() {
    clientScore = 0;
    hostScore = 0;
    UpdateScoreClientRpc(clientScore,hostScore);
    UpdateScoreText();
  }
  private void BallFellInWaterCallback() {
    Debug.Log("Inside BallFellInWaterCallback");

    if (PlayerSelector.instance.IsHostTurn())
      clientScore++;
    else
      hostScore++;

    //Update the displayed score
    UpdateScoreClientRpc(hostScore,clientScore);
    UpdateScoreText();
  }

  [ClientRpc]
  private void UpdateScoreClientRpc(int hostScore, int clientScore) {
    this.hostScore = hostScore;
    this.clientScore = clientScore;
  }

  private void UpdateScoreText() {
    UpdateScoreTextClientRpc();
  }

  [ClientRpc]
  private void UpdateScoreTextClientRpc() {
    scoreText.text = hostScore +
      " - <color=#FF0000>" + clientScore + "</color>";
  }

  void Start()  {
    UpdateScoreText();
  }
}
```

Resumen del Código

ScoreManager hereda de **NetworkBehaviour** para sincronización en red.

1. Variables Principales:

   hostScore y **clientScore**: variables locales para las puntuaciones.

   scoreText: texto UI TextMeshProUGUI que muestra las puntuaciones.

2. Inicio de la Red:

   En **OnNetworkSpawn**, se suscribe al evento **NetworkManager. OnServerStarted** para asegurarse de configurar eventos solo en el servidor.

   Eventos **Ball.onFellInWater** y **GameStateManager. onGameStateChanged** se manejan para actualizaciones de puntuación y reinicio.

3. Callbacks de Eventos:

   BallFellInWaterCallback: incrementa la puntuación según el turno del jugador.

   GameStateChangedCallback: reinicia las puntuaciones cuando el estado del juego cambia a Game.

4. Sincronización en Red:

   UpdateScoreClientRpc: método marcado con **[ClientRpc]** que sincroniza las puntuaciones en los clientes.

   UpdateScoreTextClientRpc: método que actualiza la UI del texto en todos los clientes.

5. Actualización de UI:

   La puntuación se muestra en formato "HostScore - ClientScore" con un color específico para el cliente.

6. Limpieza:

   En OnDestroy, se desuscribe de los eventos para evitar fugas de memoria.

No olvidemos arrastrar el **Score Text** dentro del **Canvas GAME** a la variable de nuestro ScoreManager script así como añadirle el componente **Network Object**. Cualquier clase que herede de **NetworkBehaviour** debe tener su **Network Object**.

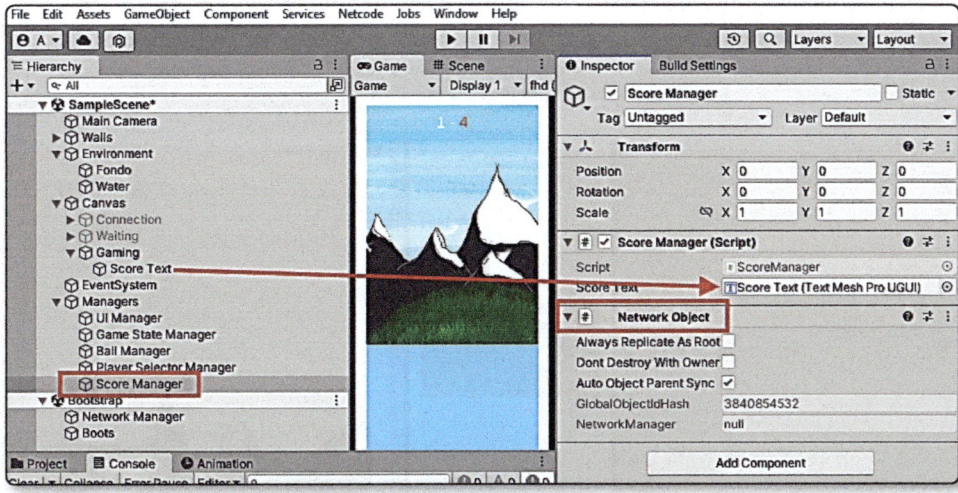

Añadiendo el Network Object al ScoreManager

Para probarlo en el orden adecuado y evitar intentar acceder al ***Network Manager*** antes de que esté instanciado, procederemos a hacer un ***Unload*** de la escena principal:

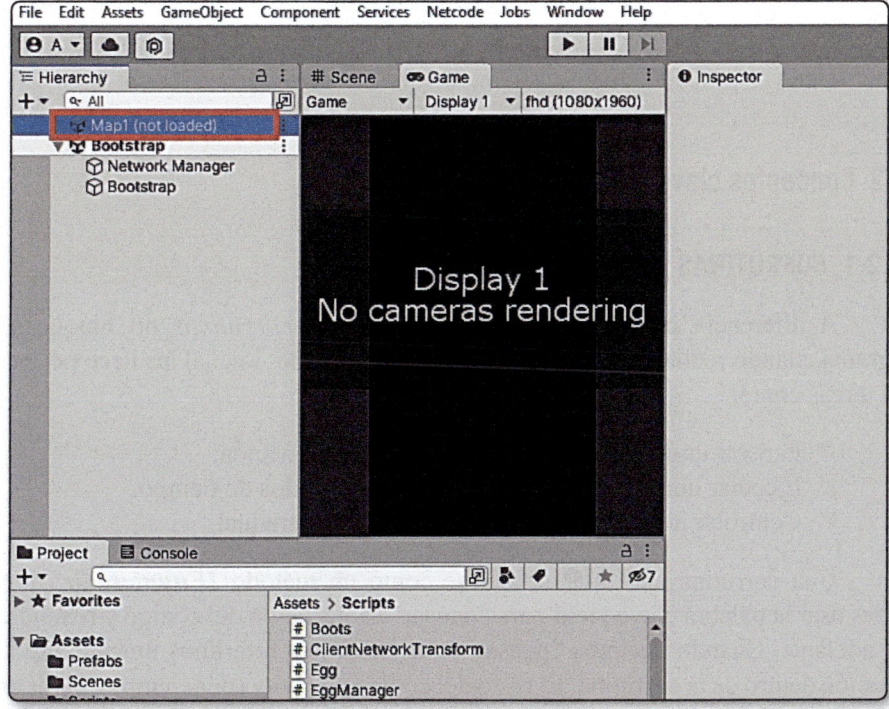

Unload de la escena principal

Probamos que se actualiza la puntuación con un **Build and Run** y **Play**

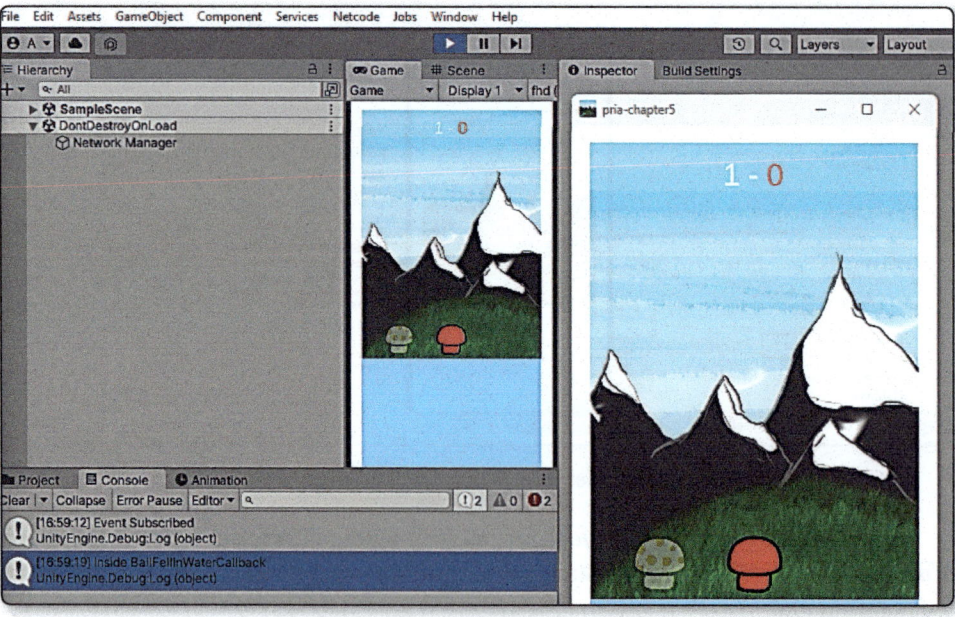

Probando la actualización de puntuaciones

Una vez probado, podemos *eliminar los Debug.Log()* del script.

5.4.2 Conceptos clave de Corrutinas en C#

5.4.2.1 CORRUTINAS

A diferencia de las funciones normales, las *corrutinas* no bloquean el programa cuando realizan una pausa o esperan un tiempo, lo cual las hace perfectas para tareas como:

- ▶ Esperar unos segundos antes de realizar una acción.
- ▶ Ejecutar una secuencia de eventos en intervalos de tiempo.
- ▶ Controlar animaciones o efectos de manera gradual.

Una corrutina en Unity se define como un método ***IEnumerator***, donde puedes usar la palabra clave **yield** para "pausar" la ejecución del código y reanudarlo más adelante. Cuando decimos "pausar" con **yield**, nos referimos únicamente a la ejecución dentro de la corrutina. El resto del código en Unity (por ejemplo, el método Update, otras funciones, animaciones o físicas) continúa ejecutándose normalmente.

5.4.2.2 EJEMPLO DE CORRUTINAS

Esperar 2 segundos.

```
using UnityEngine;
using System.Collections;

public class Example : MonoBehaviour
{
  void Start() {
    // Iniciar la corrutina
    StartCoroutine(WaitAndPrint());
  }

  IEnumerator WaitAndPrint() {
    Debug.Log("Inicio de la corrutina...");
    yield return new WaitForSeconds(2); // Esperar 2 segundos
    Debug.Log("Han pasado 2 segundos.");
  }
}
```

Explicación del Código:

▼ **StartCoroutine**: se utiliza para iniciar la corrutina.

▼ **IEnumerator**: define el método como una corrutina.

▼ **yield return**: hace que la corrutina "espere" o "pausa" su ejecución durante un tiempo o hasta que ocurra una condición.

▼ **WaitForSeconds(2)**: pausa la ejecución por 2 segundos.

Otras formas de yield return:

```
yield return null
```

Pausa la corrutina hasta el siguiente frame.

Útil para esperar el final de un frame.

```
yield return new WaitForEndOfFrame()
```

Espera hasta el final del frame actual.

```
yield return new WaitUntil(() => condition)
```

Espera hasta que una condición específica se cumpla.

Ejemplo:

```
yield return new WaitUntil(() => Input.GetKeyDown(KeyCode.Space));
Debug.Log("Se presionó la tecla SPACE.");
```

¿Por qué usar corrutinas?

Las corrutinas son muy útiles porque permiten manejar acciones en el tiempo sin tener que usar complicadas estructuras como temporizadores manuales o actualizaciones en el método Update.

Son eficientes para tareas como:

▼ Esperar antes de aplicar fuerzas físicas.

▼ Realizar secuencias de animación.

▼ Controlar efectos visuales o cambios de estado.

> **ⓘ Nota**
>
> Una corrutina debe iniciarse con **StartCoroutine()** y puede detenerse con **StopCoroutine()**.
>
> No olvides que yield no bloquea el programa principal. Solo pausa la corrutina.

5.5 REUTILIZANDO LA PELOTA

Lo primero que vamos a hacer aquí es evitar que la pelota caiga desde el inicio. Para eso, voy a abrir el script ***Ball***.

Y justo al inicio, cambiamos la variable ***gravityScale*** del componente ***Rigidbody***, pero necesitamos almacenar el ***gravityScale*** anterior. Después la pelota espera 2 segundos, luego cae. ¿Cómo podemos esperar? Usaremos la ***coroutinas*** que acabamos de introducir. La llamaremos ***WaitAndFall***.

Script Ball.cs

```
private float gravityScale;

void Start()
{
    rig = GetComponent<Rigidbody2D>();
    isAlive = true;

    gravityScale = rig.gravityScale;
    rig.gravityScale = 0;
    // Wait 2 seconds then fall
    StartCoroutine("WaitAndFall");
}

IEnumerator WaitAndFall() {
    yield return new WaitForSeconds(2);
    rig.gravityScale = gravityScale;
}

public void Reuse() {
    transform.position = Vector2.up * 5;
    rig.velocity = Vector2.zero;
    rig.angularVelocity = 0;
    rig.gravityScale = 0;
    isAlive = true;
    StartCoroutine("WaitAndFall");
}

// No other changes needed
```

De esa forma, la pelota esperará 2 segundos y luego caerá. También añadimos el método ***Reuse()*** que necesitaremos para volver a colocar la pelota en la posición de origen.

Probamos:

Pelota suspendida en el aire 2 segundos

Ahora, cuando la pelota cae en el agua, lo que queremos hacer es verificar si este es el fin del juego.*Si uno de los dos jugadores ha anotado 3 puntos, terminaremos el juego*. Mostraremos la pantalla de victoria para uno y la pantalla de derrota para el otro.

Si ningún jugador ha alcanzado 3 puntos, lo que podemos hacer es volver a colocar la pelota en su posición inicial encima de los jugadores. También podríamos generar una nueva pelota, pero reciclarla es mejor desde el punto de vista de uso de memoria, así que eso es lo que haremos.

Como necesitaremos acceder a ***BallManager*** desde otro script (el ***ScoreManager***) y hemos decidido que solamente habrá una pelota, lo hacemos un Singleton:

Script BallManager:

```
public static BallManager instance;

private void Awake() {
  if (instance == null)
    instance = this;
```

```
    else
       Destroy(gameObject);
  }

  public void ReuseBall() {
    if (!IsServer)
      return;
    if (transform.childCount <= 0)
      return;
    transform.GetChild(0).GetComponent<Ball>().Reuse();
  }
```

Añadimos la variable que guarda la instancia, el método Awake que la informa, e invocamos al método Reuse() del Ball.cs

Script ScoreManager:

```
    private void BallFellInWaterCallback() {
        if (PlayerSelector.instance.IsHostTurn())
            clientScore++;
        else
            hostScore++;
        //Update the displayed score
        UpdateScoreClientRpc(hostScore,clientScore);
        UpdateScoreText();
        CheckForEndGame();
    }
    private void CheckForEndGame() {
        if (hostScore >= 3) {
            // Host wins
        } else if (clientScore >= 3) {
            // Client wins
        } else {
            ReuseBall();
        }
    }
    private void ReuseBall() {
        BallManager.instance.ReuseBall();
    }
```

Finalmente, dentro del *ScoreManager*, en el método *BallFellInWaterCallback*, comprobamos si el juego ha terminado con la condición de 3 del score (todavía no implementamos el "Host wins" o "Client wins", pero si el **ReuseBall()**, invocando al **Singleton BallManager** su método **ReuseBall()**.

Construimos el juego, lo probamos:

▼ La pelota cae correctamente después de 2 segundos.

▼ El juego verifica el puntaje.

▼ Si el puntaje alcanza 3 puntos, el juego termina y la pelota deja de reaparecer.

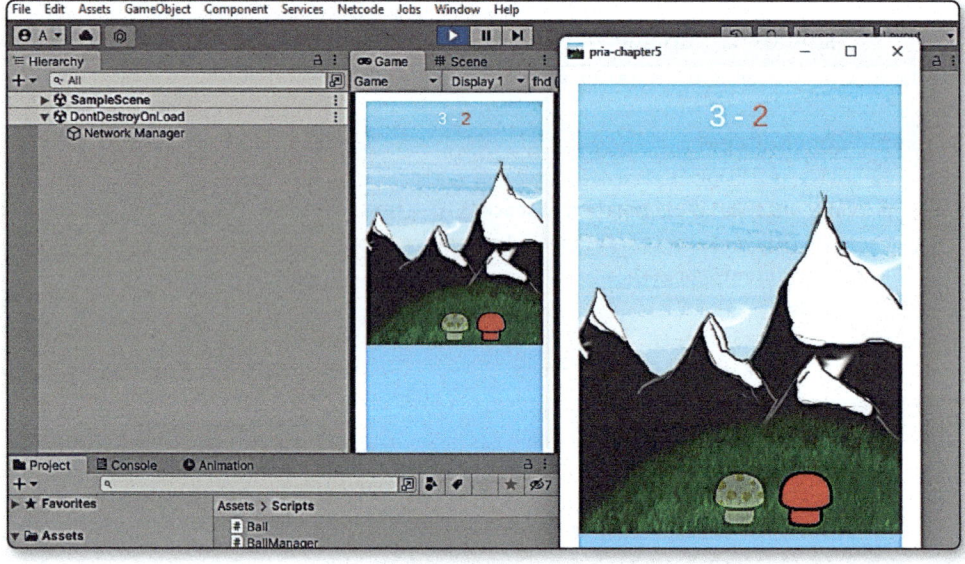

Contador hasta 3

5.6 PANELES DE VICTORIA Y DERROTA

Vamos a crear nuestro panel de victoria y derrota. Recargamos la escena principal.

Tras desactivar el panel del **Gaming,** duplicamos el panel de **Connection**, lo habilitamos y renombramos como **Win**, borrando el TMP hijo. Se ajustará el color del panel (negro, 000) para que sea más oscuro, configurando la opacidad (canal alpha) a un valor aproximado de 200 en una escala de 0 a 255.

Panel [WIN]

Tendrá un botón. Así que vamos a anclar en la parte inferior de la pantalla en lugar del centro, porque está más cerca del botón. Añadimos un botón con *Next* como texto. Renombrarmos como botón ***Next Button***. Aquí vamos a tener un nuevo ***callback***.

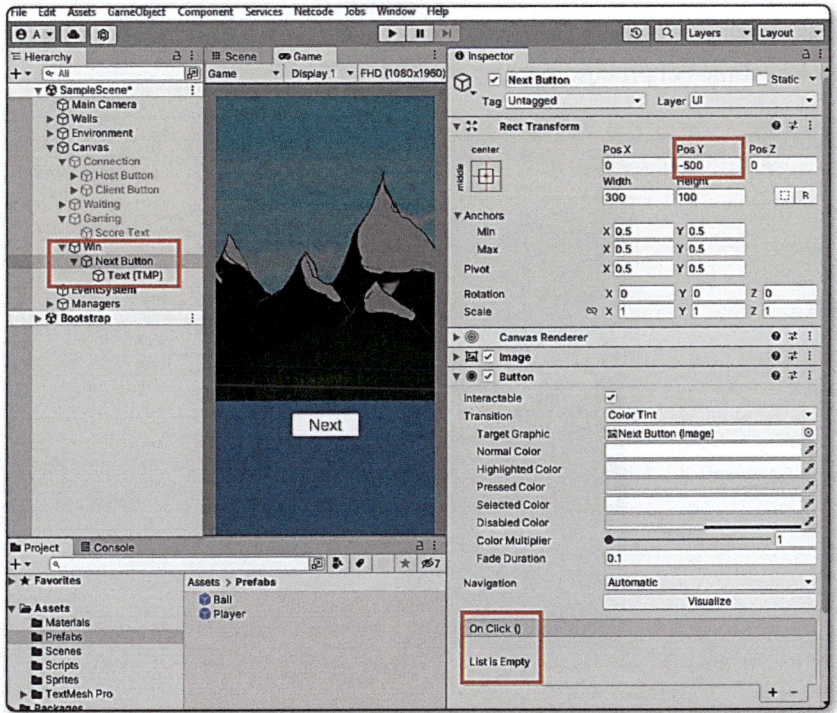

Botón Next dentro del panel Win

Vamos a añadir ahora un texto con el mensaje "You win!"

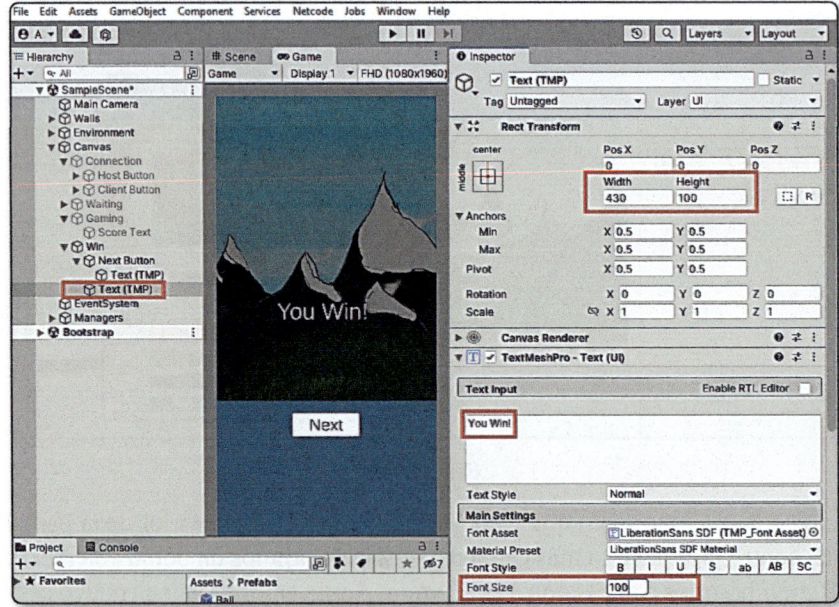

Mensaje de victoria

Repetimos el proceso para el panel Lose.

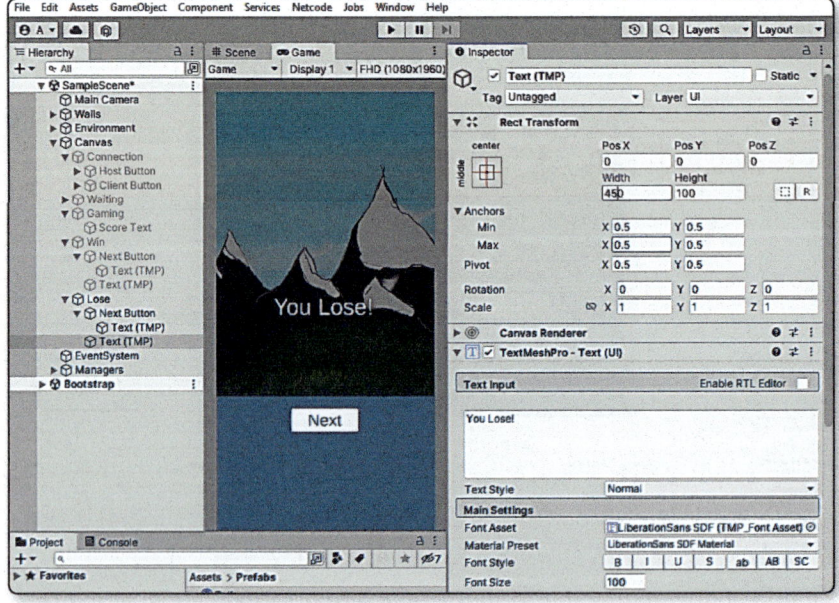

Mensaje de derrota

El objetivo del botón ***Next Button*** será *recargar la escena principal y apagar el Network Manager.* Porque si es el ***Host***, necesitamos apagarlo para poder crear un nuevo juego.

Si es el cliente, necesitamos salir del servidor y unirnos a otro.

Ahora que tenemos ambos paneles de victoria y derrota, lo que vamos a hacer es crear dos nuevos métodos bajo el script del UIManager que ayudarán a mostrar estos paneles. Así como mostrar estos paneles cada vez que el estado del juego haya cambiado de estado de ***Game*** a ***Win*** o ***Lose***, lo que por supuesto tendremos que saber desde el script ***GameStateManager***.

Puedes notar por qué es útil una declaración **switch** ya que es mucho más fácil añadir nuevos casos.

Script UIManager

```
// Load Unity Scene Management library
using UnityEngine.SceneManagement;

// New variables
[SerializeField] private GameObject win_Pannel;
[SerializeField] private GameObject losePannel;

// New switch cases for Win and Lose Pannels

private void GameStateChangedCallback(GameStateManager.State gameState) {
  switch (gameState) {
    case GameStateManager.State.Game:
      ShowGamePanel();
      break;
    case GameStateManager.State.Win:
      ShowWinPanel();
      break;
    case GameStateManager.State.Lose:
      ShowLosePanel();
      break;
  }
}

// Methods for showing panels
private void ShowWinPanel() {
```

```
    winPannel.SetActive(true);
  }

  private void ShowLosePanel() {
    losePannel.SetActive(true);
  }

  public void NextButtonCallback() {
    SceneManager.LoadScene(SceneManager.GetActiveScene().name);
    NetworkManager.Singleton.Shutdown();
  }

  // No changes after...
```

No olvidemos arrastrar los paneles **Win** y **Lose** a las variables recién creadas.

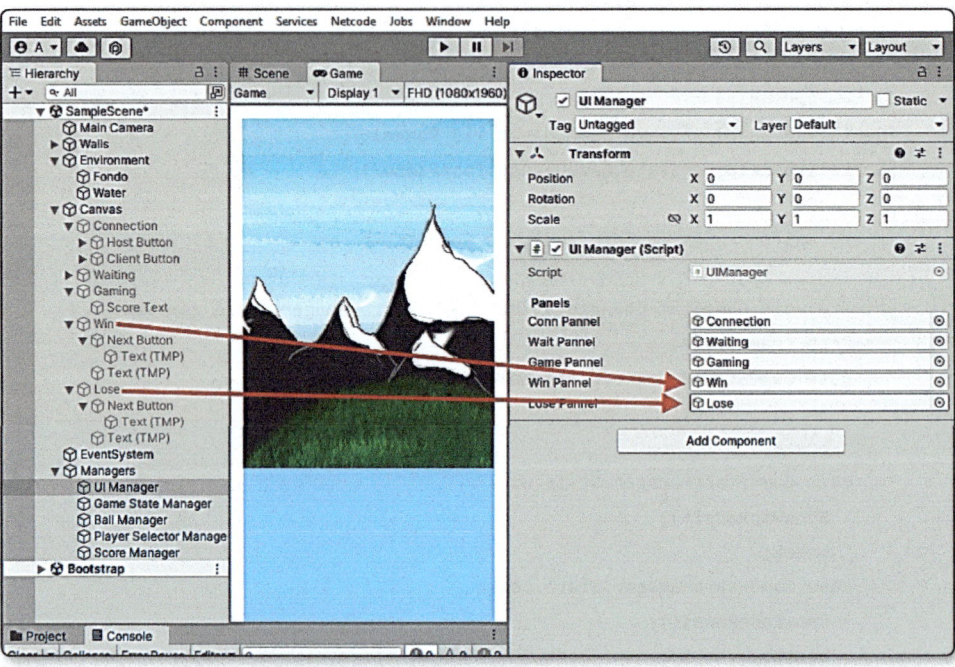

Arrastrando los paneles de victoria y derrota a las variables de UI Manager

Tampoco olvidemos asignar el *Callback* al Bótón *Next.*

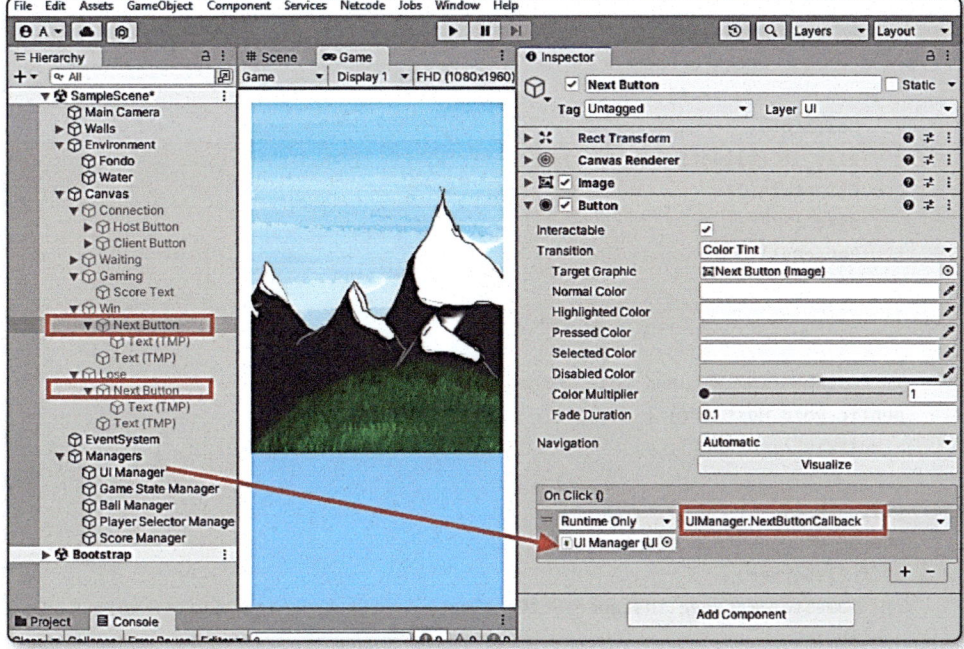

Asignando el callback de los Next Button

Si recordamos, el gestor de puntuaciones ***ScoreManager*** es responsable de desencadenar estos eventos de victoria y derrota como veremos en la siguiente sección.

5.7 LÓGICA DE VICTORIA Y DERROTA

Debemos de establecer una forma de cambiar el estado del juego para lo que *necesitaremos crear este método.*

Script GameStateManager

```
public void SetGameState(State st) {
    gameState = st;
    onGameStateChanged?.Invoke(st);
}
```

El ***UIManager*** está suscrito al evento de callback ***onGameStateChanged*** así que, mostrará el panel de victoria o derrota.

Script ScoreManager

```
private void CheckForEndGame() {
  if (hostScore >= 3) {
    HostWin();
  } else if (clientScore >= 3) {
    ClientWin();
  } else {
    ReuseBall();
  }
}

// Implementing Win and Lose methods
public void HostWin() {
  HostWinClientRpc();
}
[ClientRpc]
public void HostWinClientRpc() {
  if (IsServer)
    GameStateManager.instance.SetGameState(GameStateManager.State.Win);
  else
    GameStateManager.instance.SetGameState(GameStateManager.State.Lose);
}
public void ClientWin() {
  ClientWinClientRpc();
}
[ClientRpc]
public void ClientWinClientRpc() {
  if (IsServer)
    GameStateManager.instance.SetGameState(GameStateManager.State.Lose);
  else
    GameStateManager.instance.SetGameState(GameStateManager.State.Win);
}
```

Cuando el *Host* gana, querremos que el *ScoreManager* envíe un mensaje a todos los demás *ScoreManager* y les diga que el *Host* ha ganado. Así que necesitaremos un *[ClientRpc]*.

Cuando el *Host* gana, queremos verificar si estamos en el servidor. Si el *Host* ha ganado y este es el *Host*, entonces deberíamos mostrar el panel de victoria para esta instancia. De lo contrario, deberíamos mostrar el panel de derrota, mediante el cambio de estado en el *GameStateManager.*

Construyamos y ejecutemos el juego.

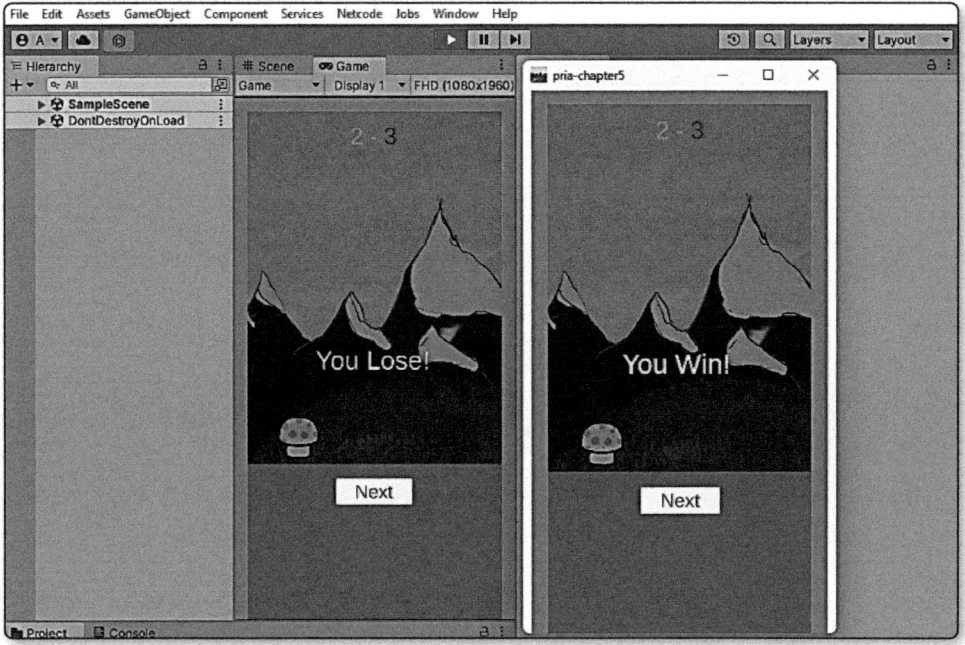

Prueba del juego desde Unity y la instancia compilada

Prueba como **Host** y **Client** en una y otra instancia y viceversa, así como el botón Next, debería de reiniciar el juego.

6

ANDROID APP

Necesitamos saber que si lanzamos una instancia del juego en tu PC y otra instancia en otro dispositivo, no se comunicarán, por ahora, ya que *por defecto estamos escuchando solamente en localhost.*

Para permitir la comunicación entre dispositivos vamos a aprender sobre el método IP en la siguiente sección. La idea es poder introducir la IP del Host en el cliente, (estando dentro de la misma LAN).

6.1 CONECTANDO VÍA IP

En esta sección, vamos a intentar un nuevo método de conexión para jugadores.

Será el método IP, utilizando el protocolo de Internet.

Creamos un ***Input Field*** donde insertaremos la ***IP*** y un ***Text*** indicativo dentro del panel ***Connection.***

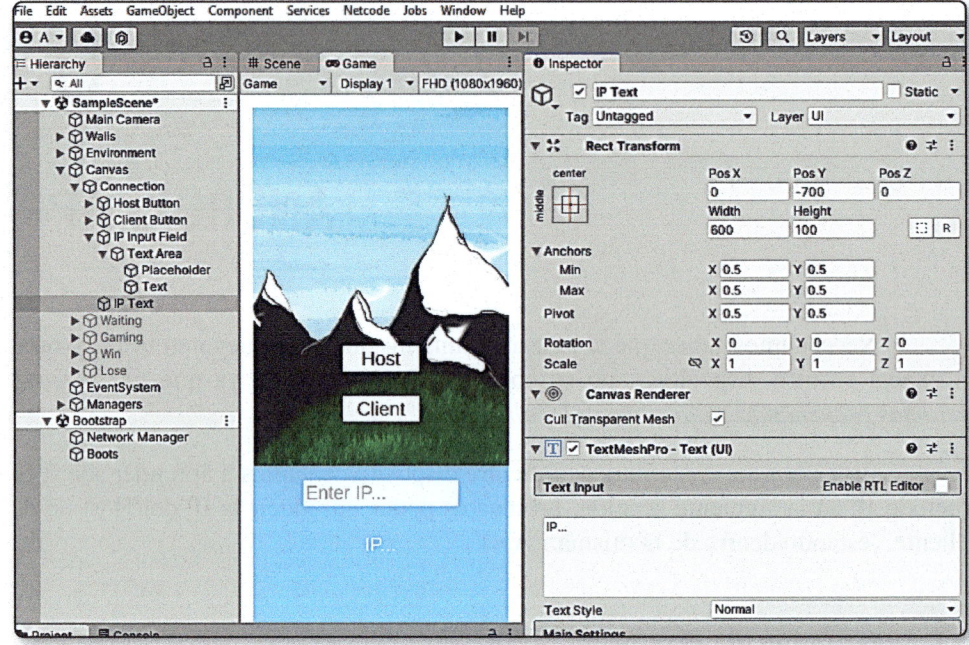

Input Field para la IP

Ahora vamos a crear el ***IPManager***, que se encargará de estos componentes. El ***Host*** mostrará su IP, y el cliente tendrá que ingresar la IP del ***Host***. Ambos podrán conectarse, siempre que estén dentro de la misma red. Esto permitirá crear partidas LAN.

Vamos a hacer clic derecho en el GameObject de Managers y crear un objeto vacío llamado ***IP Manager***. En la carpeta Scripts, creamos un nuevo script llamado ***IPManager***. Lo arrastramos al objeto IP Manager.

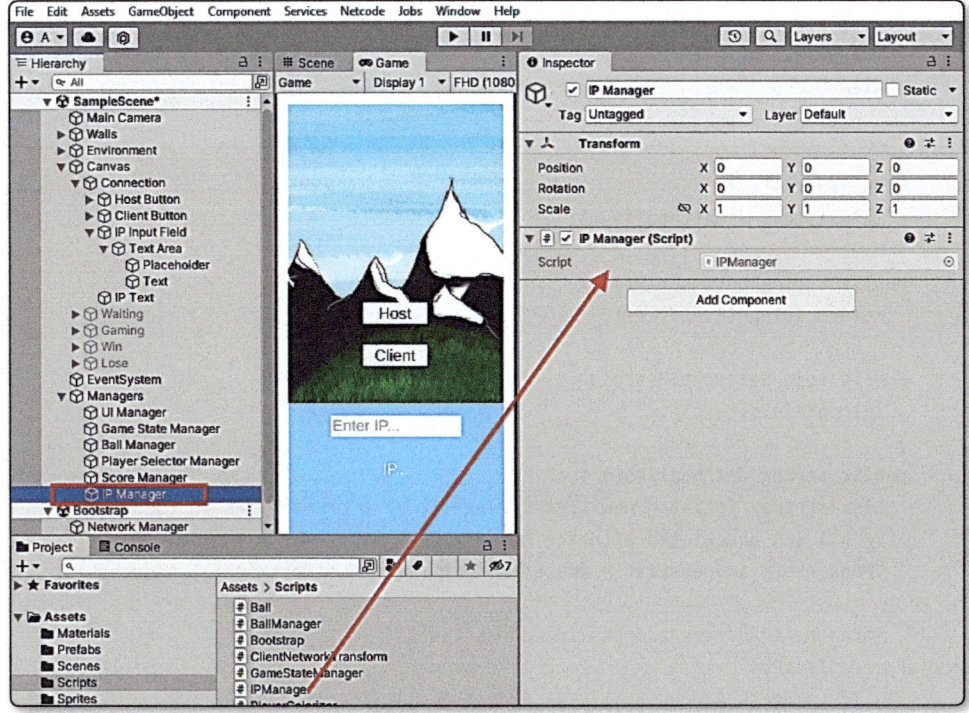

Ip Manager

Script IPManager

```
using System.Collections.Generic;
using System.Net;
using System.Net.Sockets;
using TMPro;
using UnityEngine;

public class IPManager : MonoBehaviour {
  public static IPManager instance;

  [Header(" Elements ")]
  [SerializeField] private TMP_InputField ipInputField;
  [SerializeField] private TextMeshProUGUI ipText;
```

```
    private void Awake() {
      if (instance == null)
        instance = this;
      else
        Destroy(gameObject);
    }
    void Start() {
      ipText.text = GetLocalIPs();
    }
    public string GetInputIP() {
      return ipInputField.text;
    }
    public void SetInputIP(string s) {
      ipInputField.text = s;
    }
    public string GetLocalIPs() {
      List<string> ipList = new List<string>(); // 0 or more IPs in the host
      // All ips associated with the host
      IPAddress[] addressList = Dns.GetHostEntry(Dns.GetHostName()).AddressList;

      foreach (IPAddress address in addressList) {
        // If IPv4
        if (address.AddressFamily == AddressFamily.InterNetwork) {
          ipList.Add(address.ToString());
        }
      }

      if (ipList.Count > 0) {
        return (string.Join(",", ipList));
      } else {
        return ("No IP found");
      }
    }
  }
```

Cambios en el script **UIManager**:

```
// New libraries
using System.Net;
using System.Net.Sockets;
using Unity.Netcode.Transports.UTP;

// New private
private UnityTransport utp;
```

```
void Start() {
  ShowConnPannel();
  utp = NetworkManager.Singleton.GetComponent<UnityTransport>();
  GameStateManager.onGameStateChanged += GameStateChangedCallback;
}

// Basic IP validation
private bool IsValidIPAddress(string ipAddress) {
  if (IPAddress.TryParse(ipAddress, out IPAddress address)) {
    return true;
  }
  return false;
}

public void HostButtonCallback() {
  string ipAddress = IPManager.instance.GetInputIP();
  if (!IsValidIPAddress(ipAddress)) {
    IPManager.instance.SetInputIP("Invalid IP");
    return;
  }
  utp.SetConnectionData(ipAddress, 777);
  NetworkManager.Singleton.StartHost();
  ShowWaitPannel();
}
```

Haremos que el *IPManager* sea un **Singleton** para que podamos acceder a él fácilmente desde cualquier otra clase. En el método Start, mostraremos las IPs del dispositivo utilizando un método que creamos con el nombre *GetLocalIP()*. (Tomaremos este método un poco modificado del foro de discusión de Unity, que nos ayuda a obtener la IP local).

https://discussions.unity.com/t/get-the-device-ip-address-from-unity/235351/2

También declaramos un método público *GetInputIP()* y otro *SetInputIP()* que otras clases pueden usar el campo de IP.

Como hemos declarado los campos *ipText* e *ipInputField*, los arrastramos desde el editor de Unity.

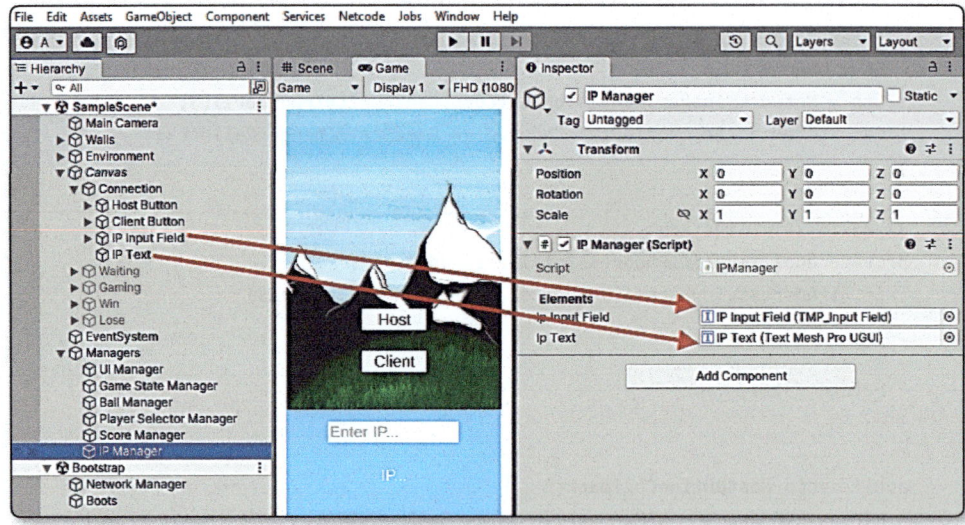

Asignando IP Input Field e IP Text al IP Manager

Para ser capaces de conectarnos usando *IP addresses* tendremos que configurar el *Network Manager*. Tendremos que cambiar la IP, podemos dejar el puerto por defecto. Eso lo vemos dentro del *UIManager*, cuando pulsemos el botón de Host, con `utp.SetConnectionData();`, además de alguna validación básica. Vamos a ejecutar el juego para comprobar que se muestra y asigna la IP:

IP mostrada y actualizada en el Network Manager

Para permitir conectarse al *Client,* abrimos el *UI Manager*, porque aquí es donde nos conectamos como cliente dentro del *ClientButtonCallback()*.

Cambios en el script **UIManager**:

```
public void ClientButtonCallback() {
    string ipAddress = IPManager.instance.GetInputIP();
    if (!IsValidIPAddress(ipAddress)) {
      IPManager.instance.SetInputIP("Invalid IP");
      return;
    }
    utp.SetConnectionData(ipAddress, 777);

    NetworkManager.Singleton.StartClient();
    ShowWaitingPanel();
  }
```

Antes de conectarnos como cliente, tomemos la dirección IP que el jugador ha ingresado, después necesitamos configurar el *Network Manager* pero en lugar de usar la dirección IPV4 local, vamos a usar la dirección IP ingresada. Ahora podemos iniciar como cliente después de configurar los datos de conexión.

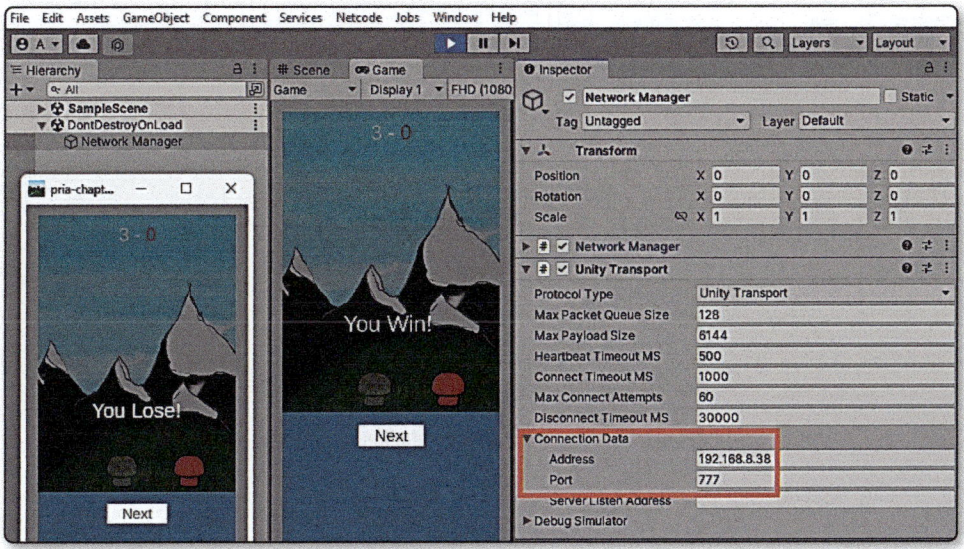

Jugando a través de la IP configurada

Prueba que funciona desde otro **PC**, comprime la carpeta *Build* en un ZIP, cópiala a otro PC, descomprime y ejecuta una instancia desde cada PC.

6.2 COMPILANDO PARA ANDROID

Para comprobar si funciona también en dispositivos móviles, vamos a cambiar la plataforma a **Android**, construir el juego e instalarlo en un dispositivo físico. Cambiaremos algunas configuraciones dentro de *Project Settings.* Pero primero, *pulsamos Switch Platform* dentro de *Build Settings.* Si pusiese *"No Android module loaded"* lo podríamos instalar con el botón *Install with Unity Hub*.

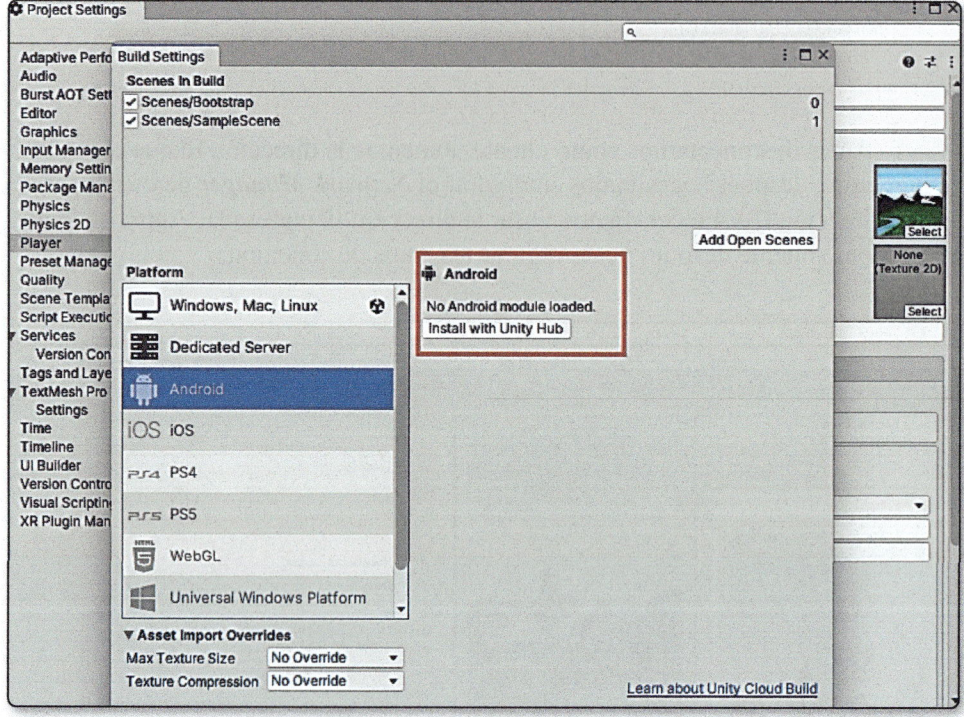

Instalando la plataforma de compilación para Android

Project Settings -> *Player Tab*.

Configura la rotación a **Portrait**, porque es un juego en modo vertical.

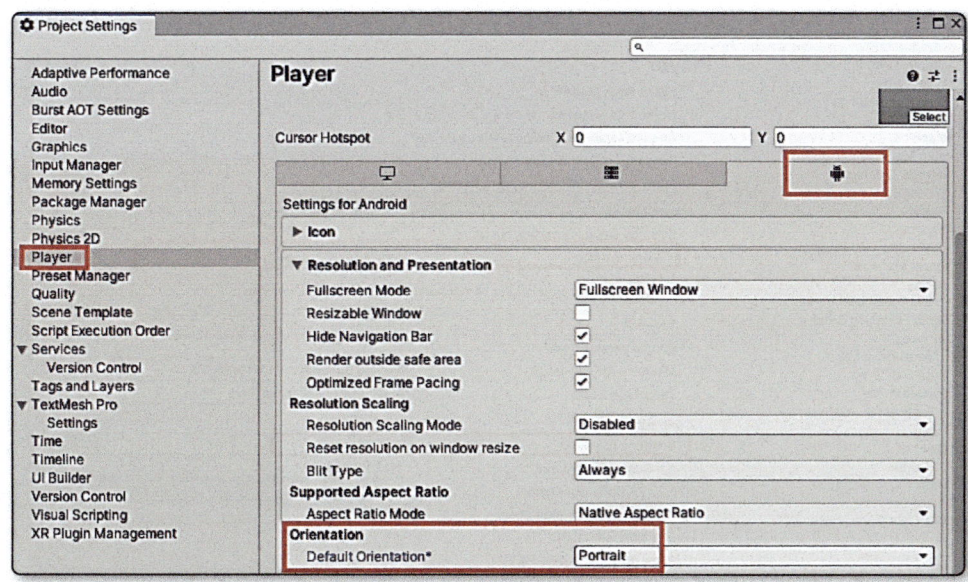

Modo Portrait

Expande la sección *Other Settings*:

No sobrescribas el nombre predeterminado del paquete.

Usa **IL2CPP** como backend de scripting. El uso de IL2CPP al construir un juego para Android en Unity ofrece varias ventajas importantes en comparación con el backend de scripting alternativo, Mono, que se utiliza comúnmente. IL2CPP significa Intermediate Language To C++. Es un backend de scripting en Unity que convierte el código IL (Intermediate Language) de C# a C++ nativo, y luego lo compila a código máquina para la plataforma de destino (en este caso, Android).

Ventajas de usar IL2CPP en Android: mejor rendimiento. Al compilar el código a C++ nativo, IL2CPP genera aplicaciones más rápidas y optimizadas. Las aplicaciones IL2CPP tienden a tener menos sobrecarga de tiempo de ejecución en comparación con Mono. El rendimiento es crucial en dispositivos móviles donde los recursos son limitados.

Habilita el soporte para procesadores **ARM64**.

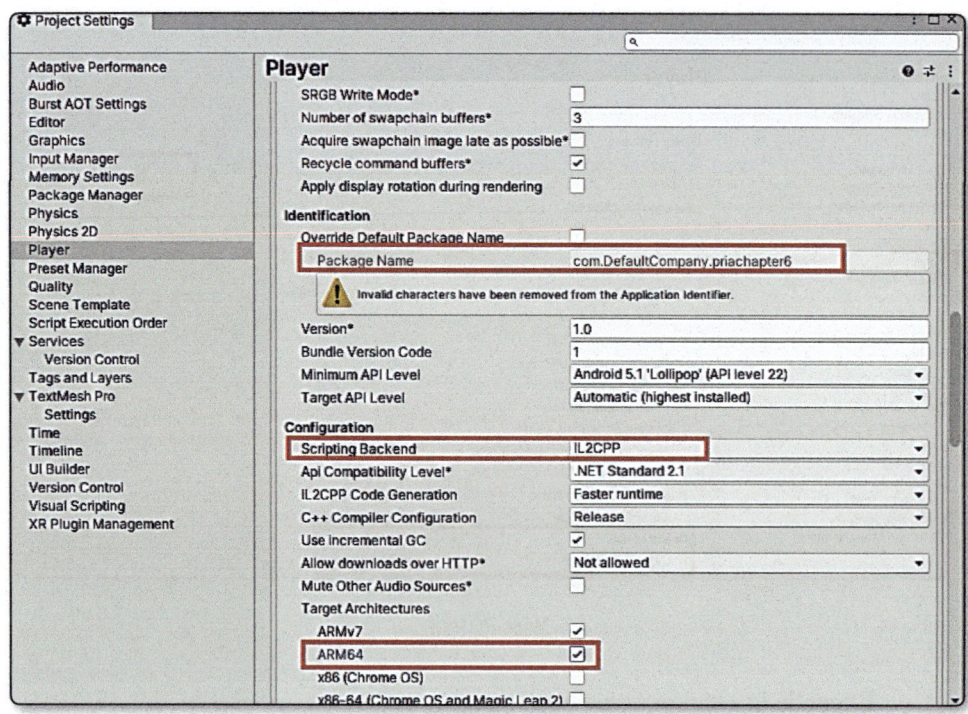

IL2CPP y ARM64 habilitados en Build Settings

Esperamos a que compile, y copiamos el .apk a dos móviles diferentes. Debería de funcionar de móvil a móvil, móvil a PC, PC a móvil y PC a PC, siempre y cuando tengan conectividad IP entre ellos.

GLOSARIO DE TÉRMINOS

- ▶ **FPS:** First-Person Shooter, género de videojuegos en el que el jugador ve la acción desde la perspectiva del personaje; ejemplos populares incluyen Call of Duty, DOOM y Counter-Strike.

- ▶ **GDD:** Game Design Document, un documento que actúa como una guía para el equipo de desarrollo y describe el diseño de un videojuego incluyendo la historia, mecánicas de juego, personajes, niveles, interfaz.

- ▶ **HUD:** Head Up Display. Interfaz gráfica que se muestra en la pantalla del jugador mientras juega, proporcionando información clave sobre el estado del juego sin interferir con la experiencia visual.

- ▶ **IA:** Inteligencia Artificial, rama de la informática que se ocupa de crear sistemas capaces de simular procesos de inteligencia humana, como el aprendizaje, el razonamiento y la toma de decisiones.

- ▶ **LINQ:** Language Integrated Query, permite realizar en C# consultas a datos directamente en el lenguaje de programación, utilizando una sintaxis similar a SQL.

- ▶ **LAN:** Local Area Network, una red de ordenadores interconectados entre sí en una ubicación geográfica cercana.

- ▶ **MMORPG:** Massively Multiplayer Online Role-playing Game, son videojuegos de rol que permiten a miles de jugadores introducirse en un mundo virtual de forma simultánea a través de Internet e interactuar entre ellos.

- ▶ **NGO:** Netcode for GameObjects. Biblioteca de sincronización de objetos e invocación a RPCs de alto nivel construida para *Unity* que te permite abstraer la lógica de redes.

- ▶ **NPC:** Non-Playable Character, se usa para referirse a personajes que no son controlados por el jugador.

- ▶ **One-Pager:** documento de una sola página utilizado para resumir la idea central de un videojuego con información clave como el concepto del juego, mecánicas y estilo.

- ▶ **ONNX:** Open Neural Network Exchange es un formato abierto diseñado para facilitar la interoperabilidad de modelos entrenados en diferentes frameworks, como TensorFlow o PyTorch.

- ▶ **PRIA:** Programación en Red e Inteligencia Artificial, módulo profesional para desempeñar el desarrollo de videojuegos en red y los conocimientos básicos de inteligencia artificial aplicada.

- ▶ **RPC:** Remote Procedure Calls, un protocolo que permite a un programa solicitar un servicio de otro programa en red, haciendo que la interacción remota parezca una llamada de función local.

- ▶ **TDD:** Technical Design Document, un documento que describe la arquitectura técnica del juego, incluyendo las herramientas, motores y frameworks que se usarán.

- ▶ **VR:** Virtual Reality, un entorno generado por computadora, en el que los usuarios pueden interactuar de manera inmersiva.

BIBLIOGRAFÍA

Hubel, D. H., & Wiesel, T. N. (1962). Receptive fields, binocular interaction and functional architecture in the cat's visual cortex. *The Journal of Physiology*, 160(1), 106–154.

Microsoft. (2025, 3 21). *C# Guide*. https://learn.microsoft.com/en-us/dotnet/csharp/

Microsoft. (2025, 3 21). *C# Language specification*. https://learn.microsoft.com/en-us/dotnet/csharp/language-reference/language-specification/introduction

Microsoft. (2025, 3 21). *C# Programming Concepts*. https://learn.microsoft.com/en-us/dotnet/csharp/programming-guide/concepts/

Unity Technologies. (2025, 3 19). *Unity Manual*. https://docs.unity3d.com/2021.3/Documentation/Manual/index.html

MATERIAL ADICIONAL

El material adicional de este libro puede descargarlo en nuestro portal web: *https://www.ra-ma.es*.

Debe dirigirse a la ficha correspondiente a esta obra, dentro de la ficha encontrará el enlace para poder realizar la descarga.

Cuando descomprima el fichero obtendrá los archivos que complementan al libro para que pueda continuar con su aprendizaje.

INFORMACIÓN ADICIONAL Y GARANTÍA

- ▶ RA-MA EDITORIAL garantiza que estos contenidos han sido sometidos a un riguroso control de calidad.

- ▶ Los archivos están libres de virus, para comprobarlo se han utilizado las últimas versiones de los antivirus líderes en el mercado.

- ▶ RA-MA EDITORIAL no se hace responsable de cualquier pérdida, daño o costes provocados por el uso incorrecto del contenido descargable.

- ▶ Este material es gratuito y se distribuye como contenido complementario al libro que ha adquirido, por lo que queda terminantemente prohibida su venta o distribución.

SÍGUENOS EN INSTAGRAM Y ACCEDE GRATIS A NUESTRA BIBLIOTECA DIGITAL DURANTE 30 DÍAS.

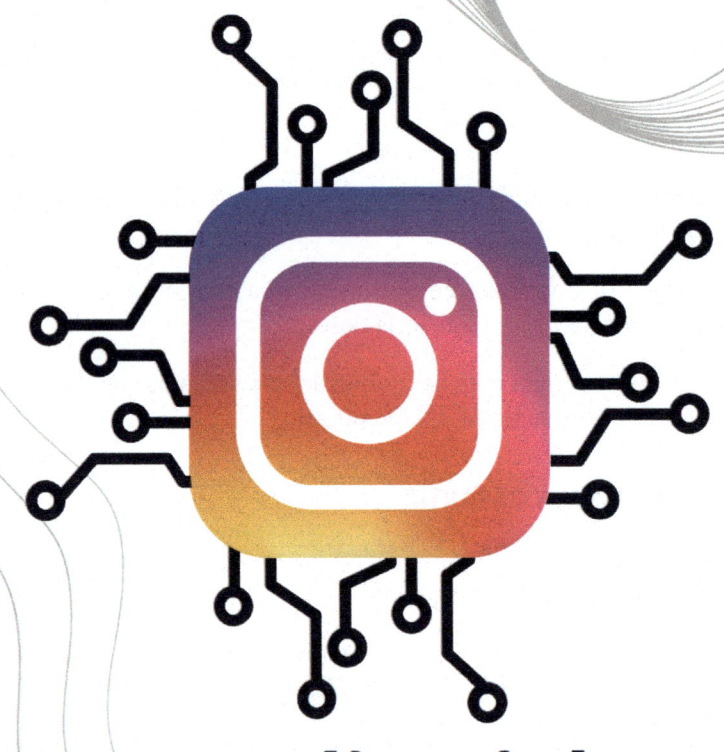

@grupoeditorialrama

¡ENVÍANOS TU MAIL POR PRIVADO!